财经类新形态创新示范系列教材

商务数据分析基础与应用

微课版 | 第2版

王华新 居岩岩 陈凯 / 主编

人民邮电出版社
北京

图书在版编目（CIP）数据

商务数据分析基础与应用 : 微课版 / 王华新，居岩岩，陈凯主编. -- 2版. -- 北京 : 人民邮电出版社，2024.10
财经类新形态创新示范系列教材
ISBN 978-7-115-64458-9

Ⅰ. ①商… Ⅱ. ①王… ②居… ③陈… Ⅲ. ①电子商务－数据处理－高等职业教育－教材 Ⅳ. ①F713.36 ②TP274

中国国家版本馆CIP数据核字(2024)第100182号

内 容 提 要

本书立足“大数据”的时代背景，面向企业数字化转型升级对新型商务人才的需求，采用理论与实践相结合的方式，助力读者提升数据分析的意识与能力。

本书以企业的真实数据分析项目为载体，系统阐述了商务数据分析认知、商务数据收集、商务数据预处理、商务数据分析、商务数据可视化及报告撰写的内容和关键知识点。

本书可作为本科院校、职业院校相关专业商务数据分析与应用、数据化运营与管理课程的教材，也可供广大商务数据研究人员和从业人员学习参考。

◆ 主　　编　王华新　居岩岩　陈　凯
责任编辑　侯潇雨
责任印制　王　郁　彭志环
◆ 人民邮电出版社出版发行　　北京市丰台区成寿寺路 11 号
邮编　100164　电子邮件　315@ptpress.com.cn
网址　https://www.ptpress.com.cn
北京联兴盛业印刷股份有限公司印刷
◆ 开本：787×1092　1/16
印张：11.5　　2024 年 10 月第 2 版
字数：288 千字　　2024 年 10 月北京第 1 次印刷

定价：59.80 元

读者服务热线：(010)81055256　印装质量热线：(010)81055316
反盗版热线：(010)81055315
广告经营许可证：京东市监广登字 20170147 号

前言

党的二十大报告指出："加快发展数字经济，促进数字经济和实体经济深度融合，打造具有国际竞争力的数字产业集群。"这表明了未来经济中数字经济、电子商务、网络经济、新媒体等新业态的重要地位和作用。"云（计算）—物（联网）—大（数据）—（人工）智（能）"技术的普及、5G的商用、区块链技术的创新应用，促使传统企业面向信息化、数字化转型升级。宏观层面，加快建设"数字中国"被写入党的二十大报告，数据是建设现代化产业体系的重要抓手之一，将有效助推经济的高质量发展；微观层面，数据已经成为当代企业最重要的资产之一，与现金并称为企业的"血液"。如何用好各类数据，为企业带来更大的经济效益，是多数企业面临的巨大挑战。企业数字基因缺失、数据分析专业人员匮乏，大量数据仍处于"沉睡"状态，这一现状急需扭转。

商务数据分析越来越受企业重视，数据化运营已经广泛应用于电子商务、互联网金融、企业服务、直播、游戏、教育等行业，并帮助企业进行用户画像分析、营销转化提升、精细化运营、产品优化等。通过数据指导决策、驱动业务增长是企业数据化运营的精髓。

本书全面贯彻党的二十大精神，将其与实际工作结合起来，立足岗位需求，以社会主义核心价值观为引领，传承中华优秀传统文化，注重立德树人，培养读者自信自强、守正创新、踔厉奋发、勇毅前行的精神，强化读者的社会责任意识和奉献意识，从而全面提高人才自主培养质量，着力造就拔尖创新人才。本书打破传统的教材内容体系，尝试了在创新创业思维引导下的项目式教学，以任务驱动与拓展实训相结合的方式设计编写体例。本书以商务数据分析的流程为主线，以实际商业场景中的工作内容为载体，使读者能掌握商务数据分析的基本流程及应用情境，提升收集数据、处理数据、应用数据的能力，并引导读者通过数据分析探索一般的商业规律，同时形成良好的团队合作意识、竞争意识与创新意识。

本书编写特色

- **活页式结构，用法灵活多样**。书中的项目按照商务数据分析的典型职业活动来组织，读者既可以系统地学习本书的全部内容，又可以选择某个项目单独学习。将所有"课前自学"部分组合在一起，即为商务数据分析的理论体系；将所有"课中实训"部分组合在一起，即为商务数据分析的实训指导手册；将所有"课后提升"部分组合在一起，即为商务数据分析的案例集。读者可根据自己的需求，选择性地阅读、学习和使用。
- **真实项目，实战性强**。本书立足于真实的商业环境，通过大量的案例操作和分析，设置相应的项目和任务，让读者真正掌握商务数据分析与应用的方法与技巧。
- **图解教学，强化应用**。本书采用图解教学的形式，讲解了利用Excel 2016进行数据分析的详细步骤，让读者能更直观、更清晰地掌握商务数据应用的知识，全面提升学习效果。
- **以数据化思维为导向**。商务数据分析是一项系统工程，本书不仅旨在教会读者如何收集、处理数据，更希望通过分析和处理数据的思路和方法，培养读者数据分析的敏感性和系统性。

本书编写组织

本书由山东商业职业技术学院王华新、居岩岩、陈凯共同担任主编。在编写过程中，编者借鉴了国内外众多专家学者的学术观点，参阅了大量资料，并得到了山东半亩花田生物科技有限公司的项目支持及专业指导，在此谨表示衷心的感谢。同时，本书还得到了山东商业职业技术学院各位领导、同人的大力支持，在此一并表示感谢！

本书的所有案例仅用于课程教学，编者并非要为涉及的企业品牌做宣传和推广，也不为品牌所宣称的效果负责。

尽管编者在编写过程中力求准确、完善，但书中难免有疏漏与不足之处，恳请广大读者批评指正，在此深表谢意！

编　者

2024年7月

CONTENTS

目　录

项目一

商务数据分析认知

教学目标 

知识目标

1. 熟悉商务数据分析的概念；
2. 了解商务数据分析的流程和原则；
3. 熟悉定位商业问题及确定分析指标的方法；
4. 掌握商务数据分析的思路。

能力目标

1. 能够根据具体商业情景明确数据分析的目的；
2. 能够根据商业问题的定位确定相应的分析指标；
3. 具备正确的商务数据分析思路。

创新素质目标

1. 培养学生以商务决策为导向的数据分析意识；
2. 培养学生清晰有序的逻辑思维；
3. 培养学生系统分析与解决问题的能力；
4. 培养学生严谨的数据分析思维，了解正确的从商之道；
5. 培养学生诚实、务实、严谨的职业素养。

思维导图

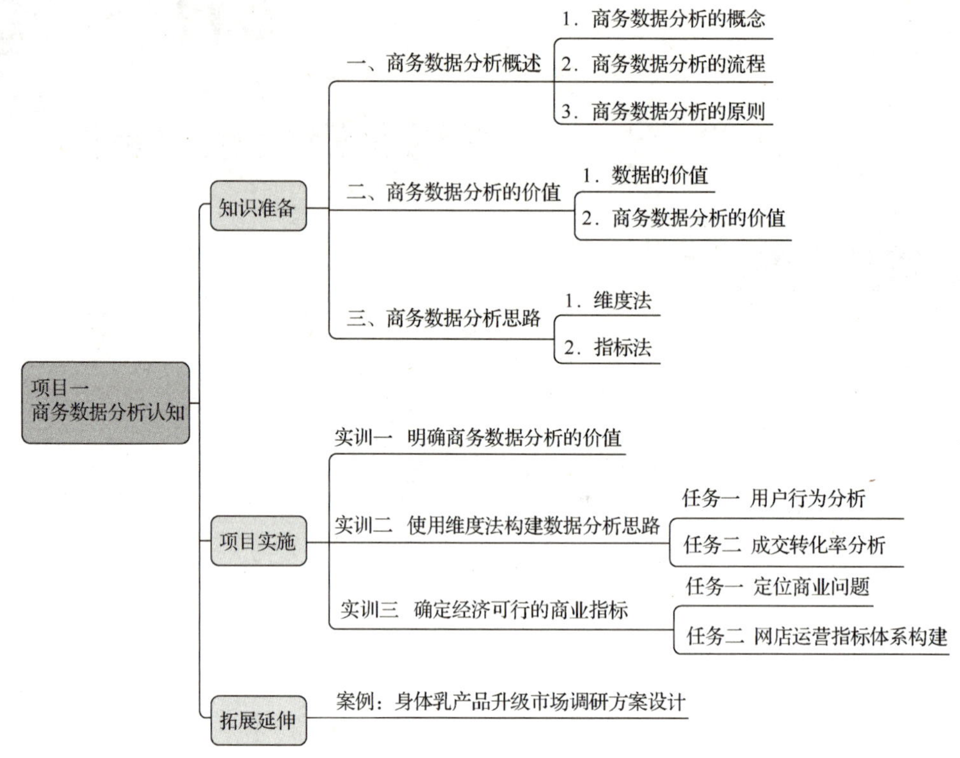

课前自学

一、商务数据分析概述

1. 商务数据分析的概念

随着万物互联时代的到来，“大数据”“人工智能”“云计算”“物联网”等名词越来越频繁地出现在人们的视野中。未来的智慧商业环境，数字经济作为新型的经济形态，将为传统产业插上效率的数字化“翅膀”，提升实体经济的产业优势，促进产业向高端、智能化和绿色发展的方向发展。所以，以数据为支撑，以商业决策为导向的数据分析意识和能力将成为未来商业形态下每个人的基础“利器”。

下面先通过一个经典故事来初步介绍商务数据分析。

一个牧民赶着羊群在草原上走，迎面碰到一个人对他说：“我可以告诉你，你的羊群有几只羊。”随即，他用卫星定位技术和网络技术将信息发送到总部的数据库，片刻后他告诉牧民羊群共有1460只羊，并要求牧民给他一只羊作为报酬，牧民答应了。

随后，牧民对他说：“如果我能说出你是做什么工作的，你能否把羊还给我？”那人同意了。牧民说：“你是一个咨询顾问。”那人很惊讶，问牧民是怎么知道的。

牧民说：“有三个理由足以让我知道：第一，我没有请你，你自己找上门来；第二，你告诉了我一件我早已知道的事情，还要向我收费；第三，一看你就不懂我们这行，你抱的根本不是羊，而是一只牧羊犬。”

后来，牧民找到了一个年轻的帮手。有一天，他问帮手：“你看看这群羊怎么样？”

随即，年轻人走入羊群进行考察，并用各种统计方法和不同工具进行了全面的分析。然后，他告诉牧民羊群共有1460只羊，仅有10只公羊，其余为母羊；母羊中可以繁殖的有1000只，其余为羊崽。根据一些特征，羊群可以分为“肯吃型”“疯跑型”“活蹦乱跳小崽型”。

牧民听后既惊讶又失望，惊讶的是一个没放过羊的人和他一样了解羊群，失望的是他所听到的都是他早已知道的。

想一想

你觉得上面哪一位做的是真正的商务数据分析？

真正的数据分析人员会给牧民提供这样的答案：“羊群共有1460只羊，仅有10只公羊，其余为母羊；母羊中可以繁殖的有1000只，其余为羊崽。因此，当务之急是卖掉长肥的小羊，马上引进更多的公羊，以解决当前公羊和母羊比例严重失调的问题。根据对市场的预估，5月每卖掉一只小羊将比4月多赚150元。因此，必须把握先机，4月前育肥，5月清栏。对于‘疯跑型’羊，必须采取两条腿绑绳的方法限制其大范围跑动；对于‘活蹦乱跳小崽型’羊，应采取与成年羊隔离放养的方式……”

洞察大千世界产生的海量数据，探索其中的有用信息，发现潜在价值，预见可能发生的某种未来，提出建议并展示给商业活动的决策者，这就是商务数据分析的使命。简单地说，从数据到信息的过程就是数据分析，如图1-1所示。数据本身并没有什么价值，有价值的是我们从数据中提取出来的信息。

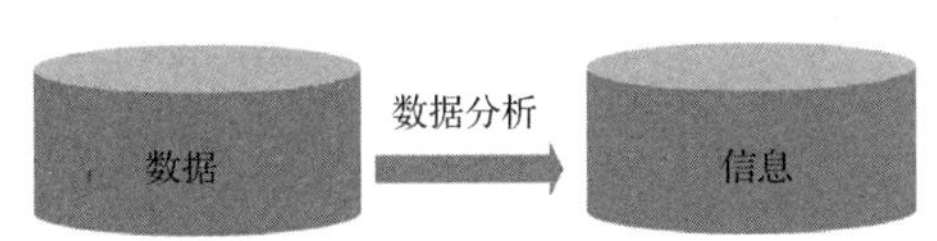

图1–1　数据分析

数据分析就是在业务逻辑的基础上，运用简单有效的分析方法和合理的分析工具对获取的数据进行处理的过程。商务数据分析是运用分析工具研究商业数据信息，搭建数据分析与商业管理的桥梁，指导商业决策的一门学科。通过对相关数据进行有效统计、分析和使用，形成预测模型，可促进客户、商业伙伴之间的沟通。

2. 商务数据分析的流程

商务数据分析的具体流程可以用厨师的工作来进行类比。

想一想

以酒店的厨师为例，其工作主要包含哪几步？

如果把商务数据分析师当作厨师，商务数据分析师的工作与厨师的工作是如何对应的？

可以将商务数据分析师的工作流程与厨师的工作流程进行如图1-2所示的对应。

图1-2 商务数据分析师（厨师）工作流程

（1）设计方案

商务数据分析可以看成一个项目，在做这个项目之前，首先需要解决几个关键问题：为什么要做数据分析、分析什么内容、分析对象是谁、如何分析、项目周期有多久、需要多少经费支持，等等。然后基于商业理解，整理分析框架和分析思路并形成方案，这样商务数据分析工作才能有据可依，顺利开展，如图1-3所示。本项目将重点介绍商务数据分析的目的和分析思路。

图1-3 商务数据分析方案设计要素

（2）数据收集

数据收集是按照确定的数据分析框架、内容，有目的地收集、整合相关数据的过程，是数据分析的基础。数据收集渠道包括内部渠道和外部渠道两类：内部渠道包括内部数据库、内部人员、客户调查，以及对专家、用户进行访谈；外部渠道包括网络、图书、统计部门、行业协会、展会、专业调研机构等。常见的数据收集方法包括观察和提问、用户访谈、问卷调查、集体讨论、利用工具软件等。

（3）数据预处理

商业活动中收集的数据包含很多不完整、不一致或重复的“脏”数据，无法直接进行数据分析或分析结果难以达到预期。对数据进行特征挖掘，以及清洗、集成、转换、规约等预处理，可有效提高数据分析质量。

（4）数据分析

数据分析是指通过分析手段，运用传统统计方法及机器学习等工具，对预处理后的数据进行详细研究和概括总结，从而提取有用的信息并形成结论的过程。数据分析是商务数据分析流程中最重要的工作，通过分析手段、方法和技巧对准备好的数据进行探索、分析，从中发现因果关系、内部联系和业务规律，帮助人们发现问题或做出决策，为下一步行动做出决策依据。

该环节涉及工具和方法的使用。数据分析人员要能驾驭数据、开展数据分析，一是要熟悉常规的数据分析方法，如对比分析、相关分析、分类分析、回归分析、因子分析、时间序列等的原理、使用范围、优缺点和结果的解读等；二是要熟悉数据分析工具的使用，如Excel、SPSS、Python、R语言等，便于进行一些专业的统计分析、数据建模等。

（5）数据呈现

数据呈现包括数据分析结果的呈现和整个数据分析过程的呈现，即商务数据可视化和撰写数据分析报告。

商务数据可视化即针对数据分析提取的信息，使用数字、表格、图形、图像、音频、视频等一系列手段展示，并使受众理解、接受的过程。数据分析报告即记录数据收集、预处理、分析、可视化全过程并得出结论，提出解决办法的分析应用文本。

3. 商务数据分析的原则

商务数据分析要注意科学性、系统性、针对性、实用性、趋势性原则。

（1）科学性

科学性主要体现在数据的收集、分析和解释的客观性上，数据分析作为制订经营决策的重要依据，需要具有一定的客观标准。

（2）系统性

商务数据分析不是单个资料的记录、整理或分析活动，而是一个周密策划、精心组织、科学实施，并由一系列工作环节、步骤、活动和成果组成的全过程。

（3）针对性

无论是基础的分析方法，还是高级的分析方法，都有其适用领域和局限性。例如，行业宏观分析常采用PEST模型，用户行为分析常使用5W2H模型，客户价值分析常采用RFM模型，销售推广分析常采用多维指标监测等。根据分析目标，选择适合的方法与模型，才能保证分析的准确有效。

（4）实用性

商务数据分析是为企业决策服务的，在保证其专业性和科学性的同时，不能忽略其现实意义。在进行商务数据分析时，还应考虑指标的可解释性、报告的可读性、结论的指导意义与实用价值。

（5）趋势性

市场所处的环境是不断变化的，在进行商务数据分析时，要以一种发展的眼光看待问题，充分考虑社会宏观环境、市场变化与先行指标，眼光不能局限于当前现状，更不能滞后。

二、商务数据分析的价值

人类很早就开始了对自然界的事物及自身活动的测量和记录，人本身也是数据的生产者。《孔子家语》中提到“夫布指知寸，布手知尺，舒肘知寻，斯不远之则也”。古代的长度度量单位，以中指中关节的长度为寸，以手伸展的拇指和中指之间的距离为尺，以两臂张开的长度为寻。

在历史发展进程中，数据分析广泛应用于各个领域，成为人们认识世界、改造世界的重要工具。技术的发展使数据记录的成本不断降低，数据量急速增长，数据分析为整个社会所带来的价值也不断凸显。

如今社会已经迈进大数据时代。大数据大量、高速、多样、低价值密度、复杂性的特征，一方面对数据分析技术提出了更高的要求，另一方面也意味着数据金矿将释放出更大的能量。

1．数据的价值

数据从衣食住行各个方面深刻地改变着人们的生活方式。

作为全球最大的时尚集团之一的绫致时装，在旗下品牌Selected的线下门店推出了试衣神器“魔镜系统”（见图1-4）。“魔镜系统”主要使用了计算机视觉和3D建模技术，消费者在“魔镜”里输入自己的性别、身高、体型数据就可以选择心仪的衣服，进而将服装的虚拟影像“穿”在镜中的人像上，同时还可更换同一款式其他色彩的衣服。

在深圳万象天地的优衣库，每层楼都有两个电子智能屏幕（见图1-5），这是一款导购机器人，其主要功能是智能导购，通过人机对话，分析用户的筛选条件，最终在屏幕上推送用户所需的产品。

图1-4　Selected线下门店的“魔镜系统”

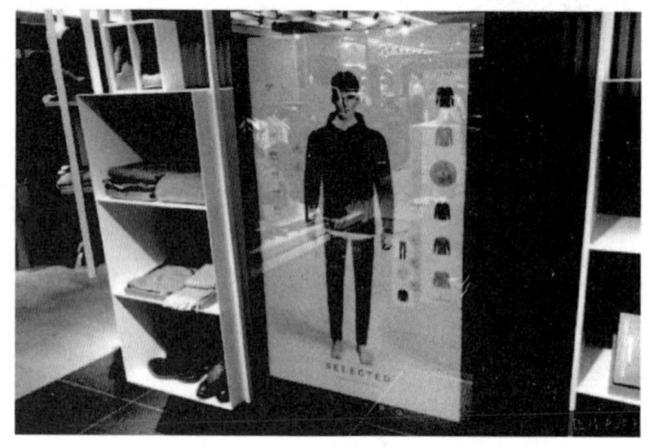

图1-5　优衣库的导购机器人

民以食为天。在当下的餐饮场景中，排队、点餐、派单、支付、会员运营均已实现高度数字化。我国端到端数字化的餐饮门店早已超过60万家，遍及200多个城市，如图1-6所示。

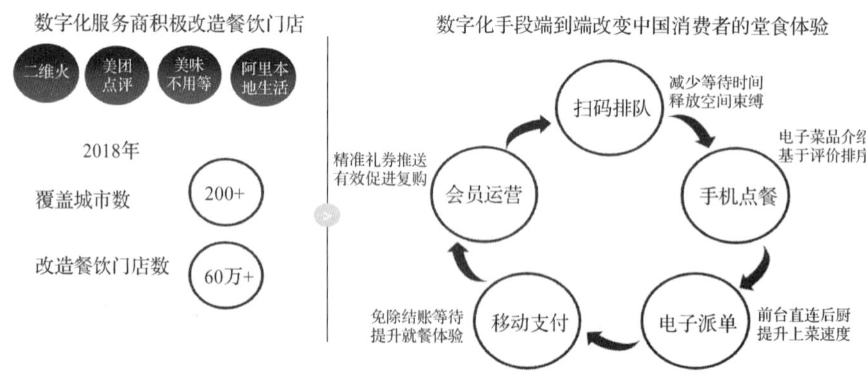

图1-6　我国端到端数字化餐饮布局

基于大数据和人工智能的酒店智慧系统解决方案为住客节省时间、提供方便，且帮助酒店服务人员减少重复性工作。在杭州的阿里未来酒店（见图1-7），客人刷脸就可以完成入住登记、乘电梯、开房门；进入房间之后，客房小管家——天猫精灵会智能控制房间温度、灯光、窗帘、电视等。

图1-7 阿里未来酒店

练一练

上网搜索一下，数据还在哪些领域发挥作用？

---

2. 商务数据分析的价值

数字经济的叠加赋能，可以让实体经济获得新的能力。例如，产业互联网的应用可以帮助企业监测行业竞争、管理客户关系、改善用户体验、精细化运营等，从而跨越发展到下一阶段。在企业运营中，数据分析的目的就是把隐藏在一大批看似杂乱无章的数据中的信息集中、萃取和提炼出来，找出所研究对象的内在规律，帮助企业做出判断，以便进行适当的行动。下面从企业经营和应对风险的角度阐述商务数据分析的价值。

（1）从企业经营的角度

从企业经营的角度来讲，商务数据分析能够帮助企业解决经营决策的难题。经营决策是指企业为达到经营目标设置的战略和策略，包括战略决策（企业要达到的经营目标）、投资决策（资金的运用策略）、营销决策（将产品或服务推向市场的策略）。相应地，商务数据分析的价值就体现在对这三方面的支持上，如图1-8所示。

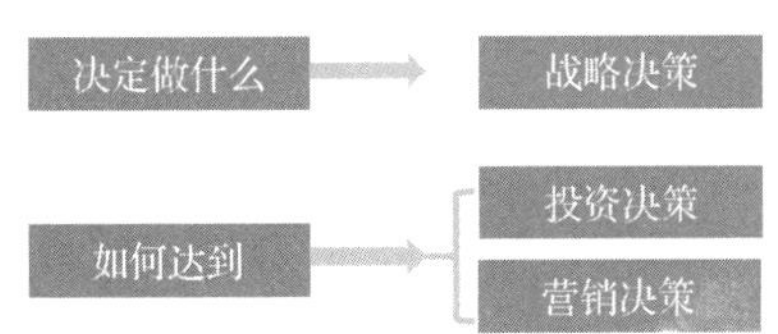

图1-8 商务数据分析的价值

（2）从应对风险的角度

从应对风险的角度来讲，商务数据分析能够帮助企业发现日常经营中做得好的地方，预防企业运营中的各种风险，指出需要改进的地方，并把握未来的发展方向。

按风险的可预测性，风险可分为已知的已知风险（已知风险）、未知的已知风险（可预测风险）、未知的未知风险（不可预测风险）。这些风险均可利用商务数据分析来应对、防控。

① 应对已知风险。已知风险是在认真、严格地分析项目及其计划之后就能够明确的那些经常发生且后果可预见的风险。已知风险发生概率高，一般后果轻微、不严重。例如，在项目管理中，常见的已知风险有项目目标不明确、进度计划过分乐观、设计或施工变更、材料价格波动等。

想一想

以零售行业的场景（见图1-9）为例，采购员要进行采购，如果没有数据作为参考，那么会遇到哪些风险？

图1-9 零售行业场景

如果没有数据作为参考，采购员就只能盲目采购，可能出现商店缺断货、产品积压的风险。所以采购员需要通过数据查看各类产品的销售情况、库存情况、可售天数情况，以此进行判断并决定采购需求。此为通过数据分析来应对已知风险。

② 应对可预测风险。可预测风险是根据经验可以预见会发生，但不可预见什么时候会发生的风险。这类风险发生的概率是分布在每一天的，每一天都可能发生也可能不发生，所以风险的发生具有不确定性。例如，部分员工的消极怠工、部分产品的质量异常、个别门店突然面临的对手竞争等。这类风险当然最好在发生的最短时间内就发现并且恰当应对。这类风险的后果有时可能会相当严重。以项目管理为例，业主不能及时审查、批准，分包商不能及时交工，施工机械出现故障等，这些都会对企业运营产生重要影响，乃至产生不良后果。

其实，应对可预测风险的数据在企业运营中经常用到，一般为企业周期性使用的数据，如日报表、周报表等。这类数据虽然常见，但是其价值的体现不如第一层数据——应对已知风险的数据来得直接，因为虽然这一类数据经常被浏览，但是大部分情况是没有发现风险的，所以有时会给人一种没什么用的感觉。日报表、周报表一般会作为企业数据监督和追踪的一种形式。某企业安全日报表如图1-10所示。

企业安全日报表									
					报告日期				
安全生产			责任事故					事故频率	对策知识事项
人员	时间	累计时间	工作场所	姓名	内容	原因	损失率		

图1-10 企业安全日报表

③ 应对不可预测风险。不可预测风险是有可能发生，但即使最有经验的人也不能预见其发生的风险。它们是新的、以前未观察到或很晚才显现出来的风险，具有不可预测性，一般是外

部因素，例如地震、暴雨、通货膨胀、政策变化等作用的结果。

综上所述，从应对风险的角度来说，商务数据分析的价值体现在3个方面，即使用数据分析应对已知风险、可预测风险和不可预测风险。每一层数据的使用难度都有所不同。将数据与风险相关联，对风险进行数据化的解读，能够更大程度发挥数据的价值。

三、商务数据分析思路

商务数据分析的思路有很多种，需要根据不同的场景进行选择。从广义上看，构建商务数据分析思路的一般方法有维度法和指标法。

1．维度法

维度又称维数，是数学中独立参数的数目。维度不是一个固定的数字，而是一种视角，一种判断、说明、评价和确定一个事物的角度，即描述对象的参数。

对商务数据分析而言，常用的维度包括时间维度和空间维度（泛指除时间维度外的其他描述视角）。

（1）时间维度

时间维度是在分析经济变量或经营活动时，以时间作为描述、表达变量的度量尺度，即按照时间进程对研究对象进行分析，看其每个阶段有什么特点；或者按照时间推移进行描述，看研究对象的变化情况，以及异常情况发生时有什么特殊的外部环境变化等。

想一想

按照时间维度，应该如何对网站用户行为进行分析？

从企业营销的角度，用户行为是指用户为获取、使用产品或服务在各阶段表现出的各种行为。用户首先要认知、熟悉，然后试用，接着决定是否继续消费使用，最后成为产品或服务的忠实用户。所以用户行为轨迹为“认知→熟悉→试用→使用→忠诚”。在电子商务网站运营中，对用户行为轨迹进行分析，可以帮助网站了解各个阶段的运营效果，进而调整相应的运营或营销策略。图1-11所示为网站用户行为轨迹分析思路，从中可以看出，按照时间维度进行分析思路比较清晰，不会导致混乱或者分析内容混淆的情况。

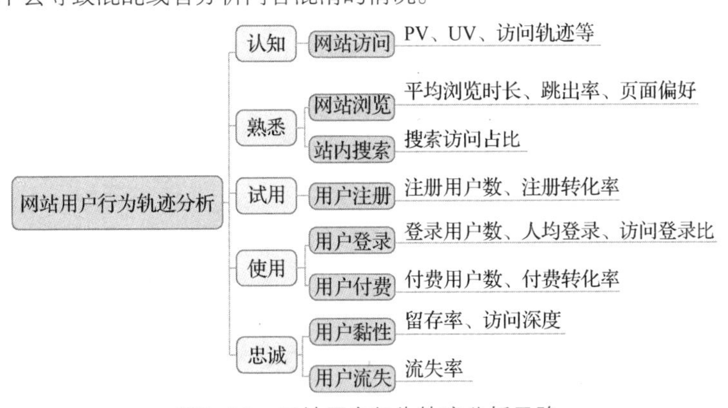

图1-11　网站用户行为轨迹分析思路

（2）空间维度

空间是地理现象的最基本特征，在这里引申为分析事物的方面或角度。相对于时间维度，空间维度主要思考两个问题：一是研究对象包括几个方面，二是每个方面具体有哪些表现。例如，产品维度，顾名思义，就是企业要从产品的视角、特质进行分析，一般可以从消费者价值、消费者满意度、产品质量3个方面描述产品选购的影响因素。

想一想

假设要分析企业关键的成功因素，沿着空间维度可以分析什么？

一个企业的成功有很多关键因素，一般可以从多个方面进行分析，如生产、营销、管理、财务等方面，如图1-12所示。这些关键因素都可以称为空间维度。需要注意的是，这里讨论的只是一般情形，具体分析时还要根据行业特点做取舍，因为企业成功关键因素受到行业影响，例如咨询行业中优秀的人才更关键。

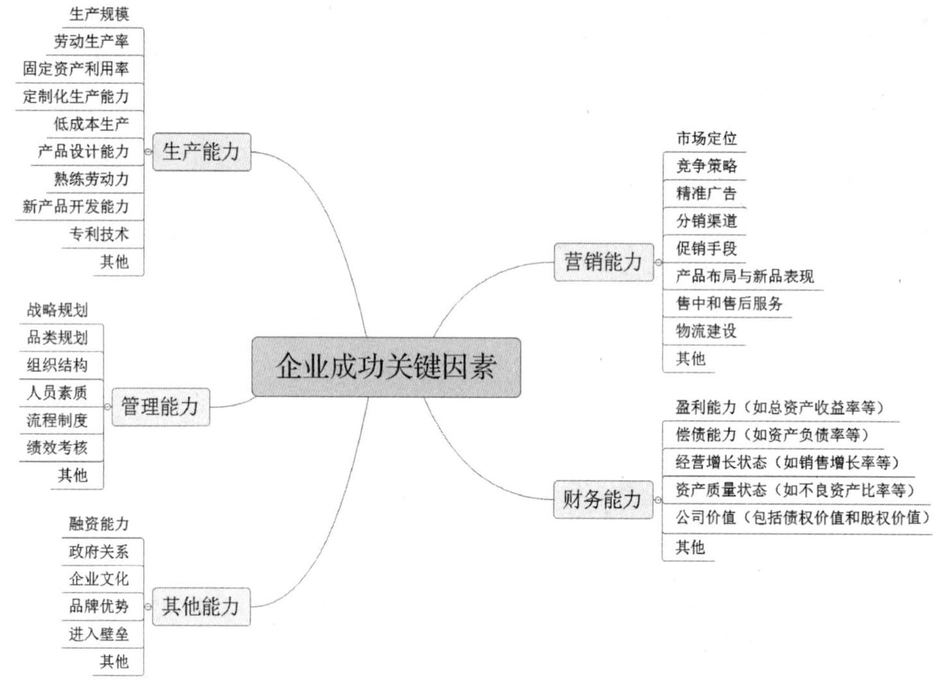

图1-12 企业成功关键因素的分析思路

在做具体项目分析时，如果项目关注研究对象以往的发展轨迹、目前的所处阶段，则选择时间维度；如果项目关注研究对象的构成要素及各个要素的表现，则利用空间维度。更多的时候，对一个项目的分析常常要将时间和空间这两个维度综合在一起考虑。

2. 指标法

数据分析是精细化的运营工作，一定要建立起体系化的思维，建立起数据分析的指标体系，切勿盲目分析、粗暴分析。用指标法构建数据分析思路的流程如下。

（1）树立指标意识

现代管理学之父彼得•德鲁克说过："如果你不能衡量它，那么你就不能有效增长它。"所谓衡量，就是用统一标准来定义和评价业务，这个标准就是指标。例如，销量、活跃率、使用率、转化率等都是常用的指标。

（2）明确好指标与坏指标

孤立的指标发挥不出数据的价值。和分析思维一样，指标也需要结构化。

想一想

以互联网产品为例，不管是电商App还是内容平台，一名用户从开始使用到离开，一般会经历图1-13所示的环节。你会用哪些指标描述这类互联网产品用户生命周期的特征？

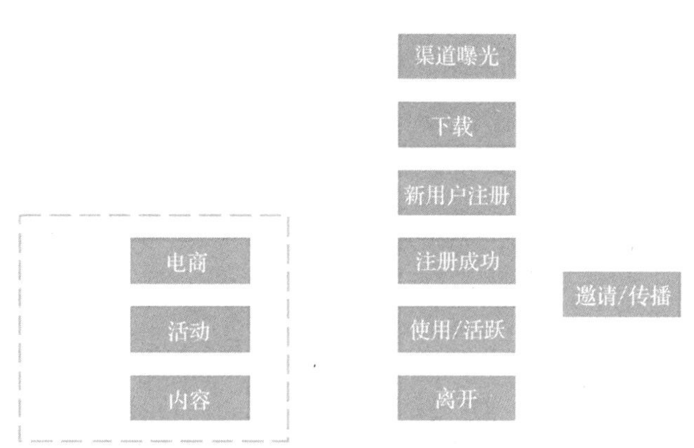

图1-13　互联网产品用户生命周期

互联网产品用户生命周期的每个阶段都可以用相应的指标进行描述，如图1-14所示。

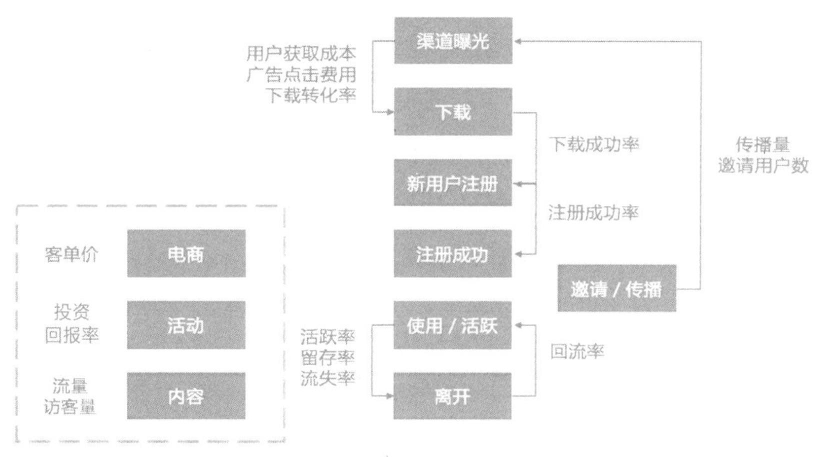

图1-14　互联网产品用户生命周期的指标化

指标体系没有放之四海而皆准的模板，不同业务形态有不同的指标体系。移动端App的指标体系和网站不一样，低频消费品的指标体系和高频消费品也不一样。例如，在一款婚庆相关的App中，不需要考虑复购率指标；在互联网金融领域，必须考虑风控指标；在电子商务平台，卖家和买家的指标不一样。

虽然各业务形态的指标体系没有统一的标准，但是各行各业都需要注意：不是所有指标都是好的，在建立指标体系时需要明确好指标和坏指标，这对各行业的指导意义是一样的。

① 好指标。好指标应该是核心驱动指标，例如销量和利润、用户数和活跃用户数，后者都比前者重要。核心驱动指标一般是公司整体的目标，和公司发展相关联，是公司在一个阶段内的重点发展方向。不同时期和发展阶段的核心驱动指标不一样，不同业务的核心驱动指标也不一样。例如，在产品1.0阶段，企业应把注意力放在提升产品质量上，关注留存率指标；在有一

定用户基数后，企业应该关注与资本相关的指标，如广告点击率、利润率等。又如，内容型网站注重跳出率，视频网站看重在线时长，而购物网站更关注的是转化率。

另外，好指标应该是比例性质的指标，单纯的活跃用户数没有多大意义。企业应更关注活跃率，即活跃用户数在总用户数中的占比，这个指标就是一个比例性质的指标。所以在设立指标时，尽量想一想它能不能是比例性质的。

② 坏指标。相对而言，也会有一些坏指标的存在。这些坏指标会给企业运营人员造成误导，从而影响企业决策。常见的坏指标有以下几种。

- 虚荣指标。虚荣，从字面上理解就是假、虚高的意思。虚荣指标对企业运营决策意义不大。例如，某App在应用商店有几十万的曝光量或下载量的意义并不大，注册成功数才能说明根本问题。所以，此时曝光量和下载量都是虚荣指标。

想一想

微信公众号文章的阅读量在什么情况下是虚荣指标？

- 后验性指标。数据分析是为了规避风险、指导决策，有些指标反映已经发生的事情，实质上意义不大。例如，每天统计的流失用户数，用户流失后也很难通过措施挽回，这个指标的意义也就不大了。活动运营投资回报率也是后验性指标，一个活动付出成本后才能知道其收益，可是成本已经支出，活动的好与坏也注定了，该指标只能用来复盘，不能用来驱动业务。
- 复杂性指标。复杂是多而杂、烦琐的意思，复杂性指标就是在企业运营中分析或记录的很多与企业运营关系不大或对企业决策没有意义的指标。指标能细分和拆解的要细分和拆解，如活跃率可以细分成日活跃率、周活跃率、月活跃率、老用户活跃率等。数据分析应该根据具体的情况选择指标。如果是天气类工具，可以选择日活跃率；如果是社交App，可以选择周活跃率；更低频使用的产品则可选择月活跃率。

（3）建立正确的指标体系

正确的指标体系应该以业务流程为主线，以体系为导向。以新媒体运营中的内容运营为例，其基本流程为“内容收集→内容编辑发布→用户浏览→用户点击→用户阅读→用户评论转发”。每个流程都有指标可以建立，如图1-15所示。

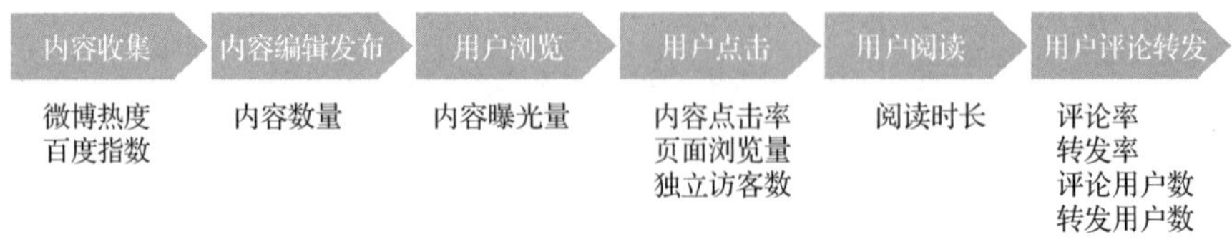

图1-15 内容运营流程及指标

可以看出，从流程的角度搭建指标体系，可以全面囊括用户相关数据，没有遗漏。

（4）解读指标

有了指标之后，就可以着手进行分析，将各类指标有序地组织起来，构成数据分析模型。

图1-16所示为由产品类型、时间和地区三类指标组成的数据分析模型。从该数据分析模型中既能获得电子产品在上海地区2022年第二季度的销量，又能知道图书在江苏地区2022年第一季度的销量。

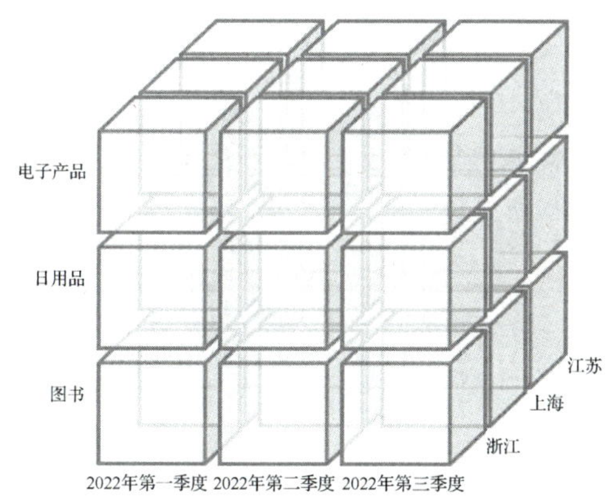

图1–16　数据分析模型

练一练

分别将下列指标进行组合，看看能够得到什么信息。

- 用户类型、活跃度、时间：________________________________
- 产品类型、订单金额、地区：________________________________

将用户类型、活跃度、时间3个指标组合，可以观察不同用户群体对产品的使用情况；将产品类型、订单金额、地区3个指标组合，可以观察不同地区的不同产品是否存在销量差异。利用数据分析模型，可以从不同的角度和层面来观察数据，这样可以提高分析的灵活性，满足不同的分析需求。

维度法和指标法是构建数据分析的两种基本思路，两者存在一定的联系，不可严格区分。维度是说明和观察事物的角度，指标是衡量数据的标准；维度是一个更大的范围，不只是数据，如时间维度和城市维度就无法用指标表示，而指标（留存率、跳出率、浏览时间等）可以成为维度。综上所述，正确的数据分析思路应该是通过业务建立和筛选出指标，将指标作为维度，利用维度进行分析。

自学自测

一、单选题

1. 以下哪一项不是商务数据分析的使命？（　　）

   A. 洞察大千世界产生的海量数据

   B. 探索数据中有用的信息，发现潜在价值

   C. 预见可能发生的某种未来，提出建议

   D. 做出商业决策

2. 从企业运营的角度，下列不属于商务数据分析目的的是（　　）。

   A. 战略决策　B. 投资决策　C. 营销决策　D. 市场调研

3. 相对而言，下列属于坏指标的是（　　）。

   A. 销量　B. 利润　C. 活跃率　D. 转化率

二、多选题

1. 商务数据分析工作流程包括（　　）。
   A. 设计方案　B. 数据收集　C. 数据预处理
   D. 数据分析　E. 数据呈现
2. 指标法构建数据分析思路的流程是（　　）。
   A. 树立指标意识　B. 明确好指标与坏指标
   C. 建立正确的指标体系　D. 解读指标
3. 下列属于坏指标的是（　　）。
   A. 核心驱动指标　B. 虚荣指标
   C. 后验性指标　D. 复杂性指标

三、名词解释

1. 商务数据分析
2. 维度
3. 好指标
4. 坏指标

四、简答题

1. 用3句话概括商务数据分析的过程。
2. 商务数据分析的目的是什么？
3. 什么是好指标，什么是坏指标？分别举例说明。

课中实训

本次实训要求学生明确商务数据分析的目的，根据分析需求梳理正确的数据分析思路，并构建数据分析指标体系，培养系统的数据分析思维。

实训一　明确商务数据分析的价值

学生以小组为单位，认真阅读以下案例素材。然后，上网浏览亚马逊网站，通过搜索某个产品，感受网站在同类推荐、销售预测、浏览记录等方面的功能；分析亚马逊是如何将数据分析结果运用在网站各项服务中的。结合亚马逊网站实例，描述数据分析在商务活动中的实际意义。

 案例

亚马逊与“信息公司”

作为一家“信息公司”，亚马逊不仅从每个用户的购买行为中获得信息，还将每个用户在其网站上的所有行为都记录下来，如页面停留时间、是否查看评论、搜索的每个关键词、浏览的产品等。这种对数据的高度敏感和重视，以及数据分析能力，使得亚马逊远远超越了传统运营方式。亚马逊的数据应用主要体现在以下几个方面。

亚马逊推荐。亚马逊的各个业务环节都离不开数据的身影，如关联产品推荐的功能，这些精准推荐结果的得出过程也非常复杂。

亚马逊预测。用户需求预测是通过历史数据来预测用户未来的需求。亚马逊内部将书、手机、家电称为硬需求产品，对这一类产品的预测是比较精准的，甚至可以预测到相关产品属性的需求。但是对服装这样的软需求产品，亚马逊的预测相对复杂和困难。

亚马逊测试。亚马逊网站上的某段页面文字并不是碰巧出现的，其实亚马逊会在网站上持续不断地测试新的设计方案，从而找出转化率最高的方案。整个网站的布局、字体大小、颜色、按钮及其他所有的设计，都是在多次测试后得出的最优结果。

亚马逊记录。亚马逊的移动应用在为用户提供流畅体验的同时，通过收集手机上的数据深入了解每个用户的喜好。

亚马逊的数据分析不仅限于以上领域。对亚马逊来说，数据是商业决策的指挥棒。

请思考

1. 亚马逊是如何将数据分析结果运用在网站各项服务中的？

______

______

______

2. 数据分析在商务活动中的实际意义是什么？

______

______

______

实训二　使用维度法构建数据分析思路

任务一　用户行为分析

他山之石

用户行为分析

用户行为分析是企业经营中非常重要的内容，可以将其分解为两个部分：用户行为轨迹、用户行为构成。

第一部分，用户行为轨迹体现了时间维度，即可以对用户在购买前、购买中和购买后的行为进行分析。按照营销学大师菲利普·科特勒的理论，用户的行为轨迹分为5个阶段，即产生需求、信息收集、方案比选、购买决策、购后行为，如图1-17所示。

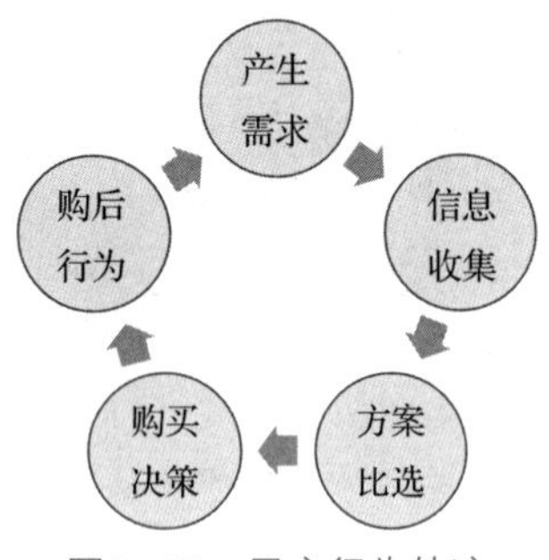

图1-17　用户行为轨迹

第二部分，用户行为构成体现了空间维度。在企业营销和管理活动中，经常用到一个分析模型——5W2H分析法，又称七问分析法，该模型同样适用于指导建立数据分析框架。使用此模型进行用户行为分析时可以从以下7个指标提出问题：用户购买的目的是什么（Why），产品是什么（What），用户是谁（Who），用户在什么时间（When）购买，用户在什么地点（Where）购买，用户购买产品的成本（How Much），用户如何购买（How），如图1-18所示。从这7个方面对用户行为进行分析，通俗易懂，逻辑清晰。

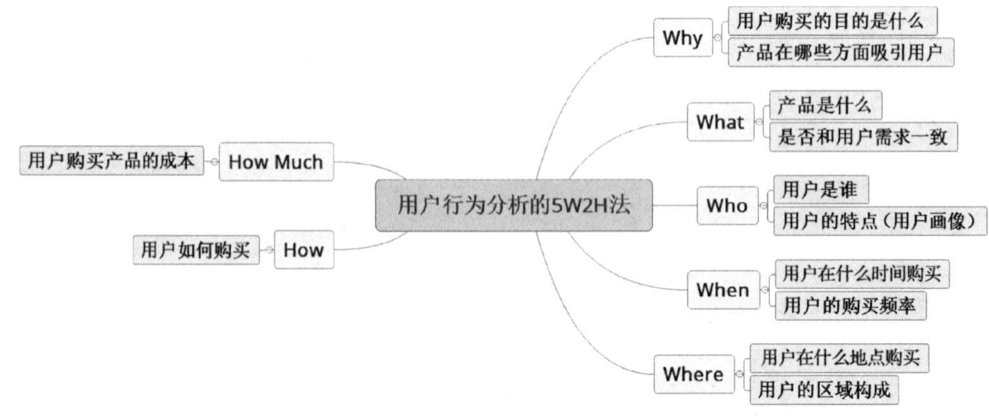

图1-18　用户行为的5W2H分析思路

将时间和空间两个维度交叉分析，构建用户行为分析的研究体系，如图1-19所示。这个体系细化了用户行为分析的内容，基于这些内容就可以进行相关用户行为分析或设计用户调查问卷。

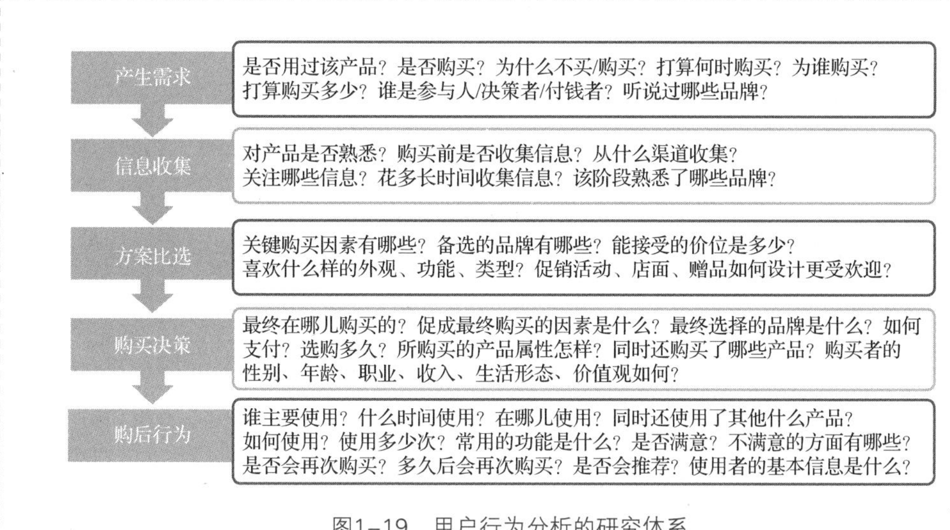

图1–19　用户行为分析的研究体系

BM公司是一家化妆品公司，主营面膜、身体乳、玫瑰纯露等天然植物养护产品，在淘宝、天猫、京东等都拥有网络店铺，其主要目标消费群体为18～25岁的女大学生和白领。以面膜为例，讨论目标消费群体的偏好与行为，使用5W2H法分析用户行为构成，画出思维导图。

任务二　成交转化率分析

任务一中BM公司确定了面膜的目标消费群体的行为与偏好，下一步需要制订有针对性的网络营销策略，提升网店成交转化率。已知网店成交转化率与流量、产品、页面、服务等因素有关，试完成逻辑思维导图（见图1-20），并补充与上述因素相关联的子因素，完善提升成交转化率的对策建议。

图1–20　提升网店成交转化率的分析思路

实训三　确定经济可行的商业指标

任务一　定位商业问题

他山之石

4W提问法

为了使商业分析的思路更为清晰，经常用到4W提问法，即What、Where、Why、How。

- What：要解决的问题（期待成果与现状的差距）究竟是什么？
- Where：问题出在哪里？
- Why：为什么问题会出现？
- How：解决方案是什么？

例如，H商城为一家新零售企业，在广东省广州市、深圳市、中山市等都有线下超市，并同时为周边社区提供在线配送主营食品、化妆品、办公用品、日用百货等的服务。近期商城盈利能力有所下降，为了刺激消费、提升销量，商城决定针对店内部分产品制订促销方案，并确定数据分析指标。

以广州市白云区店铺销售的某品牌面包为例，可以按照4W提问法为其制订促销方案，并确定数据分析指标，如表1-1所示。

表1-1　面包促销方案和数据分析指标的确定

<table>
<tr><th colspan="2">项目</th><th>主要内容</th><th>相关业务指标</th></tr>
<tr><td rowspan="2">要解决的问题（What）</td><td>期待成果</td><td>销量大幅提升</td><td rowspan="2">销售量、销售额</td></tr>
<tr><td>现状</td><td>销量一般</td></tr>
<tr><td colspan="2">问题可能出在哪里（Where）</td><td>寻找、扩大目标消费群体</td><td>• 人群特征（性别、年龄、职业、收入等）；
• 购买行为特征（购买数量、购买时间、口味偏好、消费金额、促销偏好等）</td></tr>
<tr><td colspan="2">可能的原因（Why）</td><td>买送活动、口味改进、免费送餐等</td><td rowspan="2">• 市场指标（行业销售量、行业销售额、市场增长率、竞争对手销售额、竞争对手客单价等）；
• 运营指标（新增进店客户数量、重复购买客户数量、平均进店客户数量、销售量、销售额、销售利润、订单数量、订单金额、客单价等）；
• 产品指标（库存量、毛利率、重复购买率等）</td></tr>
<tr><td colspan="2">可能的解决方案（How）</td><td>提供购买一个面包送一杯热咖啡的服务</td></tr>
</table>

假设BM公司新推出了一款海藻面膜，下一步准备将该产品打造为网店的明星产品。产品上架以后，并没有取得理想的成绩，市场增长率缓慢，产品销量一般。学生以小组为单位，针对以上情况，讨论确定一个要达成的经营目标和亟待解决的问题，要求使用4W提问法确定业务指标，并填写表1-2所示的内容。

表 1-2　定位商业问题

<table>
<tr><td colspan="2">店铺名称</td><td colspan="2"></td></tr>
<tr><td colspan="2">产品类别</td><td colspan="2"></td></tr>
<tr><th colspan="2">项目</th><th>主要内容</th><th>相关业务指标</th></tr>
<tr><td rowspan="2">要解决的问题（What）</td><td>期待成果</td><td></td><td rowspan="2"></td></tr>
<tr><td>现状</td><td></td></tr>
<tr><td colspan="2">问题可能出在哪里（Where）</td><td></td><td></td></tr>
<tr><td colspan="2">可能的原因（Why）</td><td></td><td rowspan="2"></td></tr>
<tr><td colspan="2">可能的解决方案（How）</td><td></td></tr>
</table>

任务二　网店运营指标体系构建

他山之石

产品生命周期

产品生命周期亦称“商品生命周期”，是指产品从投入市场到更新换代和退出市场所经历的全过程，是产品在市场运动中的经济寿命，即在市场流通过程中由于消费者的需求变化及影响市场的其他因素所造成的产品由盛转衰的周期。产品生命周期主要是由消费者的消费方式、消费水平、消费结构和消费心理的变化所决定的，一般分为投入（进入）期、成长期、成熟期、饱和期、衰退（衰落）期5个阶段；也有将成熟期和饱和期合并为一个阶段的，即典型的产品生命周期一般可分为4个阶段，即投入期、成长期、成熟期和衰退期。在产品生命周期的不同阶段，企业需要采取不同的营销策略。

1. 投入期

新产品投入市场便进入投入期。此时，消费者对产品还不了解，只有少数追求新奇的消费者可能购买，产品销售量很低。为了扩展销路，企业需要投入大量的促销费用，对产品进行宣传。在这一阶段，由于技术方面的原因，产品不能大批量生产，因而成本高，销售额增长缓慢，企业不但得不到利润，反而可能亏损，产品也有待进一步完善。

2. 成长期

这一阶段消费者对产品已经熟悉，大量的新消费者开始购买，市场逐步扩大。产品大批量生产，生产成本相对降低，企业的销售额迅速上升，利润也迅速增长。竞争者看到有利可图，将纷纷进入市场参与竞争，使同类产品供给量增加，价格随之下降，企业利润增长速度逐步减慢，最后达到产品生命周期利润的最高点。

3. 成熟期

市场需求趋向饱和，潜在的消费者已经很少，销售额增长缓慢直至转而下降，标志着产品进入成熟期。在这一阶段，竞争逐渐加剧，产品售价降低，促销费用增加，企业利润下降。

4. 衰退期

随着科学技术的发展，新产品或新的替代品出现，消费者的消费习惯发生改变，转向其他产品，从而使原来产品的销售额和利润迅速下降，于是产品进入衰退期。

BM公司的面膜产品，经过调整运营策略，销量逐步上涨。学生以小组为单位，认真阅读以下案例，上网查找网店运营分析的核心指标，讨论BM公司的面膜产品在投入期、成长期、成熟期和衰退期应该侧重哪些指标，并讨论针对性和实用性指标在网店运营中的意义。

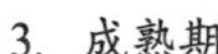

案例

不同视角下的运营分析

某公司为旗下天猫、京东、速卖通等平台店铺招聘运营专员。面试中，面试官问其中一名应聘者："我们是一家网络零售企业，现在要求你向经理汇报3项指标，你会选择哪3项？"

应聘者不假思索地回答："页面浏览量、销售额、投资回报率。"

面试官继续问："为什么选择这3项指标？"

"因为根据每日的页面浏览量和销售额可以判断店铺经营是否在正常范围内，根据投资回报率可以判断店铺处于盈利还是亏损状态。"

"如果满分是10分，你给自己的答案打几分？"

他犹豫了一下，答道："打6分吧……"

"为什么是6分呢？"

"因为我对整个公司的业务开展情况不是特别清楚。可能经理不关心这3项指标。如果公司目前正处于业务拓展阶段，应该对增长趋势比较关心，可能会重点关注新客户数量、新客户增长率、新客户客单价等指标；如果公司目前处在正常经营的情况下，可能对核心销售数据比较关心，会重点关注页面浏览量、店铺成交额、销售毛利率等指标；如果公司处在削减成本阶段，应该比较关注投入产出情况，可能会重点关注投资回报率、客户转化率、客户回头率等指标。"

"那现在你给这个答案打几分呢？"面试官继续问。

这次他没有立马回答，而是思考了片刻后才回答："这次打七八分吧。"

什么是经营者关心的核心运营指标？这个问题没有放之四海而皆准的答案。根据企业运营模式、发展阶段、业务内容、业务规模等因素，每一家企业经营者所关注的核心指标不尽相同。根据企业实际情况和具体问题，有针对性地选择具有可读性的监测指标才能充分发挥数据分析在运营中的作用。

请思考

1. BM公司的面膜产品在产品生命周期不同阶段的运营核心指标是什么？请画出思维导图。

2. 结合相关网店运营数据，讨论指标的针对性和实用性在商务活动中的实际意义。

实训项目评价

学生自评表

序号	技能点自评	佐证	达标	未达标
1	商务数据分析工作流程	能够复述商务数据分析的工作流程		
2	定位商业问题	能够用4W提问法分析具体的商业问题		
3	商务数据分析的目的	能够根据具体情境明确商务数据分析的目的		
4	商务数据分析的思路	能够根据分析需求梳理商务数据分析思路		
5	数据分析指标体系	能够根据商业问题构建数据分析指标体系		

序号	素质点自评	佐证	达标	未达标
1	创新意识	能够在构建分析思路时提出教材之外的其他方法		
2	协作精神	能够和团队成员协商，共同完成实训任务		
3	系统构建能力	能够养成系统地发现问题、解决问题的能力		

教师评价表

序号	评价技能点	佐证	达标	未达标
1	商务数据分析工作流程	能够简述商务数据分析的工作流程		
2	定位商业问题	能够用4W提问法分析具体的商业问题		
3	商务数据分析的目的	能够根据具体情境明确商务数据分析的目的		
4	商务数据分析的思路	能够根据分析需求梳理商务数据分析思路		
5	数据分析指标体系	能够根据商业问题构建数据分析指标体系		

序号	评价素质点	佐证	达标	未达标
1	创新意识	能够在构建分析思路时提出教材之外的其他方法		
2	协作精神	能够和团队成员协商，共同完成实训任务		
3	系统构建能力	能够养成系统地发现问题、解决问题的能力		

课后提升

案例：身体乳产品升级市场调研方案设计

BM公司是一家集原料种植、研发、生产、销售为一体的化妆品公司，目前在淘宝、天猫、京东、苏宁、唯品会等各大电商平台拥有数十家网络店铺。公司多年来专注于纯天然植物护肤，主营身体乳、面膜等产品，销量可观。为了长期可持续发展，公司实行“多品牌、多店铺”发展模式，在原业务的基础上更注重品牌化。

近年来公司多款身体乳热销，有一定的客群基础，知名度较高。为进一步抢占身体乳市场发展先机，扩大品牌知名度，公司决定对现有身体乳产品进行升级。为此，市场部首先需要对现有身体乳产品的市场状况进行调研，以了解产品的现状、消费者偏好等市场信息，为产品升级提供决策依据。

市场调研是企业运营中非常重要的一个数据分析项目。针对该数据分析项目，数据分析部门成员共同讨论，明确了项目的工作思路（见图1-21）；通过对商业问题进行定位，进一步确定了数据分析指标，如表1-3所示。

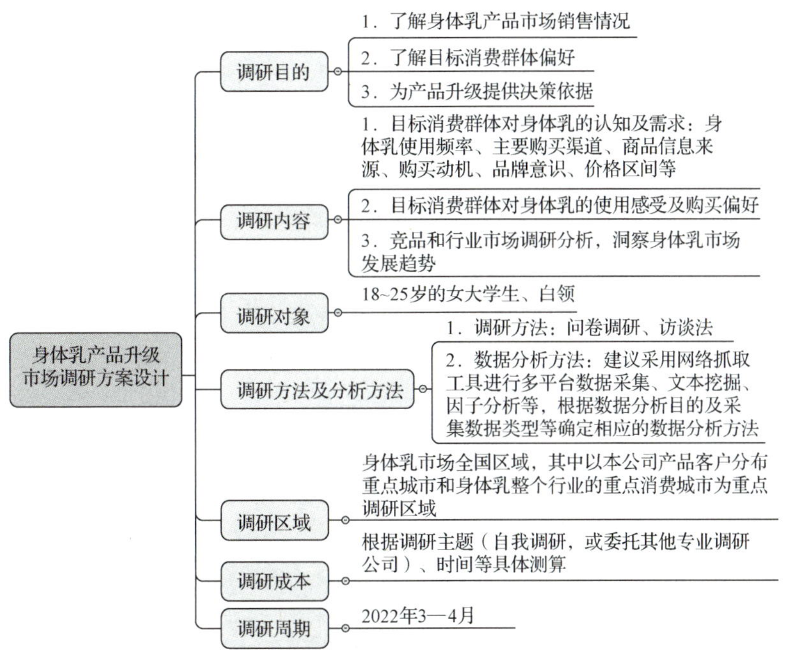

图1-21　身体乳产品升级市场调研方案设计

表1-3　定位商业问题并确定数据分析指标

项目		主要内容	相关业务指标
要解决的问题（What）	期待成果	客流量增加、市场占有率提高、产品结构优化、品牌知名度提升	• 市场指标（行业销售量、市场增长率、市场占有率、竞争对手销售额、竞争对手客单价）； • 运营指标（浏览量、关注数、展现量、点击量、转化率、销售量、销售额、订单量、客单价）； • 产品指标（库存量、产品搜索指数、产品交易指数、毛利率、重复购买率）
	现状	当前身体乳产品销量趋于平稳、竞争力不足	

续表

项目	主要内容	相关业务指标
问题可能出在哪里（Where）	寻找、扩大目标消费群体	• 人群特征（性别、年龄、职业、收入、支出等）； • 购买行为特征（购买数量、购买时间、消费金额、购买偏好等）
可能的原因（Why）	产品本身（功能、审美、经济性、适应性和创造性）或营销方式需要更新、完善	• 产品需求（功能、审美、经济性、适应性和创造性等）； • 营销方式（认知渠道、购买渠道、营销活动、售后服务等）
可能的解决方案（How）	更新产品（功能、审美、经济性、适应性和创造性）或调整营销方式	

项目二

商务数据收集

教学目标

知识目标

1. 熟悉商务数据的概念及分类；
2. 掌握商务数据收集的原则；
3. 熟悉商务数据收集的渠道和方法；
4. 掌握商务数据收集的流程；
5. 掌握商务数据收集方案的撰写技巧。

能力目标

1. 能够遵循商务数据收集的原则开展数据收集工作；
2. 能够根据业务场景选择合理的数据收集渠道和方法；
3. 能够制订恰当的数据收集流程并撰写数据收集方案；
4. 能够利用Excel实现数据的导入、存储。

创新素质目标

1. 培养学生以商务决策为导向的数据收集意识；
2. 培养学生的协同创新能力；
3. 培养学生对商务数据的敏感性；
4. 培养学生树立正确的从商之道，合规获取数据，安全使用数据；
5. 培养学生诚信、务实、严谨的职业素养。

思维导图

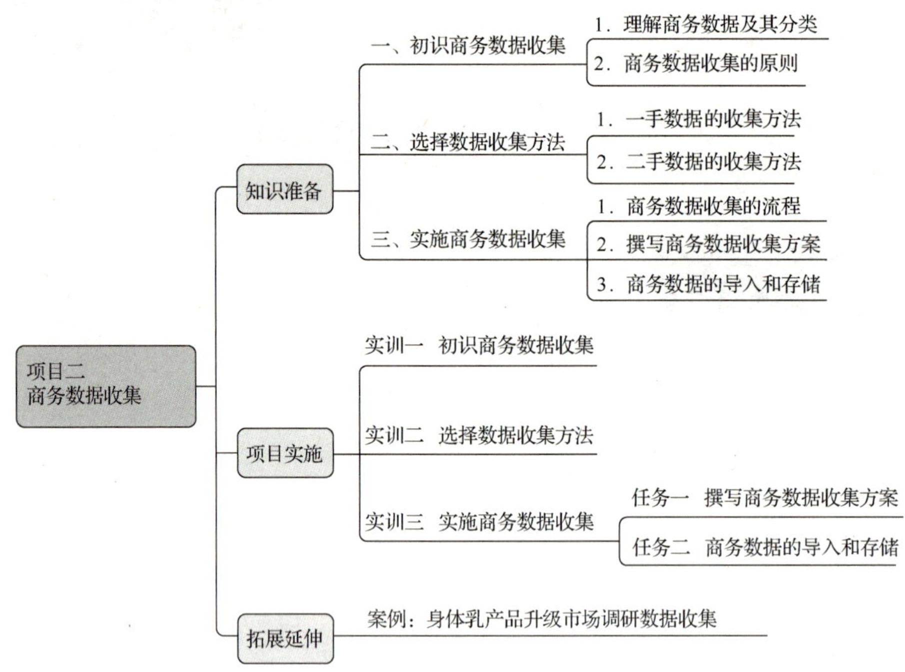

课前自学

一、初识商务数据收集

1．理解商务数据及其分类

（1）商务数据的概念

数据是指对客观事件进行记录并可以鉴别的符号，是对客观事物的性质、状态及相互关系等进行记载的物理符号。数据可以有数字、字母、数字与符号的组合、图形、图像、音频、视频等多种表现形式。例如，“0,1,2”“学生的成绩单”“晴、阴、雨、气温”“货物的运输情况”等都是数据。

商务数据是指商业组织所在的价值链上各个重要环节的历史信息和即时信息的集合。商务数据收集即根据商业组织自身的需求和用户的需求收集相关的数据。

（2）商务数据的分类

商务数据的分类就是把具有某种共同属性或特征的商务数据归并在一起。

商务数据按照来源可分为一手数据和二手数据。一手数据是通过直接的调查获得的原始数据，又称为直接的统计数据，如针对当前研究问题的调查问卷等；二手数据是别人调查、加工和汇总后公布的数据，又称为间接的统计数据，如统计年鉴等。

商务数据按照规模可分为大数据和传统数据。大数据是指规模大到在获取、存储、管理、分析方面大大超出传统数据库软件工具能力范围的数据集合，其具有海量的数据规模、快速的数据流转、多样的数据类型和较低的价值密度。数据的存储单位换算关系如表2-1所示，我们一般称PB单位以上规模的数据为大数据。传统数据相对大数据而言规模较小。当前商业活动中主要获取和使用的还是传统数据。

表2-1　数据的存储单位换算关系

单位	换算关系	单位	换算关系
Byte	8bit	EB	1024PB
KB	1024Byte	ZB	1024EB
MB	1024KB	YB	1024ZB
GB	1024MB	BB	1024YB
TB	1024GB	NB	1024BB
PB	1024TB	DB	1024NB

商务数据按照变量值是否连续可分为连续数据和离散数据。连续数据是指在一定区间内可以任意取值、连续不断的、相邻两个数值可作无限分割（即可取无限个数值）的数据；离散数据是指数值只能用自然数或整数单位计算的数据。

商务数据按照采用的计量尺度可分为定性数据和定量数据。定性数据又叫品质数据，分为定类数据和定序数据。定类数据表示事物的类别，如按照性别将人口分为男、女两类；定序数据表示事物之间的等级、顺序，如满意程度可分为非常满意、比较满意、没有不满、不满意、很不满意几类。定量数据又叫数值数据，分为定距数据和定比数据。定距数据没有绝对零点，可以做加减运算，不能做乘除运算，例如温度，1℃和2℃的差距，与19℃和20℃的差距是一样的，都间隔1℃；定比数据既有测量单位，又有绝对零点，如身高数据。

2. 商务数据收集的原则

明确了商业问题及相关分析指标后，分析人员在收集数据时就可以有的放矢了。为了保证收集工作的有效性和数据价值，实际操作过程中还需要注意以下几个原则。

（1）及时性

及时性是指数据分析人员要注意数据的产生时间，过时的数据解决不了当下的问题。例如，考虑到人口流动、物价变动等因素，一份10年前的三明治销售数据已经没有什么意义了。

（2）全面性

全面性是指数据分析人员要充分考虑内部和外部的数据来源，尽量避免幸存者偏差、选择性偏差等。

① 幸存者偏差。幸存者偏差又称“生存者偏差”或“存活者偏差”，是一种常见的逻辑谬误。它指的是只关注经过某种筛选而产生的结果，而不关注筛选的过程，因此忽略了被筛选掉的关键信息。

例如，小张是一名记者，有一次他接到任务去调查春节假期期间火车票购票情况。他在火车站候车大厅走访发现，身边的人都手拿车票愉快地交谈，于是得出结论，虽然春节假期期间火车票不好买，但大家都买到了票。显然，这样的结论与事实是有偏差的。

上述案例从统计学的角度可以解释为：A为全体想买火车票的人，A1为已经买票且在候车大厅的人，A2为想买票但没买到的人。小张用A1群体的特征代替了全集A的特征，误以为A2这个群体也买到了票。

② 选择性偏差。选择性偏差也称“选择性效应”，指的是在研究过程中因样本选择的非随机性而导致得出的结论存在偏差。

想一想

一家食品公司希望了解自家产品的用户特征，于是他们在产品包装上印上了自家小程序的二维码。一段时间后，公司从后台了解到这些扫码用户的年龄分布情况，如图2-1所示。

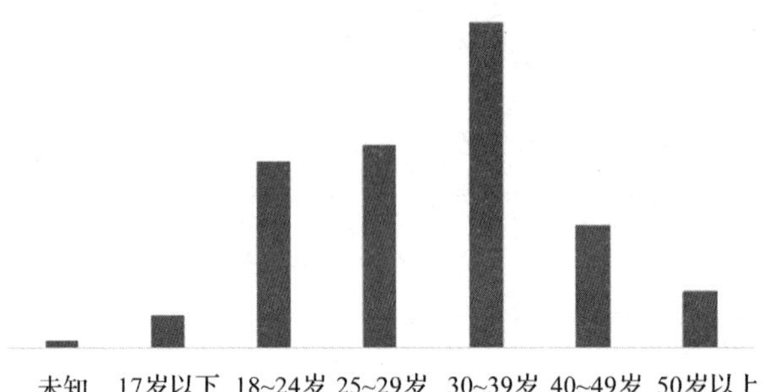

图2-1　扫码用户的年龄分布情况

哪个年龄段的人才是该产品的典型用户？

上述扫码用户只是恰巧在该公司收集信息期间购买过包装上印制了二维码的产品并完成扫码操作的人。还有一部分用户因为各种原因没有参与该调查，所以图2-1中的结果并不能代表全部用户的特征，无法作为分析典型用户年龄分布情况的主要依据。

（3）相关性

相关性是指收集的商务数据与商业问题需要紧密相关，所以数据分析人员在收集数据时要避免犯以下两类错误。

① 不进行事前调查，没有任何基础就想当然地收集数据。建立模型需要根据逻辑推断、以往经验和已有发现来假设变量和问题。在具体的业务场景中，数据分析人员应与各部门充分沟通，了解问题的来龙去脉之后再着手进行数据收集工作，否则会因主观想法误导而产生一定的偏差，甚至失误。

② 有什么数据就用什么数据，且喜欢复杂的模型。现成的数据虽然不需要费力收集，但对当前的商业问题来说，不一定有分析的价值。模型也不是越复杂越好，数据分析人员必须以解决问题为目标，舍弃所有非必需的和无关紧要的细节，保留最重要、最有效、最关键且会对结果产生影响的特征。

（4）经济性

经济性即成本效益原则，指数据分析人员在选择要分析的商业指标、确定数据收集方法及收集流程的过程中，要将可能产生的效益与花费的人力、物力、财力、时间等成本进行衡量，从而制订更为经济可行的数据收集方案。

二、选择数据收集方法

选择数据收集方法时，首先需要查看商务数据的来源。一手数据和二手数据各有特点，因此收集方法也各不相同。

1．一手数据的收集方法

一手数据的优点是及时、可信，可以回答二手数据不能回答的具体问题；缺点是主观性强，收集成本高，容易使被调查者厌倦。一手数据的收集方法包括以下两种。

一手数据的收集方法

（1）实地调查法

实地调查法包括访问调查法、现场观察法和实验法。

① 访问调查法。访问调查法是将拟调查的事项，以当面、电话或书面等形式由调查人员进行询问，以获得所需调查资料的调查方法。它有直接访问法、堵截访问法、电话访问法、邮寄法、固定样本调查法等多种形式，常用到访谈提纲、调查问卷等工具。

访谈提纲是在实施访问调查前，数据分析人员拟定的任务大纲。根据访问形式的不同，访谈提纲可分为座谈会提纲、焦点小组访谈提纲等。图2-2所示为大学生身体乳使用情况的焦点小组访谈提纲。

调查问卷是一组与调查目的有关的问题，或者说是一份为进行调查而编制的问题表，又称调查表。它常用在社会调查研究活动中，是收集一手数据的重要工具。大学生身体乳使用情况调查问卷如图2-3所示。

焦点小组访谈提纲

——对大学生身体乳使用情况的调查

一、调查目的

1．大学生使用身体乳的情况。

2．大学生对身体乳的消费需求。

3．大学生对不同身体乳品牌的偏好。

二、大学生身体乳使用情况焦点小组访谈指导

1．解释焦点小组访谈法及其规则（15 分钟）。

2．小组成员互相介绍（3～5 分钟），一般从主持人开始，顺时针进行。

3．使用身体乳的情况和消费需求、品牌偏好（30 分钟）。

针对没有使用过身体乳的小组：

（1）化妆品的消费情况（20 分钟）；

（2）测试对身体乳的态度和认知度（20 分钟）；

（3）对身体乳产品的期望（10 分钟）。

针对使用过身体乳的小组：

（1）了解身体乳的消费行为和使用评价（30 分钟）；

（2）测试大学生对身体乳品牌偏好和认知度（10 分钟）；

（3）大学生对身体乳的消费需求（20 分钟）；

（4）样品体验（出示体验产品，20 分钟）。

图2-2　大学生身体乳使用情况焦点小组访谈提纲

大学生身体乳使用情况调查问卷

亲爱的小哥哥/小姐姐：

您好，我们是某身体乳产品的市场调研员，本次问卷调查旨在了解您对身体乳的需求和使用情况。您所提供的信息对我们来说非常重要。我们将仅进行研究使用，绝对保密。非常感谢您的参与和合作!

第一部分　　使用及购买行为

这部分问题是关于您的身体乳使用及购买行为，请按实际情形，选择下列每一题中最适当的选项，谢谢。

*** 1.您是否用过身体乳?**

○ A.是

○ B.否

*** 2.您是否愿意尝试使用身体乳?**

○ A.是

○ B.否（请说明理由）________

*** 3.您平时使用身体乳的频率是?**

○ A.一周1次

图2-3　大学生身体乳使用情况调查问卷

② 现场观察法。现场观察法是指数据分析人员凭借自己的眼睛或借助摄像录像器材，在调查现场直接记录正在发生的市场行为或状况的一种有效的收集资料的方法。

③ 实验法。实验法是指从影响所调查问题的许多可变因素中选出一个或两个因素，将其置于同一条件下进行小规模的实验，然后对实验结果进行分析，确定研究结果的方法。

（2）网络直接调查法

网络直接调查法即利用互联网直接进行问卷调查、电子邮件调查、网上论坛调查、网上在线座谈会调查等收集一手数据的方法。

课前自学

2．二手数据的收集方法

二手数据的优点是客观、易获取、成本低，能为进一步进行一手数据的收集奠定基础；缺点是相关性、时效性、可靠性差。二手数据包括内部数据和外部数据两种。

二手数据的收集方法

（1）内部数据

内部数据来自组织内部。内部数据的收集来源为业务资料、统计资料、数据库等，收集方法包括报表收集、数据库收集、系统日志数据收集等。

① 报表收集。企业可以通过相关业务部门每日、每周的工作报表，如销售明细、出入库清单、客服记录等进行数据收集。某商城的销售日报表如图2-4所示。

销售日报表											
款台：					天气：	温度：				销售日期： 年 月 日 星期	
货号名称	单价	数量	实收金额	折扣	货号名称	单价	数量	实收金额	折扣	库存管理	
										昨日存货	个
										本日进货	个
										本日退货	个
										本日销货	个
										本日库存	个
										销售统计	
										本日销售数量	
										本月累计数量	
										本日销售金额	
										本月累计金额	
										本日销售目标	
										达成率	
										本月销售目标	
										达成率	
										本日销售分析	
小计：		0	0.00		小计：		0	0.00			
当日数量合计：			0		当日金额合计：			0.00			

图2-4　某商城的销售日报表

② 数据库收集。企业将数据库收集系统直接对接到业务后台的服务器。业务后台每时每刻都会产生大量业务记录，并可直接被数据库收集系统收集，最后由特定的处理系统进行数据分析。

③ 系统日志数据收集。系统日志数据收集主要针对互联网上的商务活动，例如网站日志会记录访客IP地址、访问时间、访问次数、停留时间、访客来源等数据。通过对这些日志数据进行收集、分析，可以挖掘其中的潜在价值。

（2）外部数据

外部数据是指从组织外部获得的二手数据。外部数据的收集来源为公开出版的资料、计算机数据库、其他来自互联网的资料（如通过网站日志、第三方平台、互联网检索、网络爬虫等获得的数据），收集方法包括文献收集、网页数据收集等。

① 文献收集。文献收集指通过政府部门、机构协会、新闻媒体、出版社等发布的统计数据、行业调查报告、新闻报道、出版物等收集数据。图2-5所示为中国互联网络信息中心网站在“互联网发展研究”板块提供的报告下载列表。

图2-5　中国互联网络信息中心网站“互联网发展研究”板块的报告下载列表

② 网页数据收集。网页数据收集通常指通过直接摘录或者网络爬虫等采集工具从网页上获取所需数据的方法。网络爬虫是一种按照一定规则自动抓取互联网信息的程序或脚本，可自动采集能够访问的页面的内容。常见的网络爬虫工具有火车采集器、八爪鱼采集器等。

表2-2从收集目的、收集程序、收集成本和收集时间 4 个方面对一手数据和二手数据进行了对比。

表2-2　一手数据与二手数据的对比

比较项目	一手数据	二手数据
收集目的	为了当前的问题	为了其他问题
收集程序	复杂费事	简单容易
收集成本	较高	相对较低
收集时间	较长	相对较短

三、实施商务数据收集

1．商务数据收集的流程

商务数据收集是商务数据分析的关键环节，其工作效率及数据质量将直接影响整个数据分析的成败。数据分析人员可以按照以下流程进行操作。

（1）定位商业问题，确定有理有据的收集指标

定位商业问题的最终目的是要通过现象看本质，可以运用4W提问法等方法挖掘期望成果和行动之间的因果关系。

（2）根据指标特征，选择经济可行的收集方法

确定了要收集的数据指标后，就需要根据指标特征结合收集成本，考虑获取数据应使用的方

法。如果是近期的市场环境数据或者历史销售数据，可以通过二手数据收集的方法，选择国家统计报告、行业发展报告、统计年鉴、公司财报、企业数据库、工作报表等渠道获得；如果是当期客户需求或产品发展前景等，则需通过一手数据收集的方法，选择实地调查、网络直接调查等方法获得具有针对性的数据结果。

（3）明确任务分工，制订切实有效的收集方案

在正式进行数据收集工作前，应明确数据收集的指标和时间范围；接着明确这些数据需要从哪些途径及部门收集；最后确定参与部门和人员配备，并落实为工作方案。

（4）实施数据收集，进行完整准确的数据检查

数据检查一般包括完整性检查、准确性检查和规范性检查。

完整性检查是指数据收集完成后，要检查字段的完整性，保证核心指标数据完整，同时还要对每个字段下的数据进行复查或计算。

准确性检查是指在数据录入的过程中可能会有个别数据出现录入错误，数据分析人员可以通过计算平均值、求和等操作与原始数据进行比对。如果发现比对结果不匹配，则需要检查并标记错误数据。

规范性检查是指检查收集的数据中是否存在多个字段内容重复的情况。

2. 撰写商务数据收集方案

一份完整的商务数据收集方案包含项目背景介绍、商务数据分析目标、数据分析指标及规范、商务数据来源及收集方法等内容。

（1）项目背景介绍

商务数据收集目标主要是让参与者了解该数据分析项目的来龙去脉，明确分析的环境和所处情况。项目背景介绍通常是描述商业活动中出现的具体问题。

（2）商务数据分析目标

商务数据分析目标即数据分析最终要达成的目的、解决的问题，也就是数据分析人员完成数据分析后应向公司的哪一个部门、针对何种问题提出建议及调整策略。

（3）商务数据分析指标及规范

商务数据收集方案要介绍商务数据分析指标，即明确进行此次数据分析所需要的具体指标及数据类型，并提供规范的录入要求。

（4）商务数据来源及收集方法

数据分析人员需要根据商务数据分析指标确定合理的数据来源渠道及收集方法。在商务数据收集方案中，要注明数据来源及收集工具。这不仅可以为后续的工作提供方向，还可以为后期的效果评估及复盘提供理论依据。

3. 商务数据的导入和存储

成功获取数据后，接下来需要利用一定的载体，如数据库、数据仓库、Excel软件（本书主要借助Excel软件作为数据导入和存储的工具）等，对收集的数据信息进行导入和存储，以便为后续的数据预处理、分析和可视化等工作提供支持。

虽然数据有数字、文本、图形、图像、音频、视频等多种类型，但在常规的分析过程中，数据一般都要经过数字化，并以数据表的形式存储。数据表是由标题、字段、记录构成的表格，如图2-6所示。第1行为标题；第2行为字段，字段名不能重复；第3行之后是数据部分，数据部分的每一行都叫作一条记录，数据部分一般不允许出现空白单元格。

标题　字段　记录

会员消费汇总表

ID	消费金额	消费次数	积分	线下次数	线下金额	线上次数	线上金额
97485	123930.90	57	125517.65	18	26426.79	39	97504.11
190695	12190.56	128	9916.70	81	3599.56	47	8591.00
489376	71840.14	134	64850.12	76	70373.14	58	1467.00
493834	23762.49	132	11832.64	111	7925.41	21	15837.08
558903	27332.70	8	5466.54	7	12638.70	1	14694.00
559569	33045.17	114	12892.97	91	16852.61	23	16192.56
893869	3816.36	159	1080.94	149	3756.48	10	59.88
1333727	84944.22	92	10877.21	88	13790.43	4	71153.79
1893133	3596.43	141	730.03	138	3418.52	3	177.91
2263904	23314.97	127	19442.61	96	13282.47	31	10032.50
2310007	12301.06	133	8181.93	81	11340.00	52	961.06
2490531	26070.64	167	2985.83	133	9032.76	34	17037.88
2689842	19644.20	145	2786.32	97	15553.80	48	4090.40
2925852	75718.24	93	47824.82	49	5069.64	44	70648.60
3061820	59738.14	344	40696.31	175	20032.15	169	39705.99
3139245	28428.04	159	9349.64	137	28287.06	22	140.98
3149821	44622.53	108	31378.59	98	34622.53	10	10000.00
4153242	5728.98	165	1894.45	108	4324.27	57	1404.71
4153485	5280.84	119	1116.82	102	5172.54	17	108.30
4153595	7986.80	173	5866.78	91	1235.20	82	6751.60
4290542	8178.42	177	1955.89	143	7892.32	34	286.10
4313145	16941.63	137	11623.61	87	9304.95	50	7636.68
4313496	37471.80	148	7392.62	123	15081.54	25	22390.26
4372630	37498.70	159	8737.67	122	21697.42	37	15801.28
4414023	3996.73	130	1725.35	89	3953.02	41	43.71
4717133	41585.41	106	37800.50	50	11342.81	56	30242.60
4741189	27688.39	85	5187.54	77	27323.39	8	365.00
4855701	103277.03	175	92384.11	174	96716.03	1	6561.00
4936166	3138.75	131	1146.02	105	3037.53	26	101.22
5515369	18284.87	124	17668.81	31	2495.37	93	15789.50

图2-6　数据表

一手数据主要通过人工、传感器识别的方式导入，例如手工录入消费者满意度调查问卷，或使用传感器读取数控设备状态参数等。二手数据的来源相对比较广泛，例如通过阿里生意参谋查询和导入某类产品的市场需求数据，或使用网络爬虫收集行业及竞争对手数据等。

自学自测

一、单选题

1. 商务数据收集方案一般不包括以下哪项内容？（　　）

A. 项目背景介绍　　B. 商务数据分析目标

C. 商务数据分析指标及规范　　D. 商务数据的分类信息

2. 数据分析人员要充分考虑内部和外部的数据来源，尽量避免幸存者偏差、选择性偏差等，这是商务数据收集的（　　）原则。

A. 及时性　　B. 全面性　　C. 相关性　　D. 经济性

3. 以下哪项是数据的表现形式？（　　）

A. 数字　　B. 字母　　C. 图像　　D. A、B、C都是

4. 表2-3所示数据中属于定量数据的是（　　）。

表2-3　甲、乙同学具体情况

姓名	1. 性别	2. 年龄	3. 英语成绩	4. 对英语课程的评价
同学甲	男	17	90	有趣
同学乙	女	16	86	一般

A. 1和4　　B. 2和3　　C. 1和3　　D. 2和4

5. 以下哪项不属于一手数据收集的方法？（　　）

A. 现场观察法　B. 访问调查法　C. 网络爬虫　　D. 实验法

二、多选题

1. 以下哪些是数据的表现形式？（　　）

A. 数字　　B. 字母　　C. 图形　　D. 视频

2. 以下哪些选项是二手数据的特点？（　　）

A. 为了当前的问题而收集　　B. 收集程序简单容易

C. 收集成本较高　　D. 收集时间相对较短

3. 数据检查一般包括（　　）。

A. 完整性检查　　B. 准确性检查

C. 一致性检查　　D. 规范性检查

三、判断题

1. 商务数据的分类就是把具有某种共同属性或特征的商务数据归并在一起，通过其类别的属性或特征来对商务数据进行区分。（　　）

2. 幸存者偏差指的是只能看到经过某种筛选而产生的结果，而没有意识到筛选的过程，因此忽略了被筛选掉的关键信息。（　　）

3. 现场观察法是指从影响调查问题的许多可变因素中选出一个或两个因素，将它们置于同一条件下进行小规模的实验，然后对实验结果进行分析，确定研究结果的方法。（　　）

4. 商务数据收集即根据商业组织自身的需求和用户的需求收集相关的数据。（　　）

四、简答题

1. 商务数据收集要注意的原则有哪些？

2. 试说明商务数据收集的流程。

五、论述题

二手数据的收集方法有哪些？举例说明。

课中实训

本实训以电商平台产品销售情况分析为背景，要求学生根据平台和产品销售情况定位商业问题，并按照商务数据收集的流程获取一手、二手数据，进而能够掌握数据收集的方法和技巧。

实训一　初识商务数据收集

他山之石

商城会员消费数据认知

某商城通过对商城会员销售额下降问题的深入探讨，得到了商务数据分析的具体指标，包括商城会员的客户指标和销售指标。数据分析人员首先要对两类指标包含的数据类型进行初步的认知。

1. 客户指标数据类型认知

客户指标主要指的是当前商城所有会员的年龄、性别、联系手机、收货地址，其数据类型如表2-4所示。

表2-4　商城客户指标数据类型

类别	商务数据指标	按来源分类	按计量尺度分类
客户指标	年龄	二手数据	定比数据（定量数据）
	性别	二手数据	定类数据（定性数据）
	联系手机	二手数据	定类数据（定性数据）
	收货地址	二手数据	定类数据（定性数据）

2. 销售指标数据类型认知

销售指标主要指的是从数据收集工作开始之日起往前推一年的会员的消费金额、消费次数、积分等，其数据类型如表2-5所示。

表2-5　商城销售指标数据类型

类别	商务数据指标	按来源分类	按计量尺度分类
销售指标	消费金额	二手数据	定比数据（定量数据）
	消费次数	二手数据	定比数据（定量数据）
	积分	二手数据	定比数据（定量数据）
	线下次数	二手数据	定比数据（定量数据）
	线上次数	二手数据	定比数据（定量数据）
	线下金额	二手数据	定比数据（定量数据）
	线上金额	二手数据	定比数据（定量数据）

学生以小组为单位，针对项目一实训三中的业务背景及确定的商务数据指标给出商务数据指标的类型，并填入表2-6中。

表2-6 指标数据类型

类别	商务数据指标	按来源分类	按计量尺度分类

实训二 选择数据收集方法

他山之石

商城会员消费数据收集渠道和方法

数据分析人员根据实训一“他山之石”中对商城会员消费数据的认知初步确定了数据的收集渠道和方法。

1. 确定客户指标的收集渠道和方法

客户指标的主要来源是客服部已经登记的会员信息。由于该商城已经实现信息化，所以会员信息可通过企业数据库中的客户关系管理系统模块获得，如表2-7所示。

表2-7 商城会员信息收集渠道和方法

类别	商务数据指标	收集渠道	数据归属部门	收集方法
客户指标	年龄、性别、联系手机、收货地址	二手数据（内部数据）	客服部	数据库（客户关系管理系统）

2. 确定销售指标的收集渠道和方法

销售指标的主要来源是销售部的销售记录汇总。要获得该商城会员的年度消费数据，需要销售部门将一年内的销售记录从数据库中提取出来，并按照会员编号进行汇总，收集渠道和方法如表2-8所示。

表2-8　会员消费数据收集渠道和方法

类别	商务数据指标	收集渠道	数据归属部门	收集方法
销售指标	消费金额、消费次数、积分、线下次数、线上次数、线下金额、线上金额	二手数据（内部数据）	销售部	数据库（销售管理系统）

学生以小组为单位，针对项目一实训三中的业务背景及确定的商务数据指标，给出商务数据收集渠道和该数据归属的部门，并确定收集方法，填入表2-9中。

表2-9　商务数据收集渠道和方法

类别	商务数据指标	收集渠道	数据归属部门	收集方法

实训三　实施商务数据收集

任务一　撰写商务数据收集方案

他山之石

商城会员销售数据收集方案

1. 项目背景介绍

某商城近期盈利能力有所下滑，经过初步调研发现会员销售额较同期下降明显。为了解销售额下降背后的原因，该商城决定对会员的基本信息及近一年的消费数据进行分析，为后续客户关系管理和销售策略的制订提供指导。

2. 商务数据分析目标

商务数据分析的目标参考表2-10确定。

表2-10 商城会员销售额下降问题的确定

项目		主要内容	相关业务指标
该解决的问题	期待成果	增加会员群体销售额	销售额、销售利润
	现状	销售额较同期下降明显	
问题可能在哪里		会员管理	消费次数、消费金额、会员积分、消费方式
问题的原因		缺乏会员关系维护机制	

3. 商务数据分析指标及规范

客户指标：当前商城所有会员的年龄、性别、联系手机、收货地址。

销售指标：自数据收集之日起前推一年的会员的消费金额、消费次数、积分等。

以上数据按照表2-11和表2-12的格式规范录入。

表2-11 会员信息

会员编号	年龄	性别	联系手机	收货地址

表2-12 会员消费信息汇总

ID	消费金额	消费次数	积分	线下次数	线下金额	线上次数	线上金额

4. 商务数据来源及收集方法

客户指标来源为商城客服部的客户关系管理系统，收集方法为数据库收集；销售数据来源为销售部的销售记录汇总，收集方法为数据库提取和汇总。

学生以小组为单位，根据本项目实训二中的结论确定指标范围和时间范围，给出商务数据指标规范，并根据个人擅长的技能及任务量进行分工，将数据收集方案写在下方。

任务二　商务数据的导入和存储

他山之石

商城会员销售数据的导入和存储

1. 客户指标的导入和存储

企业数据库中的客户关系管理系统模块存储了实时的会员信息。通过与商城的客服部沟通，数据分析人员将会员的年龄、性别、联系手机、收货地址这4项指标从数据库中提取出来，导入Excel表格中，其中的30名会员信息如图2-7所示。

2. 销售指标的导入和存储

商城的会员销售数据主要存储在企业数据库的销售管理系统模块。通过与销售部沟通，数据分析人员将一年内每日销售记录从数据库中提取出来，并按照会员编号进行汇总处理，从而得到会员年度消费数据，其中30名会员的年度消费数据如图2-8所示。

会员信息表

会员编号	年龄	性别	联系手机	收货地址
97485	40	男	137****8004	广东省 深圳市 大鹏新区
190695	45	女	158****5099	广东省 深圳市 福田区
489376	30	女	136****8028	广东省 深圳市 龙岗区
493834	47	女	139****2634	广东省 深圳市 龙岗区
558903	36	female	187****4577	广东省 中山市 小榄镇
559569	48	male	135****1048	广东省 广州市 花都区
893869	29	女	186****1665	广东省 梅州市 梅县区
1333727	33	female	181****8906	广东省 广州市 白云区
1893133	29	男	137****0703	广东省 广州市 白云区
2263904	33	男	150****1945	广东省 深圳市 罗湖区
2310007	32	女	186****0221	广东省 深圳市 南山区
2490531	33			
2689842	30	男	151****5892	广东省 深圳市 龙岗区
2925852	27	男	138****0278	广东省 中山市 小榄镇
3061820	20	女	138****6726	广东省 阳江市 江城区
3139245	24	男	151****8770	广东省 东莞市 东城街
3149821	42	女	138****6726	广东省 深圳市 福田区
4153242	32	女	137****2026	广东省 东莞市 石龙镇
4153485	34	女	156****8632	广东省 梅州市 五华县
4153595	24	男	150****9225	广东省 江门市 江海区
4290542	30	女	134****8287	广东省 深圳市 龙岗区
4313145	33	女	183****1965	广东省 东莞市 石龙镇
4313496	26	女	151****8770	广东省 东莞市 东城街
4372630	41	male	159****9830	广东省 广州市 黄埔区
4414023	40	男	135****1029	广东省 梅州市 五华县
4717133	43	女	134****0987	广东省 惠州市 惠阳区
4741189	34	男	137****5519	广东省 惠州市 博罗县
4855701	23	女	187****8120	广东省 惠州市 惠阳区
4936166	23	女	137****2803	广东省 湛江市 赤坎区
5515369	44	female	137****5735	广东省 惠州市 惠阳区

图2-7　30名会员信息

会员消费汇总表

ID	消费金额/元	消费次数	积分	线下次数	线下金额/元	线上次数	线上金额/元
97485	123930.9	57	125517.6	18	26426.79	39	97504.11
190695	12190.56	128	9916.704	81	3599.56	47	8591
489376	71840.14	134	64850.12	76	70373.14	58	1467
493834	23762.49	132	11832.64	111	7925.41	21	15837.08
558903	27332.7	8	5466.54	7	12638.7	1	14694
559569		114	12892.97	91		23	
893869	3816.36	159	1080.936	149	3756.48	10	59.88
1333727	84944.22	92	10877.21	88	13790.43	4	71153.79
1893133	3596.43	141	730.034	138	3418.52	3	177.91
2263904	23314.97	127	19442.61	96	13282.47	31	10032.5
2310007	12301.06	133	8181.932	81	11340	52	961.06
2490531	26070.64	167	2985.826	133	9032.76	34	17037.88
2689842	19644.2	145	2786.324	97	15553.8	48	4090.4
2925852	75718.24	93	47824.82	49	5069.64	44	70648.6
3061820	59738.14	344	40696.31	175	20032.15	169	39705.99
3139245	28428.04	159	9349.635	137	28287.06	22	140.98
3149821	44622.53	108	31378.59	98	34622.53	10	10000
4153242	5728.98	165	1894.452	108	4324.27	57	1404.71
4153485	5280.84	119	1116.82	102	5172.54	17	108.3
4153595	7986.8	173	5866.78	91	1235.2	82	6751.6
4290542	8178.42	177	1955.894	143	7892.32	34	286.1
4313145	16941.63	137	11623.61	87	9304.95	50	7636.68
4313496	37471.8	148	7392.62	123	15081.54	25	22390.26
4372630	37498.7	159	8737.67	122	21697.42	37	15801.28
4414023	3996.73	130	1725.346	89	3953.02	41	43.71
4717133	41585.41	106	37800.5	50	11342.81	56	30242.6
4741189	27688.39	85	5187.541	77	27323.39	8	365
4855701	103277.03	175	92384.11	174	96716.03	1	6561
4936166	3138.75	131	1146.02	105	3037.53	26	101.22
5515369	18284.87	124	17668.81	31	2495.37	93	15789.5

图2-8　30名会员年度消费数据

学生以小组为单位，执行任务一确定的收集方案，完成商务数据收集操作，并进行完整性、准确性和规范性检查。要求将收集的数据以Excel表格的形式录入和存储，将表格的首行字段和第2～3行数据写到下方。

课中实训

实训项目评价

学生自评表

序号	技能点自评	佐证	达标	未达标
1	理解商务数据及其分类	能够辨析不同商务数据的类型和特征		
2	商务数据收集的原则	能够在制订方案和实际商务数据收集中遵循4项原则		
3	商务数据收集渠道和方法	能够根据分析指标选择合理的商务数据收集渠道和方法		
4	商务数据收集的流程	能够根据分析指标制订商务数据收集的流程		
5	撰写商务数据收集方案	能够根据商务数据收集流程撰写方案		
6	商务数据的导入和存储	能够利用Excel实现数据的导入、存储		

序号	素质点自评	佐证	达标	未达标
1	以商务决策为导向的数据分析意识	能够通过定位商业问题确定要收集的数据指标		
2	协同创新能力	能够和团队成员头脑风暴，协同完成实训任务		
3	商务数据的敏感性	能够根据商务数据收集方案，借助线上线下资源，收集到尽可能多的数据		

教师评价表

序号	评价技能点	佐证	达标	未达标
1	理解商务数据及其分类	能够辨析不同商务数据的类型和特征		
2	商务数据收集的原则	能够在制订方案和实际商务数据收集中遵循4项原则		
3	商务数据收集渠道和方法	能够根据分析指标选择合理的商务数据收集渠道和方法		
4	商务数据收集的流程	能够根据分析指标制订商务数据收集的流程		
5	撰写商务数据收集方案	能够根据商务数据收集流程撰写方案		
6	商务数据的导入和存储	能够利用Excel实现数据的导入、存储		

序号	评价素质点	佐证	达标	未达标
1	以商务决策为导向的数据分析意识	能够通过定位商业问题确定要收集的数据指标		
2	协同创新能力	能够和团队成员头脑风暴，协同完成实训任务		
3	商务数据的敏感性	能够根据商务数据收集方案，借助线上线下资源，收集到尽可能多的数据		

课后提升

案例：身体乳产品升级市场调研数据收集

BM公司数据分析部门的成员共同讨论明确了身体乳产品升级市场调研项目的工作思路，通过对该问题的定位，进一步制订了数据收集的几个任务模块，如表2-13所示。

表2-13　数据收集的任务模块（关于身体乳产品升级的市场调研）

序号	任务模块	收集指标	类别
1	市场行情数据收集	关键词搜索指数、对应日期	市场（二手数据）
2	竞争对手数据收集	品牌、价格、月销量、产品名称、产品链接	
3	客户成交数据收集	订单编号、客户昵称、付款时间、产品名称、数量、实收款、交易状态、产品评价	运营（二手数据）
4	推广效果数据收集	日期、点击量、展现量、收藏宝贝数、收藏店铺数、总成交金额、总收藏数、直接购物车数、间接购物车数、间接成交笔数	
5	销售数据收集	订单创建时间、产品标题、交易数量、实收金额	
6	产品需求数据收集	功能、价格、容量、包装、味道、颜色、促销方式、促销时间等	产品（一手数据）

1. 市场行情数据收集方案

由此，团队成员讨论制订出了每一个任务模块的数据收集方案。

（1）收集指标。市场行情数据收集指标为相关关键词的搜索指数，而指数数据是按日期进行展现的。因此，按照全面和精选原则，需对关键词搜索指数及对应日期两项指标进行收集。

（2）数据来源。百度搜索和360搜索是目前国内用户量比较大的两个搜索平台。以百度为例，作为全球最大的中文搜索引擎，其提供的指数工具是依据百度搜索数据所得，因此该数据参考度较高。数据分析人员可以将与身体乳相关的关键词的百度指数数据作为数据收集来源。

（3）收集范围。数据分析人员需要收集近三年的市场趋势数据，因此在收集时可根据收集时间前推三年开始收集。

2. 竞争对手数据收集方案

（1）收集指标。竞争对手数据的收集指标包括销售品牌、价格、月销量三项关键数据的收集，除此之外还应包括产品名称、产品链接等指标，以方便后期对竞争产品进行跟踪分析。

（2）数据来源。竞争对手数据的收集需要根据本企业的产品销售平台确定数据来源。目前，BM公司的身体乳主要在天猫、京东平台进行销售，竞争对手店铺主要在这两个平台选择。

（3）收集范围。在上述两个平台搜索与身体乳相关的关键词，按照销量排序，选择月销量前10名的竞争对手的产品进行数据收集。

3. 客户成交数据收集方案

（1）收集指标。根据商业问题定位可以确定，需要收集的客户成交数据指标有订单编号、客户昵称、付款时间、产品名称、数量、实收款、交易状态、产品评价。

（2）数据来源。客户成交数据在淘宝、京东等平台通常可以通过交易记录进行收集。

（3）收集范围。根据商业问题定位，可以确定收集范围为近一年的数据。

4．推广效果数据收集方案

（1）收集指标。根据任务需求可以确定，推广效果数据收集指标有日期、点击量、展现量、收藏宝贝数、收藏店铺数、总成交金额、总收藏数、直接购物车数、间接购物车数、间接成交笔数。

（2）数据来源。每个电子商务平台都有不同的推广工具，每个网店也有不同的推广渠道。天猫推广数据可在淘宝直通车后台的“报表”板块中进行收集；京东推广数据可在京东商智后台进行收集。

（3）收集范围。根据任务分析可以确定收集范围为近一年的数据。

5．销售数据收集方案

（1）收集指标。根据任务需求可以确定，销售数据收集指标包括订单创建时间、产品标题、交易数量、实收金额。

（2）数据来源。天猫销售数据可在生意参谋后台进行收集，京东销售数据可在京东商智后台进行收集。

（3）收集范围。根据任务要求，需要对店铺近一年的销售数据进行分析，因此数据的收集范围为近一年的数据。

6．产品需求数据收集方案

（1）收集指标。根据商业问题定位可以确定，产品需求数据收集指标涵盖产品的功能、价格、容量、包装、味道、颜色、促销方式、促销时间等。

（2）数据来源。数据分析人员通过淘宝和京东后台获取客户信息，在征得客户同意的情况下进行网络调查，收集问卷结果。

（3）收集范围。数据分析人员主要以在线形式一对一询问被访者，面向10个主要城市收集约3600份调查问卷结果，市场调查时间持续三个月。

项目三

商务数据预处理

教学目标 

知识目标

1. 熟悉原始数据存在的问题；
2. 掌握商务数据预处理的方法；
3. 熟悉商务数据集中趋势、离散趋势的测度；
4. 掌握商务数据清洗的方法；
5. 熟悉简单的商务数据集成、转换和规约。

能力目标

1. 能够综合具体数据的类型和特征，给出商务数据预处理的方法和思路；
2. 能够通过集中趋势指标、离散趋势指标测度数据统计特征；
3. 掌握商务数据清洗及简单的商务数据集成、转换和规约方法；
4. 能够利用Excel进行商务数据清洗，以及完成简单的商务数据集成、转换和规约操作。

创新素质目标

1. 培养学生以商务决策为导向的数据分析意识；
2. 培养学生的系统化思维；
3. 培养学生对商务数据的敏感性；
4. 培养学生树立商务数据安全意识，以及较强的数据判断能力；
5. 培养学生良好的职业道德，在进行数据处理时不弄虚作假。

思维导图

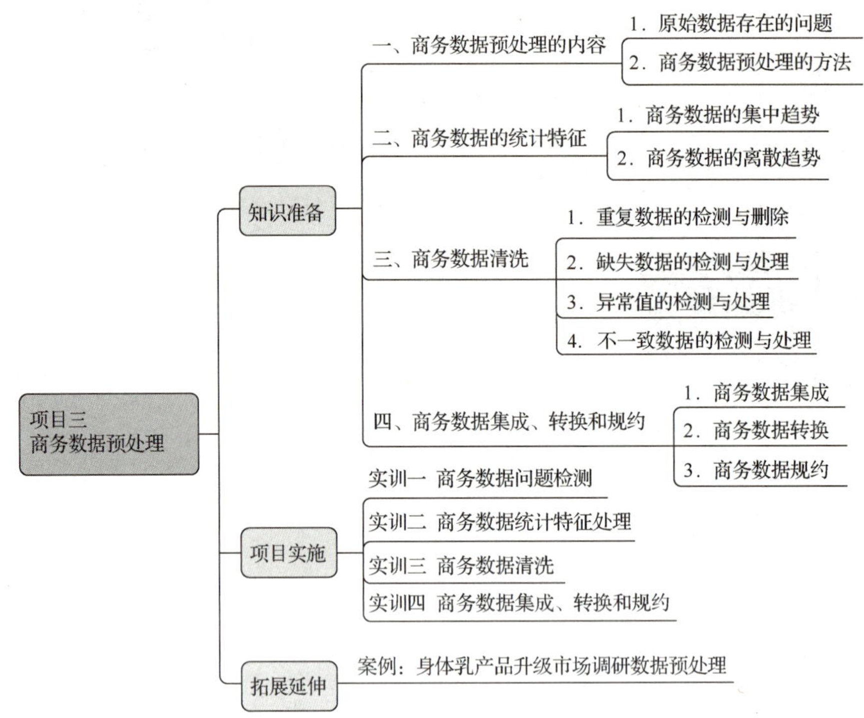

课前自学

一、商务数据预处理的内容

1．原始数据存在的问题

通过各种渠道收集来的数据，常出现缺失、异常、冗余、不一致等现象，并不能直接为数据分析所用。此外，一些成熟的数据分析模型对处理的数据有特定的要求，例如一定的数据类型、统一的数据量纲，以及数据的冗余性要求、属性的相关性要求等。因此，必须对原始数据进行处理才能进行分析。具体来说，原始数据主要存在以下几个问题。

（1）重复数据。重复数据是指在数据表中唯一标识记录的字段出现多次的数据。例如，在图3-1所示的会员信息表中，会员编号是可以唯一标识每条记录的指标。其中，会员编号“1893133”出现了两次，为重复数据。

（2）缺失数据。缺失数据是指在实践过程中因没有能够获取观测对象的相关信息而不完整的数据。例如，在抽样调查中，被调查对象拒绝提供相关信息；又如某些实验中，因各种原因没能获取实验数据；或者数据录入、存储过程中的人为失误和系统软硬件问题，都可能造成数据缺失。缺失数据会影响分析结果的可信度，甚至使分析结果出现严重偏差。

（3）异常值。异常值也可称为离群点，是指所获得的数据中与平均值的偏差超过两倍标准差的数据。异常值产生的原因很多，例如录入数据时误将“80”录入为“800”，那么当数据均为100左右的数据时，“800”就会被识别为异常值。异常值的存在会严重影响数据分析的结果，例如使平均值偏高或偏低，使方差增大，影响数据模型的拟合优度等。此外，若异常值不是错误数据，它就应是数据分析人员关注的焦点。

	A	B	C	D	E
1	会员信息表				
2	会员编号	年龄	性别	联系手机	收货地址
3	97485	40	男	137****8004	广东省 深圳市 大鹏新区
4	190695	45	女	158****5099	广东省 深圳市 福田区
5	489376	30	女	136****8028	广东省 深圳市 龙岗区
6	1893133	29	男	137****0703	广东省 广州市 白云区
7	493834	47	女	139****2634	广东省 深圳市 龙岗区
8	558903	36	female	187****4577	广东省 中山市 小榄镇
9	559569	48	male	135****1048	广东省 广州市 花都区
10	893869	29	女	186****1665	广东省 梅州市 梅县区
11	1333727	33	female	181****8906	广东省 广州市 白云区
12	1893133	29	男	137****0703	广东省 广州市 白云区
13	2263904	33	男	150****1945	广东省 深圳市 罗湖区
14	2310007	32	女	186****0221	广东省 深圳市 南山区
15	2490531	33			
16	2689842	30	男	151****5892	广东省 深圳市 龙岗区
17	2925852	27	男	138****0278	广东省 中山市 小榄镇
18	3061820	20	女	138****6726	广东省 阳江市 江城区
19	3139245	24	男	151****8770	广东省 东莞市 东城街
20	3149821	42	女	138****6726	广东省 深圳市 福田区
21	4153242	32	女	137****2026	广东省 东莞市 石龙镇
22	4153485	34	女	156****8632	广东省 梅州市 五华县
23	4153595	24	男	150****9225	广东省 江门市 江海区
24	4290542	30	女	134****8287	广东省 深圳市 龙岗区
25	4313145	33	女	183****1965	广东省 东莞市 石龙镇
26	4313496	26	女	151****8770	广东省 东莞市 东城街
27	4372630	41	male	159****9830	广东省 广州市 黄埔区
28	4414023	40	男	135****1029	广东省 梅州市 五华县
29	4717133	43	女	134****0987	广东省 惠州市 惠阳区
30	4741189	34	男	137****5519	广东省 惠州市 博罗县
31	4855701	23	女	187****8120	广东省 惠州市 惠阳区
32	4936166	23	女	137****2803	广东省 湛江市 赤坎区
33	5515369	44	female	137****5735	广东省 惠州市 惠阳区

图3-1　会员信息表

注：该表及会员消费汇总表展示的均为部分数据，下同。

（4）冗余数据。数据冗余一方面指多个数据集合并时同一条数据的命名或者编码方式不同，例如某数据集中的变量名称为“用户编码”，而在另一个数据集中的变量名称为“ID”；另一方面指数据集中的两个或多个变量之间存在相关或者推导关系。冗余数据会造成数据重复或分析结果产生偏差。

（5）不一致数据。不一致数据一般表现为以下三个方面。

一是人工/机械原因导致的录入错误或数据规范不同。例如将数据集中的“客单价”录入为“-180”；又如变量名“用户编码”下，某数据集的规范是“3位/数字”，另一个数据集则要求“5位/字母+数字”。

二是变量单位或者量纲不匹配。例如，某数据集中的产品价格以“元”为单位，另一个数据集中的单位却为“万元”。

三是数据特征不适应特定数据分析模型的需求，或者变量过多，分析难度较大。例如，手机系统分为安卓和iOS两种，但回归分析模型中要求数据是数值型的，可以将其转换为名义变量（0/1变量）再进行处理。

2．商务数据预处理的方法

针对以上数据存在的问题，我们需要执行商务数据分析工作流程中一个必不可少的环节——商务数据预处理。商务数据预处理的意义主要有以下两个方面。

（1）挖掘商务数据特征，提高原始数据的质量。

（2）为后续的商务数据分析提供必要的数据形式。

商务数据预处理主要包括商务数据统计特征处理，商务数据清洗，商务数据集成、转换和规约，如图3-2所示。

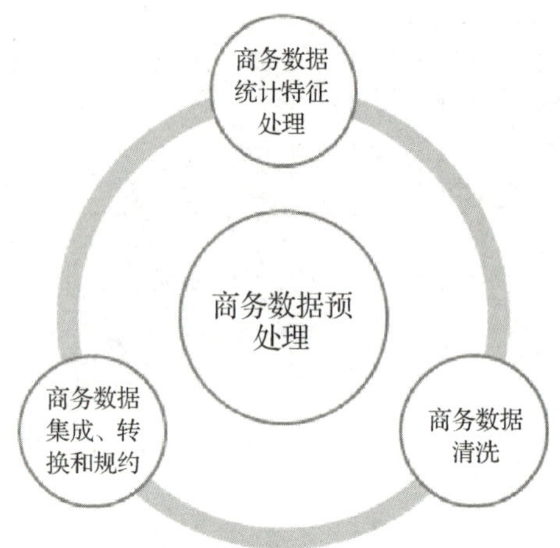

图3-2 商务数据预处理的方法

商务数据统计特征处理是指对数据总体或者对感兴趣的目标总体的集中趋势和离散趋势进行测度，从整体上把握总体的基本特征、相关指标（如总体均值、总体方差、总体变异系数）等。

商务数据清洗是指对数据集中可能存在的重复数据、缺失数据及异常值进行必要的处理。这是因为数据的重复、缺失及异常既会影响数据的分布、扭曲数据使用者对总体特征的判断，也会影响数据分析方法的应用，造成数据分析结果的失真。

商务数据集成也可称为数据整合，是对同一目标总体不同来源、异构的数据的合并。

商务数据转换是指将数据转换成统一的、适用于数据分析方法使用的数据形式。

商务数据规约是指在尽量保证原数据完整性的前提下将数据集的规模缩小，以提高数据分析的效率。

商务数据预处理方法解决的问题如表3-1所示。

表3-1 商务数据预处理方法解决的问题

预处理方法	关注的数据问题
商务数据统计特征处理	集中趋势、离散趋势
商务数据清洗	重复数据、缺失数据、异常值
商务数据集成、转换和规约	数据合并、冗余数据、不一致数据

二、商务数据的统计特征

1．商务数据的集中趋势

变量类型及商务数据统计特征

商务数据的集中趋势常用来表明所研究的现象在一定时间、空间条件下的共同性质和一般水平。测度数据集中趋势的指标可分为数值平均数和位置代表值两大类。其中，数值平均数（常称平均值）主要包括算术平均数、调和平均数和几何平均数（本书中只介绍算术平均数）；位置代表值主要有中位数和众数，如图3-3所示。

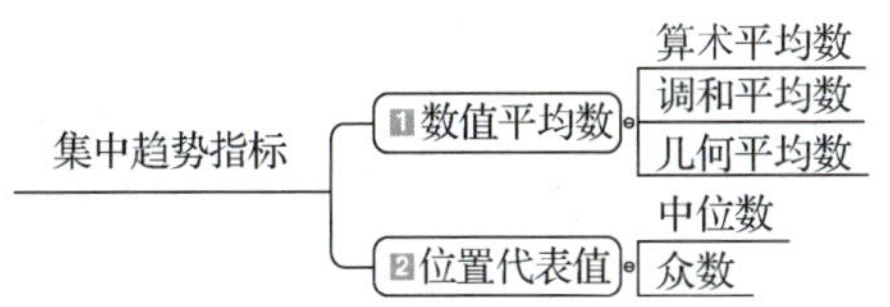

图3-3　数据的集中趋势指标

（1）算术平均数。算术平均数又称均值，是统计学中最基本、最常用的一种平均指标，分为简单算术平均数和加权算术平均数。算术平均数主要适用于定量数据，不适用于定性数据。

① 简单算术平均数。简单算术平均数是指将全体数据简单求和，除以该组数据的总数量所得的结果。其计算公式为：

$$\bar{X}=\frac{X_1+X_2+\cdots+X_N}{N}$$

式中：$\bar{X}$为简单算术平均数；X_i（i=1，2，…，N）为各单位的标志值；N为总体单位数。

② 加权算术平均数。加权算术平均数是指根据一定的标准，给数据个体赋予特定的权数，用于计算一组数据的平均值。权数是计算总体平均数时权衡每个数据权重的变量。其计算公式为：

$$\bar{X}=\frac{X_1f_1+X_2f_2+\cdots+X_Nf_N}{f_1+f_2+\cdots+f_N}$$

式中：$\bar{X}$为加权算术平均数；X_i（i=1，2，…，N）为各单位的标志值；N为总体单位数；f_i（i=1，2，…，N）为各组标志值的权数。

（2）中位数。中位数是将一组数据从小到大排列后位置居中的数值，可以用来表示一组数据居于中间水平的数值大小。

若数据的个数是奇数，则中位数恰好是位于中间的数值。例如：1,2,3,3,4的中位数是3。

若数据的个数是偶数，则中位数是中间两个数的平均数。例如：1,2,2,3,3,4的中位数是2.5（2和3的平均数）。

（3）众数。众数是指统计分布上具有明显集中趋势的数值，代表数据的一般水平，也是一组数据中出现次数最多的数值。一般来说，一组数据中出现次数最多的数就是这组数据的众数。例如：1,2,3,3,4的众数是3。

如果有两个或两个以上的数出现次数都是最多的，那么这几个数都是这组数据的众数。例如：1,2,2,3,3,4的众数是2和3。

如果所有数据出现的次数都一样，那么这组数据没有众数。例如：1,2,3,4,5没有众数。

想一想

以上3种集中趋势指标的特点分别是什么，在实际应用中如何合理选择？

他山之石

利用Excel测度数据的集中趋势

通过项目二的商务数据收集，数据分析人员获取了某商城会员的消费数据，从中随机抽取30条记录，如图3-4所示。现针对这些会员近一年的消费次数，利用Excel进行集中趋势的测度。

会员消费汇总表

ID	消费金额	消费次数	积分	线下次数	线下金额	线上次数	线上金额
97485	123930.9	57	125517.6	18	26426.79	39	97504.11
190695	12190.56	128	9916.704	81	3599.56	47	8591
489376	71840.14	134	64850.12	76	70373.14	58	1467
493834	23762.49	132	11832.64	111	7925.41	21	15837.08
558903	27332.7	8	5466.54	7	12638.7	1	14694
559569		114	12892.97	91		23	
893869	3816.36	159	1080.936	149	3756.48	10	59.88
1333727	84944.22	92	10877.21	88	13790.43	4	71153.79
1893133	3596.43	141	730.034	138	3418.52	3	177.91
2263904	23314.97	127	19442.61	96	13282.47	31	10032.5
2310007	12301.06	133	8181.932	81	11340	52	961.06
2490531	26070.64	167	2985.826	133	9032.76	34	17037.88
2689842	19644.2	145	2786.324	97	15553.8	48	4090.4
2925852	75718.24	93	47824.82	49	5069.64	44	70648.6
3061820	59738.14	344	40696.31	175	20032.15	169	39705.99
3139245	28428.04	159	9349.635	137	28287.06	22	140.98
3149821	44622.53	108	31378.59	98	34622.53	10	10000
4153242	5728.98	165	1894.452	108	4324.27	57	1404.71
4153485	5280.84	119	1116.82	102	5172.54	17	108.3
4153595	7986.8	173	5866.78	91	1235.2	82	6751.6
4290542	8178.42	177	1955.894	143	7892.32	34	286.1
4313145	16941.63	137	11623.61	87	9304.95	50	7636.68
4313496	37471.8	148	7392.62	123	15081.54	25	22390.26
4372630	37498.7	159	8737.67	122	21697.42	37	15801.28
4414023	3996.73	130	1725.346	89	3953.02	41	43.71
4717133	41585.41	106	37800.5	50	11342.81	56	30242.6
4741189	27688.39	85	5187.541	77	27323.39	8	365
4855701	103277.03	175	92384.11	174	96716.03	1	6561
4936166	3138.75	131	1146.02	105	3037.53	26	101.22
5515369	18284.87	124	17668.81	31	2495.37	93	15789.5

图3-4　30名会员年度消费数据

1. 简单算术平均数

第1步，选定要存放简单算术平均数的单元格C33，单击“编辑”工具栏上的“插入函数”按钮，打开“插入函数”对话框，如图3-5所示。

第2步，在“或选择类别”下拉列表中选择“统计”选项，进而在“选择函数”列表中选择“AVERAGE”，单击“确定”按钮，如图3-6所示。

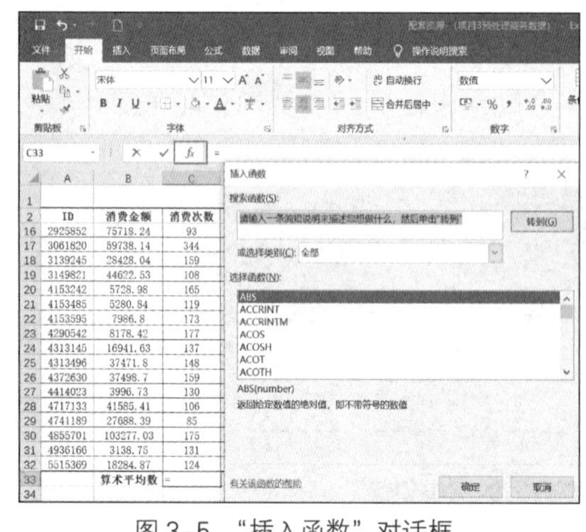

图3-5　“插入函数”对话框

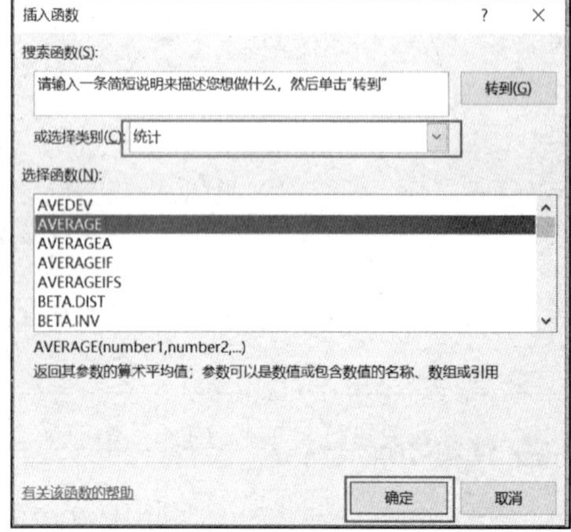

图3-6　选择“AVERAGE”函数

第3步，在“函数参数”的对话框中，输入数据区域C3:C32，如图3-7所示。单击“确定”按钮即可获得消费次数的简单算术平均数，即136。

课前自学

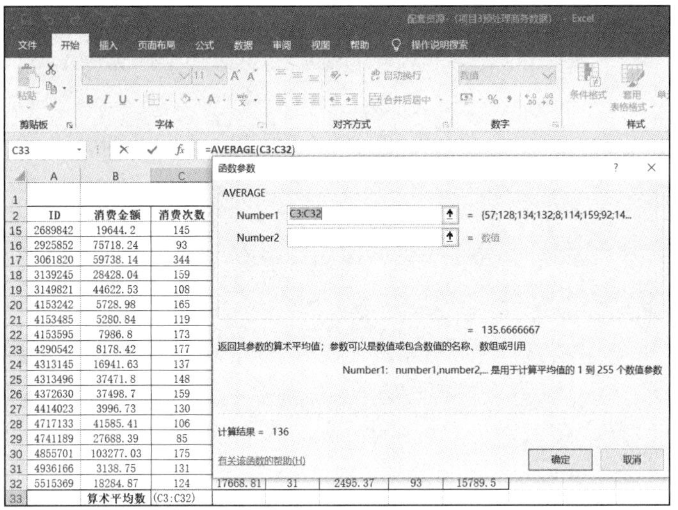

图3-7　输入数据区域

2. 中位数

第1步，选定要存放中位数的单元格C34，打开“插入函数”对话框。在“或选择类别”的下拉列表中选择“统计”选项，进而在“选择函数”列表中选择“MEDIAN”，单击“确定”按钮，如图3-8所示。

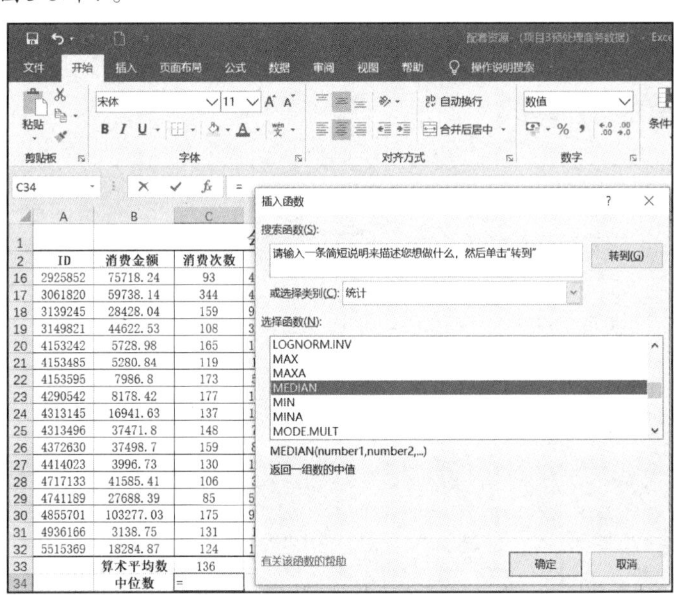

图3-8　选择“MEDIAN”函数

第2步，在“函数参数”对话框中，输入数据区域C3:C32，单击“确定”按钮，可得到中位数为133。

3. 众数

第1步，选定要存放众数的单元格C35，打开“插入函数”对话框。在“或选择类别”的下拉列表中选择“统计”选项，进而在“选择函数”列表中选择“MODE.SNGL”，单击“确定”按钮，如图3-9所示。

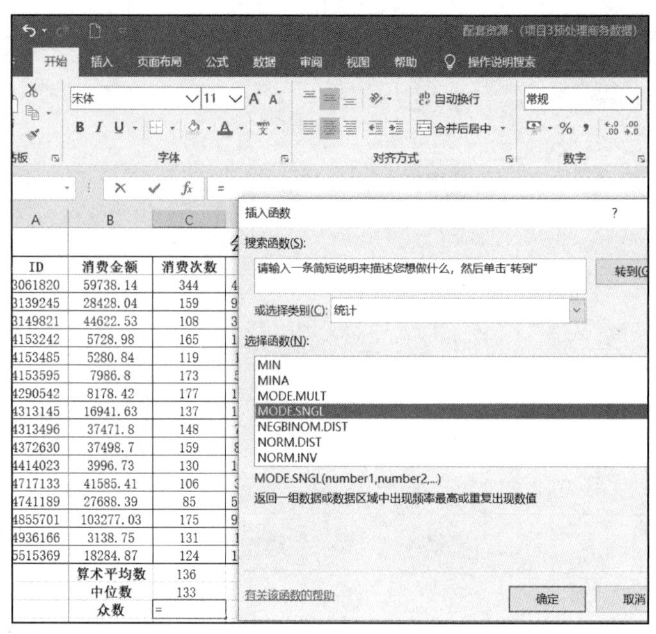

图3-9　插入“MODE.SNGL”函数

第2步，在“函数参数”对话框中，输入数据区域C3:C32，单击“确定”按钮，可得到众数为159。

2. 商务数据的离散趋势

商务数据的离散趋势主要用于测度数据之间的差异程度。其主要有两个作用：一是表明数据的离散程度，反映变量的稳定性和均衡性。二是衡量平均数的代表性，数据离散程度越小，数据的分布越集中，平均数的代表性越好；反之，数据离散程度越大，数据的分布越分散，平均数的代表性越差。

用于测度数据离散程度的指标包括绝对指标和相对指标两大类。绝对指标包括极差、四分位差（本书暂不介绍四分位差）、方差和标准差，相对指标中常用的是离散系数，如图3-10所示。

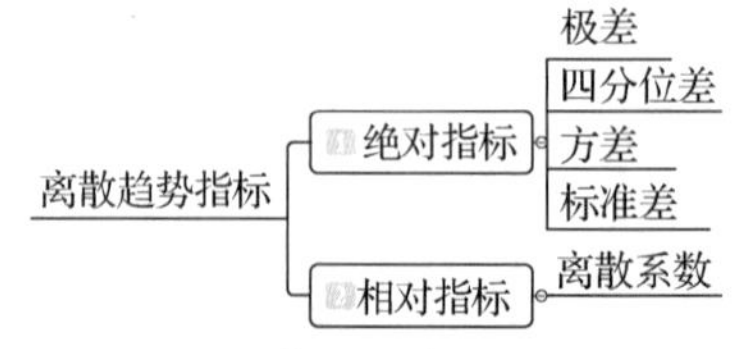

图3-10　数据的离散趋势指标

（1）极差

极差是指一组数据的最大值和最小值之差，也称为全距。其计算公式为：

$$R = X_{\max} - X_{\min}$$

式中：R为极差；$X_{\max}$为数据中的最大值；$X_{\min}$为数据中的最小值。

（2）方差和标准差

① 方差。方差是各个数据与其平均数的离差的平方的算术平均数，是测度数据离散程度最重要的指标。其计算公式为：

$$\sigma^2 = \frac{\sum_{i=1}^{N}\left(X_i - \bar{X}\right)^2}{N}$$

式中：σ^2 为方差；$\bar{X}$ 为平均数；N 为总体单位数。

② 标准差。方差的平方根即为标准差。其计算公式为：

$$\sigma=\sqrt{\frac{\sum_{i=1}^{N}\left(X_i-\bar{X}\right)^2}{N}}$$

式中：σ 为标准差；$\bar{X}$ 为平均数；N 为总体单位数。

（3）离散系数

离散系数主要用于比较性质不同的总体数据的离散程度。离散系数有全距系数、平均差系数、标准差系数等。其中最常用的是标准差与平均数对比的离散系数，即标准差系数。其计算公式为：

$$V_\sigma=\frac{\sigma}{\bar{X}}$$

式中：V_σ 为标准差系数；σ 为标准差；$\bar{X}$ 为平均数。

想一想

极差、方差和标准差、离散系数，在实际应用中如何合理选择？

他山之石

利用Excel测度数据的离散趋势

现针对图3-4中会员近一年的消费次数，利用Excel进行离散趋势的测度。

1. 极差

选定要存放极差的单元格C36，输入公式MAX(C3:C32)-MIN(C3:C32)，单击“确定”按钮，如图3-11所示，可得到极差为336。

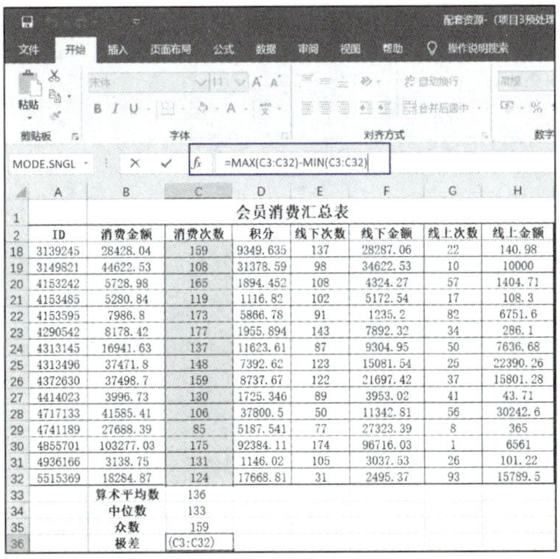

MODE.SNGL　=MAX(C3:C32)-MIN(C3:C32)

	A	B	C	D	E	F	G	H
1	会员消费汇总表							
2	ID	消费金额	消费次数	积分	线下次数	线下金额	线上次数	线上金额
18	3139245	28428.04	159	9349.635	137	28287.06	22	140.98
19	3149821	44622.53	108	31378.59	98	34622.53	10	10000
20	4153242	5728.98	165	1894.452	108	4324.27	57	1404.71
21	4153485	5280.84	119	1116.82	102	5172.54	17	108.3
22	4153595	7986.8	173	5866.78	91	1235.2	82	6751.6
23	4290542	8178.42	177	1955.894	143	7892.32	34	286.1
24	4313145	16941.63	137	11623.61	87	9304.95	50	7636.68
25	4313496	37471.8	148	7392.62	123	15081.54	25	22390.26
26	4372630	37498.7	159	8737.67	122	21697.42	37	15801.28
27	4414023	3996.73	130	1725.346	89	3953.02	41	43.71
28	4717133	41585.41	106	37800.5	50	11342.81	56	30242.6
29	4741189	27688.39	85	5187.541	77	27323.39	8	365
30	4855701	103277.03	175	92384.11	174	96716.03	1	6561
31	4936166	3138.75	131	1146.02	105	3037.53	26	101.22
32	5515369	18284.87	124	17668.81	31	2495.37	93	15789.5
33		算术平均数	136					
34		中位数	133					
35		众数	159					
36		极差	(C3:C32)					

图3-11　输入公式

2. 方差和标准差

（1）方差的计算步骤

第1步，选定要存放方差的单元格C37，打开“插入函数”对话框。在“或选择类别”

下拉列表中选择“统计”选项，进而在“选择函数”列表中选择“VAR.S”，单击“确定”按钮，如图3-12所示。

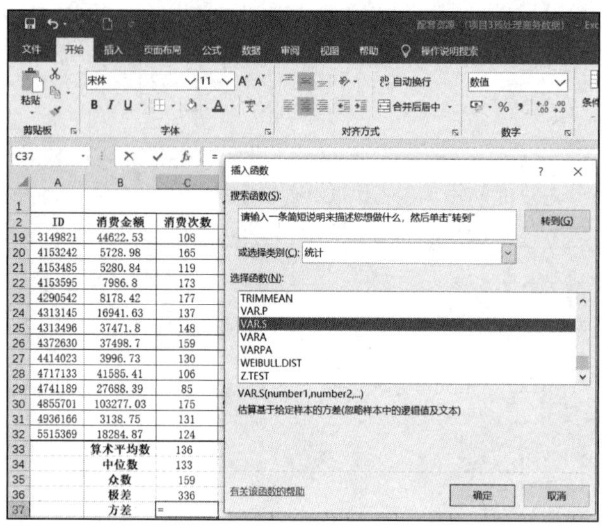

图3-12 选择“VAR.S”函数

第2步，在“函数参数”对话框中，输入数据区域C3:C32，单击“确定”按钮，得到方差为2873.06（结果保留2位小数）。

（2）标准差的计算步骤

第1步，选定要存放标准差的单元格C38，打开“插入函数”对话框。在“或选择类别”下拉列表中选择“统计”选项，进而在“选择函数”列表中选择“STDEV.S”，单击“确定”按钮，如图3-13所示。

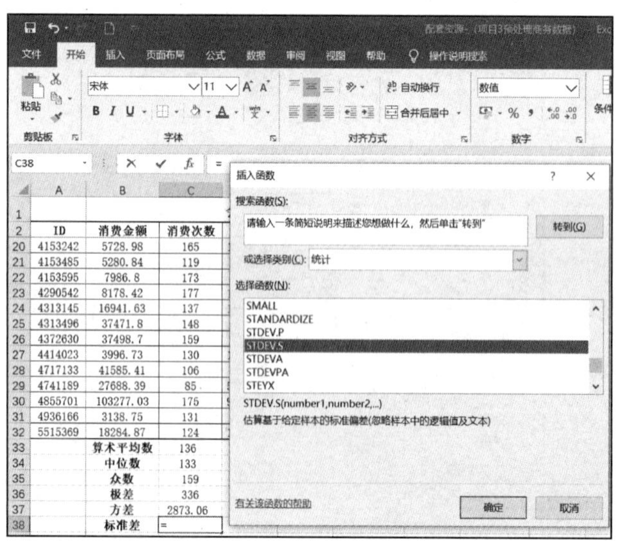

图3-13 选择“STDEV.S”函数

第2步，在“STDEV.S”对话框中，输入数据区域C3:C32，单击“确定”按钮，得到标准差为53.60（结果保留2位小数）。

3. 离散系数

选定要存放离散系数的单元格C39，输入公式“=C38/C33”，如图3-14所示。单击“确定”按钮，可得到离散系数为0.40（结果保留2位小数）。

综合以上操作，得到商城30名会员近一年的消费次数的统计特征，如图3-15所示。

	A	B	C	D	E	F	G	H
1		会员消费汇总表						
2	ID	消费金额	消费次数	积分	线下次数	线下金额	线上次数	线上金额
13	2310007	12301.06	133	8181.932	81	11340	52	961.06
14	2490531	26070.64	167	2985.826	133	9032.76	34	17037.88
15	2689842	19644.2	145	2786.324	97	15553.8	48	4090.4
16	2925852	75718.24	93	47824.82	49	5069.64	44	70648.6
17	3061820	59738.14	344	40696.31	175	20032.15	169	39705.99
18	3139245	28428.04	159	9349.635	137	28287.06	22	140.98
19	3149821	44622.53	108	31378.59	98	34622.53	10	10000
20	4153242	5728.98	165	1894.452	108	4324.27	57	1404.71
21	4153485	5280.84	119	1116.82	102	5172.54	17	108.3
22	4153595	7986.8	173	5866.78	91	1235.2	82	6751.6
23	4290542	8178.42	177	1955.894	143	7892.32	34	286.1
24	4313145	16941.63	137	11623.61	87	9304.95	50	7636.68
25	4313496	37471.8	148	7392.62	123	15081.54	25	22390.26
26	4372630	37498.7	159	8737.67	122	21697.42	37	15801.28
27	4414023	3996.73	130	1725.346	89	3953.02	41	43.71
28	4717133	41585.41	106	37800.5	50	11342.81	56	30242.6
29	4741189	27688.39	85	5187.541	77	27323.39	8	365
30	4855701	103277.03	175	92384.11	174	96716.03	1	6561
31	4936166	3138.75	131	1146.02	105	3037.53	26	101.22
32	5515369	18284.87	124	17668.81	31	2495.37	93	15789.5
33		算术平均数	136					
34		中位数	133					
35		众数	159					
36		极差	336					
37		方差	2873.06					
38		标准差	53.60					
39		离散系数	=C38/C33					

图3-14　输入公式

文件　开始　插入　页面布局　公式　数据　审阅　视图　帮助　操作说明搜索

C39　=C38/C33

	A	B	C	D	E	F	G	H
1		会员消费汇总表						
2	ID	消费金额	消费次数	积分	线下次数	线下金额	线上次数	线上金额
16	2925852	75718.24	93	47824.82	49	5069.64	44	70648.6
17	3061820	59738.14	344	40696.31	175	20032.15	169	39705.99
18	3139245	28428.04	159	9349.635	137	28287.06	22	140.98
19	3149821	44622.53	108	31378.59	98	34622.53	10	10000
20	4153242	5728.98	165	1894.452	108	4324.27	57	1404.71
21	4153485	5280.84	119	1116.82	102	5172.54	17	108.3
22	4153595	7986.8	173	5866.78	91	1235.2	82	6751.6
23	4290542	8178.42	177	1955.894	143	7892.32	34	286.1
24	4313145	16941.63	137	11623.61	87	9304.95	50	7636.68
25	4313496	37471.8	148	7392.62	123	15081.54	25	22390.26
26	4372630	37498.7	159	8737.67	122	21697.42	37	15801.28
27	4414023	3996.73	130	1725.346	89	3953.02	41	43.71
28	4717133	41585.41	106	37800.5	50	11342.81	56	30242.6
29	4741189	27688.39	85	5187.541	77	27323.39	8	365
30	4855701	103277.03	175	92384.11	174	96716.03	1	6561
31	4936166	3138.75	131	1146.02	105	3037.53	26	101.22
32	5515369	18284.87	124	17668.81	31	2495.37	93	15789.5
33		算术平均数	136					
34		中位数	133					
35		众数	159					
36		极差	336					
37		方差	2873.06					
38		标准差	53.60					
39		离散系数	0.40					

图3-15　商城30名会员消费次数的统计特征

三、商务数据清洗

商务数据清洗

商务数据清洗主要是对原始数据中存在的重复数据、缺失数据及异常值进行检测与处理，以提高数据的质量。

1．重复数据的检测与删除

重复数据的检测方法有很多，以Excel为例，可以采用筛选、条件格式及COUNTIF函数实现。重复数据的删除则可采用“删除重复项”功能、筛选等方式完成。

他山之石

利用Excel对重复数据进行检测

以图3-1中的会员信息表为例，对重复数据进行检测。

1. 通过筛选检测重复数据

第1步，选中“会员编号”字段的数据区域，打开“数据”选项卡，在“排序和筛选”组中单击“高级”按钮，打开“高级筛选”对话框，如图3-16所示。

第2步，在对话框中选择方式为“将筛选结果复制到其他位置”，勾选“选择不重复的记录”复选框，并在“复制到”文本框中设置起始单元格为G2，如图3-17所示。

第3步，单击“确定”按钮，对比高级筛选后的区域与原数据区域之间的区别，即可找出重复值，如图3-18所示。

	A	B	C	D	E
1	会员信息表				
2	会员编号	年龄	性别	联系手机	收货地址
3	97485	40	男	137****8004	广东省 深圳市 大鹏新区
4	190695	45	女	158****5099	广东省 深圳市 福田区
5	489376	30	女	136****8028	广东省 深圳市 龙岗区
6	1893133	29	男	137****0703	广东省 广州市 白云区
7	493834	47	女	139****2634	广东省 深圳市 龙岗区
8	558903	36	female	187****4577	广东省 中山市 小榄镇
9	559569	48	male	135****1048	广东省 广州市 花都区
10	893869	29	女	186****1665	广东省 梅州市 梅县区
11	1333727	33	female	181****8906	广东省 广州市 白云区
12	1893133	29	男	137****0703	广东省 广州市 白云区
13	2263904	33	男	150****1	
14	2310007	32	女	186****0	
15	2490531	33			
16	2689842	30	男	151****5	
17	2925852	27	男	138****0	
18	3061820	20	女	138****6	
19	3139245	24	男	151****8	
20	3149821	42	女	138****6	
21	4153242	32	女	137****2	
22	4153485	34	女	156****8	
23	4153595	24	男	150****9	
24	4290542	30	女	134****8	
25	4313145	33	女	183****1	
26	4313496	26	女	151****8	
27	4372630	41	male	159****9	
28	4414023	40	男	135****1	
29	4717133	43	女	134****0	
30	4741189	34	男	137****5519	广东省 惠州市 博罗县
31	4855701	23	女	187****8120	广东省 惠州市 惠阳区
32	4936166	23	女	137****2803	广东省 湛江市 赤坎区
33	5515369	44	female	137****5735	广东省 惠州市 惠阳区

高级筛选 ? ×
方式
◉ 在原有区域显示筛选结果(F)
○ 将筛选结果复制到其他位置(O)
列表区域(L): 删除!$A$2:$E$33
条件区域(C):
复制到(T):
☐ 选择不重复的记录(R)
确定 取消

图3-16　打开“高级筛选”对话框

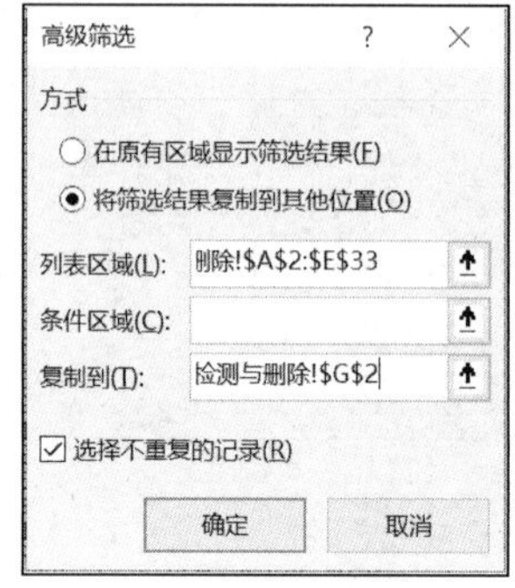

图3-17　设置“高级筛选”对话框

	A	B	C	D	E
1	会员信息表				
2	会员编号	年龄	性别	联系手机	收货地址
3	97485	40	男	137****8004	广东省 深圳市 大鹏新区
4	190695	45	女	158****5099	广东省 深圳市 福田区
5	489376	30	女	136****8028	广东省 深圳市 龙岗区
6	1893133	29	男	137****0703	广东省 广州市 白云区
7	493834	47	女	139****2634	广东省 深圳市 龙岗区
8	558903	36	female	187****4577	广东省 中山市 小榄镇
9	559569	48	male	135****1048	广东省 广州市 花都区
10	893869	29	女	186****1665	广东省 梅州市 梅县区
11	1333727	33	female	181****8906	广东省 广州市 白云区
12	1893133	29	男	137****0703	广东省 广州市 白云区
13	2263904	33	男	150****1945	广东省 深圳市 罗湖区
14	2310007	32	女	186****0221	广东省 深圳市 南山区
15	2490531	33			
16	2689842	30	男	151****5892	广东省 深圳市 龙岗区
17	2925852	27	男	138****0278	广东省 中山市 小榄镇
18	3061820	20	女	138****6726	广东省 阳江市 江城区
19	3139245	24	男	151****8770	广东省 东莞市 东城街
20	3149821	42	女	138****6726	广东省 深圳市 福田区
21	4153242	32	女	137****2026	广东省 东莞市 石龙镇
22	4153485	34	女	156****8632	广东省 梅州市 五华县
23	4153595	24	男	150****9225	广东省 江门市 江海区
24	4290542	30	女	134****8287	广东省 深圳市 龙岗区
25	4313145	33	女	183****1965	广东省 东莞市 石龙镇
26	4313496	26	女	151****8770	广东省 东莞市 东城街
27	4372630	41	male	159****9830	广东省 广州市 黄埔区
28	4414023	40	男	135****1029	广东省 梅州市 五华县
29	4717133	43	女	134****0987	广东省 惠州市 惠阳区
30	4741189	34	男	137****5519	广东省 惠州市 博罗县
31	4855701	23	女	187****8120	广东省 惠州市 惠阳区
32	4936166	23	女	137****2803	广东省 湛江市 赤坎区
33	5515369	44	female	137****5735	广东省 惠州市 惠阳区

	G	H	I	J	K
2	会员编号	年龄	性别	联系手机	收货地址
3	97485	40	男	137****8004	广东省 深圳市 大鹏新区
4	190695	45	女	158****5099	广东省 深圳市 福田区
5	489376	30	女	136****8028	广东省 深圳市 龙岗区
6	1893133	29	男	137****0703	广东省 广州市 白云区
7	493834	47	女	139****2634	广东省 深圳市 龙岗区
8	558903	36	female	187****4577	广东省 中山市 小榄镇
9	559569	48	male	135****1048	广东省 广州市 花都区
10	893869	29	女	186****1665	广东省 梅州市 梅县区
11	1333727	33	female	181****8906	广东省 广州市 白云区
12	2263904	33	男	150****1945	广东省 深圳市 罗湖区
13	2310007	32	女	186****0221	广东省 深圳市 南山区
14	2490531	33			
15	2689842	30	男	151****5892	广东省 深圳市 龙岗区
16	2925852	27	男	138****0278	广东省 中山市 小榄镇
17	3061820	20	女	138****6726	广东省 阳江市 江城区
18	3139245	24	男	151****8770	广东省 东莞市 东城街
19	3149821	42	女	138****6726	广东省 深圳市 福田区
20	4153242	32	女	137****2026	广东省 东莞市 石龙镇
21	4153485	34	女	156****8632	广东省 梅州市 五华县
22	4153595	24	男	150****9225	广东省 江门市 江海区
23	4290542	30	女	134****8287	广东省 深圳市 龙岗区
24	4313145	33	女	183****1965	广东省 东莞市 石龙镇
25	4313496	26	女	151****8770	广东省 东莞市 东城街
26	4372630	41	male	159****9830	广东省 广州市 黄埔区
27	4414023	40	男	135****1029	广东省 梅州市 五华县
28	4717133	43	女	134****0987	广东省 惠州市 惠阳区
29	4741189	34	男	137****5519	广东省 惠州市 博罗县
30	4855701	23	女	187****8120	广东省 惠州市 惠阳区
31	4936166	23	女	137****2803	广东省 湛江市 赤坎区
32	5515369	44	female	137****5735	广东省 惠州市 惠阳区

图3-18　对比找出重复值

2. 通过条件格式检测重复数据

第1步，选中“会员编号”字段的数据区域，打开“开始”选项卡，在“样式”组中单击“条件格式”按钮，选择“突出显示单元格规则”中的“重复值”选项，如图3-19所示。

第2步，在“重复值”对话框中设定显示样式，如图3-20所示。

第3步，单击“确定”按钮，重复值即按照第2步设定的样式显示，如图3-21所示。

图3-19　利用条件格式突出显示重复值

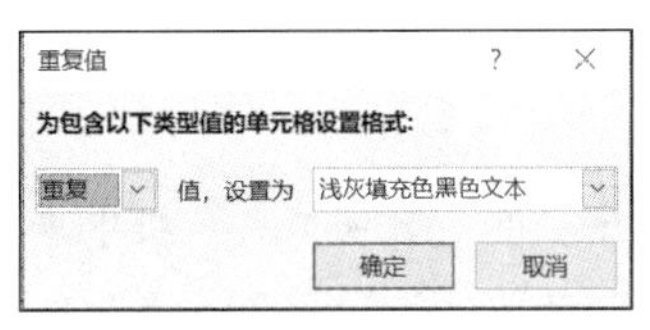

图 3-20　“重复值”对话框设置

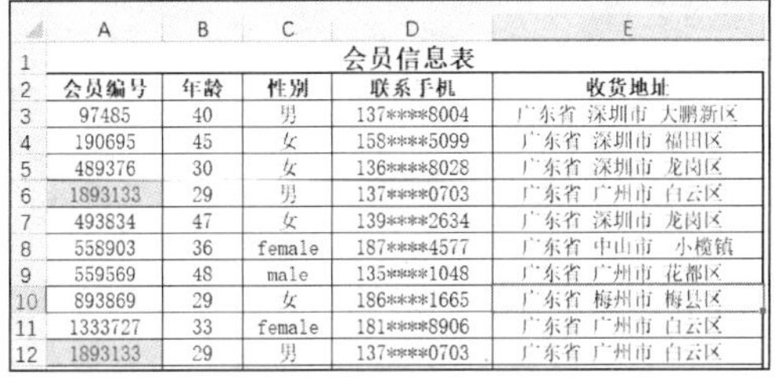

图 3-21　重复值突出显示

3. 通过COUNTIF函数检测重复数据

第1步，选中G3单元格，输入函数公式“=COUNTIF（A:A,A3）”，目的是计算每行会员编号出现的次数；选中H3单元格，输入函数公式“=COUNTIF（A$3:A3,A3）”，目的是计算截至本行记录该会员编号第几次出现，如图3-22所示。

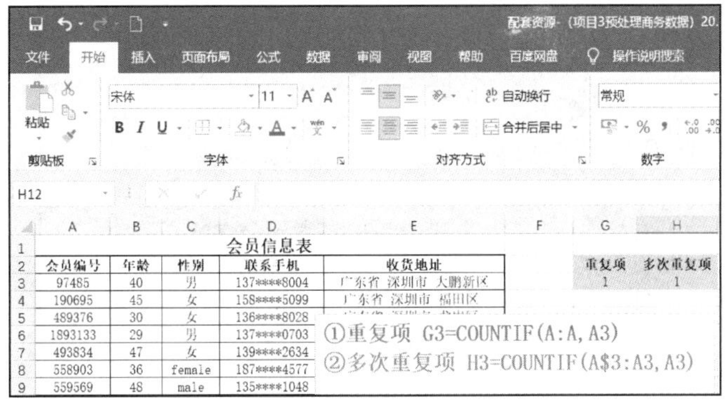

图3-22　输入COUNTIF函数公式

第2步，将公式复制到G4:H33的所有单元格，可以看出会员编号“1893133”出现了两次，第一次出现在第6行，第二次出现在第12行，如图3-23所示。

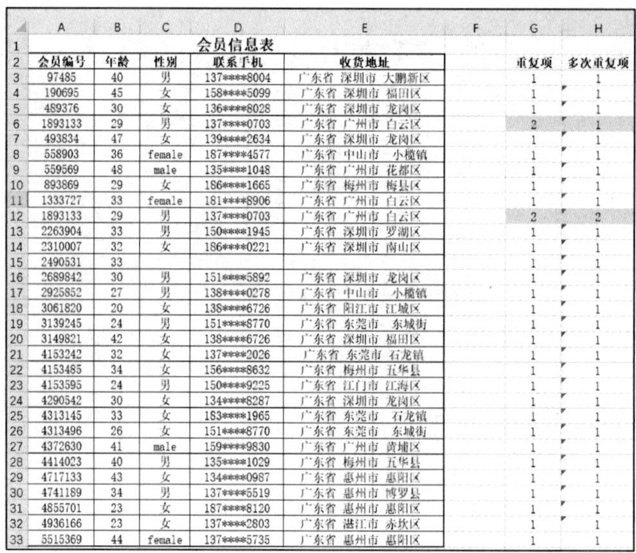

会员信息表

会员编号	年龄	性别	联系手机	收货地址	重复项	多次重复项
97485	40	男	137****8004	广东省 深圳市 大鹏新区	1	1
190695	45	女	158****5099	广东省 深圳市 福田区	1	1
489376	30	女	136****8028	广东省 深圳市 龙岗区	1	1
1893133	29	男	137****0703	广东省 广州市 白云区	2	1
493834	47	女	139****2634	广东省 深圳市 龙岗区	1	1
558903	36	female	187****4577	广东省 中山市 小榄镇	1	1
559569	48	male	135****1048	广东省 广州市 花都区	1	1
893869	29	女	186****1665	广东省 梅州市 梅县区	1	1
1333727	33	female	181****8906	广东省 广州市 白云区	1	1
1893133	29	男	137****0703	广东省 广州市 白云区	2	2
2263904	33	男	150****1945	广东省 深圳市 罗湖区	1	1
2310007	32	女	186****0221	广东省 深圳市 南山区	1	1
2490531	33				1	1
2689842	30	男	151****5892	广东省 深圳市 龙岗区	1	1
2925852	27	男	138****0278	广东省 中山市 小榄镇	1	1
3061820	20	女	138****6726	广东省 阳江市 江城区	1	1
3139245	24	男	151****8770	广东省 东莞市 东城街	1	1
3149821	42	女	138****6726	广东省 深圳市 福田区	1	1
4153242	32	女	137****2026	广东省 东莞市 石龙镇	1	1
4153485	34	女	156****8632	广东省 梅州市 五华县	1	1
4153595	24	男	150****9225	广东省 江门市 江海区	1	1
4290542	30	女	134****8287	广东省 深圳市 龙岗区	1	1
4313145	33	女	183****1965	广东省 东莞市 石龙镇	1	1
4313496	26	女	151****8770	广东省 东莞市 东城街	1	1
4372630	41	male	159****9830	广东省 广州市 黄埔区	1	1
4414023	40	男	135****1029	广东省 梅州市 五华县	1	1
4717133	43	女	134****0987	广东省 惠州市 惠阳区	1	1
4741189	34	男	137****5519	广东省 惠州市 博罗县	1	1
4855701	23	女	187****8120	广东省 惠州市 惠阳区	1	1
4936166	23	女	137****2803	广东省 湛江市 赤坎区	1	1
5515369	44	female	137****5735	广东省 惠州市 惠阳区	1	1

图3-23　查看重复项及出现次数

他山之石

利用Excel对重复数据进行删除

以图3-1中的会员信息表为例，对重复数据进行删除。

1. 通过“删除重复值”功能删除重复数据

第1步，选中A2:E33数据区域，打开“数据”选项卡，在“数据工具”组中单击“删除重复值”按钮，打开“删除重复值”对话框，在“列”区域选择“会员编号”选项，如图3-24所示。

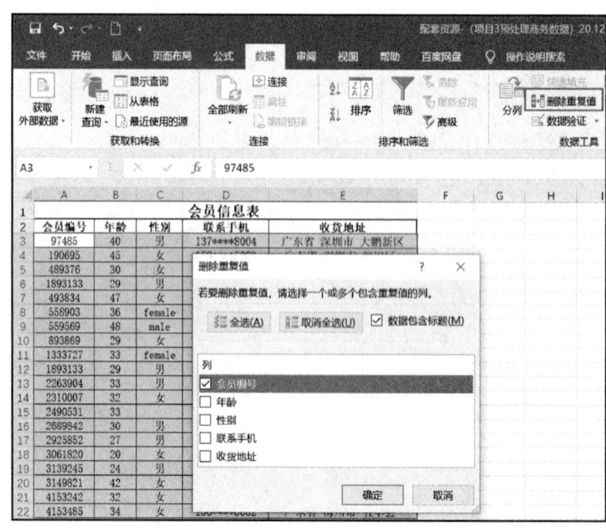

图3-24　打开“删除重复值”对话框

第2步，Excel将弹出删除重复值提示，指出删除重复值和保留唯一值的数量，如图3-25所示。单击“确定”按钮即可删除重复值。

图3-25　删除重复值提示

2. 通过筛选删除重复数据

该方法是在利用COUNTIF函数计算出重复项和多次重复项的基础上，对“多次重复项”字段下大于1的数据所在的记录进行删除。

第1步，在图3-23所示数据表的基础上，选择“多次重复项”字段所在单元格H2，然后打开“开始”选项卡，在“编辑”功能区中单击“排序和筛选”中的“筛选”选项，如图3-26所示。

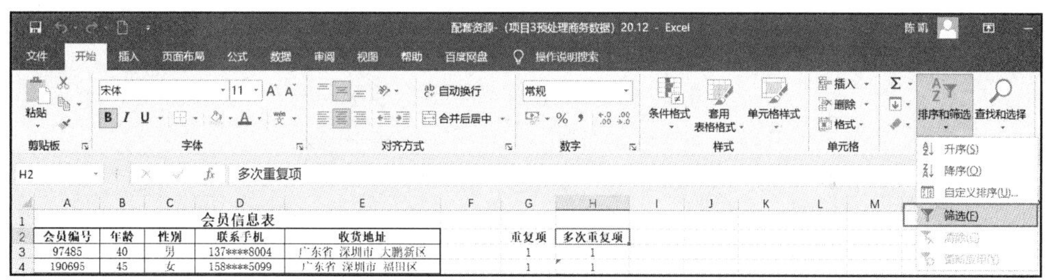

图3-26　对多次重复项的值进行筛选

第2步，单击“多次重复项”列标签的下拉菜单，勾选不等于1的值，如图3-27所示。单击“确定”按钮将重复项筛选出来，并删除所在行。

会员信息表				
会员编号	年龄	性别	联系手机	收货地址
97485	40	男	137****8004	广东省 深圳市 大
190695	45	女	158****5099	广东省 深圳市 福
489376	30	女	136****8028	广东省 深圳市 龙
1893133	29	男	137****0703	广东省 广州市 白
493834	47	女	139****2634	广东省 深圳市 龙
558903	36	female	187****4577	广东省 中山市
559569	48	male	135****1048	广东省 广州市 花
893869	29	女	186****1665	广东省 梅州市 梅
1333727	33	female	181****8906	广东省 广州市 白
1893133	29	男	137****0703	广东省 广州市 白
2263904	33	男	150****1945	广东省 深圳市 罗
2310007	32	女	186****0221	广东省 深圳市 南
2490531	33			
2689842	30	男	151****5892	广东省 深圳市 龙

升序(S)
降序(O)
按颜色排序(T)
按颜色筛选(I)
数字筛选(F)
搜索
(全选)
1
2

图3-27　筛选重复项

2．缺失数据的检测与处理

缺失数据一般在数据表中表现为空白单元格或错误标识符。其中，空白单元格在Excel中可单击“开始”选项卡的“编辑”功能区，通过“查找和选择”→“定位条件”→“空值”→“确定”，将缺失数据一次性选定。错误标识符则需根据存储文件特征查找原因，例如Excel中，“####”表示单元格中的数据超出了该单元格的宽度，或者单元格中的日期时间公式产生了负值；“#DIV/0！”表示进行公式运算时，除数使用了数值0、指向了空白单元格等。

缺失数据的处理主要有4种方法。

（1）用样本统计量代替缺失数据，最典型的做法是使用平均数替代。替代后由于平均数会保持不变，因此其他的统计量（如标准差和离散系数等）也不会受很大的影响。

（2）将有缺失数据的记录删除。删除记录会导致样本量减少，所以此方法不适合小样本量的数据集。

（3）将有缺失数据的记录保留，仅在相应的分析中做必要的排除。当调查的样本量比较大，缺失数据的数量不是很多，而且变量之间也不存在高度相关的情况时，采用这种方式处理缺失数据比较可行。

（4）利用由某些统计模型计算得到的比较合理的值来代替，例如利用回归模型、判别分析模型得到的值代替等。

想一想

一组数据为3,31,15,9,17,24,8,28,( )。假设( )中的值是缺失值，那么该如何处理？

他山之石

利用Excel对缺失数据进行检测

以图3-4中30名会员年度消费数据为例，对缺失数据进行检测。

第1步，打开“开始”选项卡，在“编辑”功能区单击“查找和选择”按钮，在下拉选项中单击“定位条件”选项，如图3-28所示。

会员消费汇总表

ID	消费金额	消费次数	积分	线下次数	线下金额	线上次数	线上金额
97485	123930.9	57	125517.6	18	26426.79	39	97504.11
190695	12190.56	128	9916.704	81	3599.56	47	8591
489376	71840.14	134	64850.12	76	70373.14	58	1467
493834	23762.49	132	11832.64	111	7925.41	21	15837.08
558903	27332.7	8	5466.54	7	12638.7	1	14694
559569		114	12892.97	91		23	
893869	3816.36	159	1080.936	149	3756.48	10	59.88
1333727	84944.22	92	10877.21	88	13790.43	4	71153.79
1893133	3596.43	141	730.034	138	3418.52	3	177.91
2263904	23314.97	127	19442.61	96	13282.47	31	10032.5
2310007	12301.06	133	8181.932	81	11340	52	961.06
2490531	26070.64	167	2985.826	133	9032.76	34	17037.88
2689842	19644.2	145	2786.324	97	15553.8	48	4090.4
2925852	75718.24	93	47824.82	49	5069.64	44	70648.6
3061820	59738.14	344	40696.31	175	20032.15	169	39705.99
3139245	28428.04	159	9349.635	137	28287.06	22	140.98

图3-28　选择“定位条件”选项

第2步，在弹出的“定位条件”窗口中选择“空值”选项，如图3-29所示。

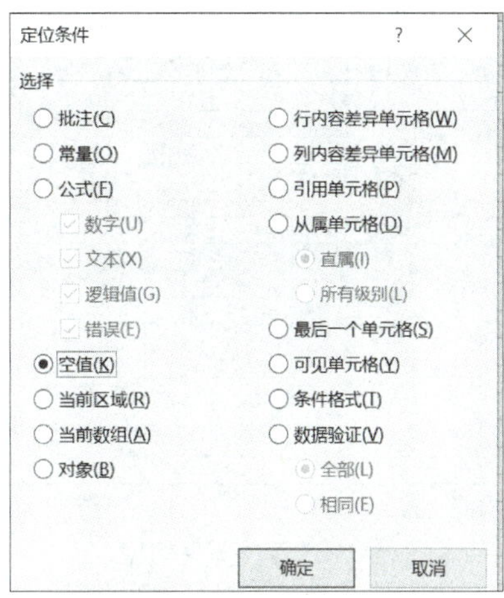

图3-29　选择“空值”选项

第3步，单击“确定”按钮，表格中的缺失值均以底纹显示，如图3-30所示。

配套资源-（项目3预处理

文件　开始　插入　页面布局　公式　数据　审阅　视图　帮助　操作说明搜索

A1　会员消费汇总表

	A	B	C	D	E	F	G	H
1		会员消费汇总表						
2	ID	消费金额	消费次数	积分	线下次数	线下金额	线上次数	线上金额
3	97485	123930.9	57	125517.6	18	26426.79	39	97504.11
4	190695	12190.56	128	9916.704	81	3599.56	47	8591
5	489376	71840.14	134	64850.12	76	70373.14	58	1467
6	493834	23762.49	132	11832.64	111	7925.41	21	15837.08
7	558903	27332.7	8	5466.54	7	12638.7	1	14694
8	559569		114	12892.97	91		23	
9	893869	3816.36	159	1080.936	149	3756.48	10	59.88
10	1333727	84944.22	92	10877.21	88	13790.43	4	71153.79

图3-30　显示缺失值

他山之石

利用Excel对缺失数据进行处理

通过检测发现，会员ID 559569的消费金额、线下金额及线上金额均缺失。考虑到消费金额是一项重要的分析指标且样本不多，所以此处采取用平均值代替缺失数据的方法进行处理。

第1步，分别计算剩余29条记录中消费金额、线上金额及线下金额的平均值（结果保留2位小数），如图3-31所示。

第2步，分别将计算出的平均值填充到缺失值所在的单元格中，如图3-32所示。

B33 =AVERAGE(B3:B8,B9:B32)

	A	B	C	D	E	F	G	H
1	会员消费汇总表							
2	ID	消费金额	消费次数	积分	线下次数	线下金额	线上次数	线上金额
18	3139245	28428.04	159	9349.635	137	28287.06	22	140.98
19	3149821	44622.53	108	31378.594	98	34622.53	10	10000
20	4153242	5728.98	165	1894.452	108	4324.27	57	1404.71
21	4153485	5280.84	119	1116.82	102	5172.54	17	108.3
22	4153595	7986.8	173	5866.78	91	1235.2	82	6751.6
23	4290542	8178.42	177	1955.894	143	7892.32	34	286.1
24	4313145	16941.63	137	11623.606	87	9304.95	50	7636.68
25	4313496	37471.8	148	7392.62	123	15081.54	25	22390.26
26	4372630	37498.7	159	8737.67	122	21697.42	37	15801.28
27	4414023	3996.73	130	1725.346	89	3953.02	41	43.71
28	4717133	41585.41	106	37800.502	50	11342.81	56	30242.6
29	4741189	27688.39	85	5187.541	77	27323.39	8	365
30	4855701	103277.03	175	92384.114	174	96716.03	1	6561
31	4936166	3138.75	131	1146.02	105	3037.53	26	101.22
32	5515369	18284.87	124	17668.812	31	2495.37	93	15789.5
33	平均值	33045.17				16852.61		16192.56

图3-31 计算平均值

B8 33045.1713793104

	A	B	C	D	E	F	G	H
1	会员消费汇总表							
2	ID	消费金额	消费次数	积分	线下次数	线下金额	线上次数	线上金额
3	97485	123930.9	57	125517.65	18	26426.79	39	97504.11
4	190695	12190.56	128	9916.704	81	3599.56	47	8591
5	489376	71840.14	134	64850.124	76	70373.14	58	1467
6	493834	23762.49	132	11832.638	111	7925.41	21	15837.08
7	558903	27332.7	8	5466.54	7	12638.7	1	14694
8	559569	33045.17	114	12892.97	91	16852.61	23	16192.56
9	893869	3816.36	159	1080.936	149	3756.48	10	59.88
10	1333727	84944.22	92	10877.214	88	13790.43	4	71153.79
11	1893133	3596.43	141	730.034	138	3418.52	3	177.91
12	2263904	23314.97	127	19442.612	96	13282.47	31	10032.5
13	2310007	12301.06	133	8181.932	81	11340	52	961.06
14	2490531	26070.64	167	2985.826	133	9032.76	34	17037.88
15	2689842	19644.2	145	2786.324	97	15553.8	48	4090.4
16	2925852	75718.24	93	47824.816	49	5069.64	44	70648.6
17	3061820	59738.14	344	40696.308	175	20032.15	169	39705.99
18	3139245	28428.04	159	9349.635	137	28287.06	22	140.98
19	3149821	44622.53	108	31378.594	98	34622.53	10	10000
20	4153242	5728.98	165	1894.452	108	4324.27	57	1404.71
21	4153485	5280.84	119	1116.82	102	5172.54	17	108.3

图3-32 填充平均值代替缺失值

3．异常值的检测与处理

异常值可通过数据的统计特征初步识别，一般偏离数据集的平均值较大的即为异常值；如能将数据集可视化，如用箱形图呈现，也可以从图表中直观地发现异常值。

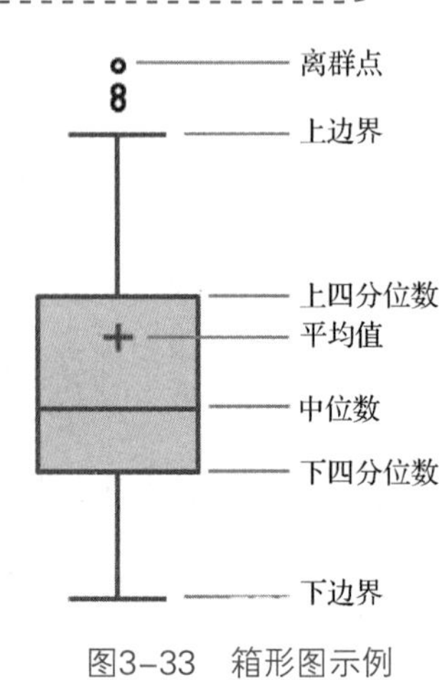

图3-33 箱形图示例

绘制箱形图是检验异常值的常用方法，其主要优点是简便、直观。箱形图如图3-33所示，是由数据的上边界、上四分位数、平均值、中位数、下四分位数和下边界组成的图形，其中上边界和下边界所代表的就是临界值，超过上下边界的离群点则为需要关注的异常值。

异常值检测在数据分析过程中有重要的意义。如能回溯确认数据是人工或机械录入错误，则可直接修正为真实值；如果异常值是由于数据本身的变异造成的，那么对其进行分析，就可以发现隐藏的、深层次的、有潜在价值的信息。

根据分析目标需要，异常值在处理时可采用以下方法。

（1）参考后续的数据分析模型，选择删除或者保留异常值。

（2）用一个样本统计量去代替异常值，如用平均值、中位数、众数等代替。

（3）利用分箱法，即通过考察相邻数据的取值对异常值进行平滑处理。首先将异常值所在指标下的所有数据按照大小排序，并适当分组（也称作分“箱”），然后用组内数据的平均值、中位数或边界值来代替异常值。分组时，如果每个“箱”的数据个数相同就为等深分箱；如果每个“箱”内数据值的区间范围是一个常量就为等宽分箱。

例如，设定箱深为3，对数据集{150,100,80,200,180,280,450,500,350}进行等深分箱，结果如下：

箱1：{80,100,150}

箱2：{180,200,280}

箱3：{350,450,500}

设定区间范围为100，对数据集{150,100,80,200,180,280,450,500,350}进行等宽分箱，结果如下：

箱1：{80,100,150,180}

箱2：{200,280}

箱3：{350,450}

箱4：{500}

想一想

一组数据如下：3,31,15,9,17,24,8,28,105。假设105是异常值，该如何处理？

他山之石

利用Excel对异常数据进行检测

以图3-32中“消费次数”字段数据为例，对异常数据进行检测。

1. 利用平均值和标准差检测异常数据

异常值一般指所获得的数据中与平均值的偏差超过两倍标准差的数据。前文针对30名会员的消费次数已经进行了统计特征的测度，根据图3-15可知消费次数的平均值和标准差分别为136和53.60。现将消费次数的30个数据与平均值做差，并与两倍的标准差进行对比。

第1步，首先求出消费次数与其平均值做差后的绝对值。在I2单元格输入字段名“消费次数与平均值的偏差”，在I3单元格输入公式“=ABS(C3-136)”，如图3-34所示，ABS()为绝对值函数，按“Enter”键确定。

RANDBET... =ABS(C3-136)

	A	B	C	D	E	F	G	H	I
1		会员消费汇总表							
2	ID	消费金额	消费次数	积分	线下次数	线下金额	线上次数	线上金额	消费次数与平均值的偏差
3	97485	123930.9	57	125517.6	18	26426.79	39	97504.11	=ABS(C3-136)
4	190695	12190.56	128	9916.704	81	3599.56	47	8591	
5	489376	71840.14	134	64850.12	76	70373.14	58	1467	
6	493834	23762.49	132	11832.64	111	7925.41	21	15837.08	
7	558903	27332.7	8	5466.54	7	12638.7	1	14694	
8	559569	33045.17	114	12892.97	91	16852.61	23	16192.56	
9	893869	3816.36	159	1080.936	149	3756.48	10	59.88	
10	1333727	84944.22	92	10877.21	88	13790.43	4	71153.79	
11	1893133	3596.43	141	730.034	138	3418.52	3	177.91	
12	2263904	23314.97	127	19442.61	96	13282.47	31	10032.5	
13	2310007	12301.06	133	8181.932	81	11340	52	961.06	
14	2490531	26070.64	167	2985.826	133	9032.76	34	17037.88	
15	2689842	19644.2	145	2786.324	97	15553.8	48	4090.4	
16	2925852	75718.24	93	47824.82	49	5069.64	44	70648.6	
17	3061820	59738.14	344	40696.31	175	20032.15	169	39705.99	
18	3139245	28428.04	159	9349.635	137	28287.06	22	140.98	
19	3149821	44622.53	108	31378.59	98	34622.53	10	10000	
20	4153242	5728.98	165	1894.452	108	4324.27	57	1404.71	
21	4153485	5280.84	119	1116.82	102	5172.54	17	108.3	
22	4153595	7986.8	173	5866.78	91	1235.2	82	6751.6	
23	4290542	8178.42	177	1955.894	143	7892.32	34	286.1	
24	4313145	16941.63	137	11623.61	87	9304.95	50	7636.68	

图3-34　输入公式

第2步，选中I3单元格，使用填充柄填充公式，完成30个消费次数与平均值偏差的计算，如图3-35所示。

I32 =ABS(C32-136)

	A	B	C	D	E	F	G	H	I
1		会员消费汇总表							
2	ID	消费金额	消费次数	积分	线下次数	线下金额	线上次数	线上金额	消费次数与平均值的偏差
3	97485	123930.9	57	125517.6	18	26426.79	39	97504.11	79
4	190695	12190.56	128	9916.704	81	3599.56	47	8591	8
5	489376	71840.14	134	64850.12	76	70373.14	58	1467	2
6	493834	23762.49	132	11832.64	111	7925.41	21	15837.08	4
7	558903	27332.7	8	5466.54	7	12638.7	1	14694	128
8	559569	33045.17	114	12892.97	91	16852.61	23	16192.56	22
9	893869	3816.36	159	1080.936	149	3756.48	10	59.88	23
10	1333727	84944.22	92	10877.21	88	13790.43	4	71153.79	44
11	1893133	3596.43	141	730.034	138	3418.52	3	177.91	5
12	2263904	23314.97	127	19442.61	96	13282.47	31	10032.5	9
13	2310007	12301.06	133	8181.932	81	11340	52	961.06	3
14	2490531	26070.64	167	2985.826	133	9032.76	34	17037.88	31
15	2689842	19644.2	145	2786.324	97	15553.8	48	4090.4	9
16	2925852	75718.24	93	47824.82	49	5069.64	44	70648.6	43
17	3061820	59738.14	344	40696.31	175	20032.15	169	39705.99	208
18	3139245	28428.04	159	9349.635	137	28287.06	22	140.98	23
19	3149821	44622.53	108	31378.59	98	34622.53	10	10000	28
20	4153242	5728.98	165	1894.452	108	4324.27	57	1404.71	29
21	4153485	5280.84	119	1116.82	102	5172.54	17	108.3	17
22	4153595	7986.8	173	5866.78	91	1235.2	82	6751.6	37
23	4290542	8178.42	177	1955.894	143	7892.32	34	286.1	41
24	4313145	16941.63	137	11623.61	87	9304.95	50	7636.68	1
25	4313496	37471.8	148	7392.62	123	15081.54	25	22390.26	12
26	4372630	37498.7	159	8737.67	122	21697.42	37	15801.28	23
27	4414023	3996.73	130	1725.346	89	3953.02	41	43.71	6
28	4717133	41585.41	106	37800.5	50	11342.81	56	30242.6	30
29	4741189	27688.39	85	5187.541	77	27323.39	8	365	51
30	4855701	103277.03	175	92384.11	174	96716.03	1	6561	39
31	4936166	3138.75	131	1146.02	105	3037.53	26	101.22	5
32	5515369	18284.87	124	17668.81	31	2495.37	93	15789.5	12
33		算术平均数	136						

图3-35　使用填充柄复制公式

第3步，已知C3:C32数据区域的标准差为53.60，将第2步得到的偏差与两倍的标准差（107.20）对比，其中C7、C17超出两倍的标准差较多，是需要关注的异常值，如图3-36所示。

会员消费汇总表

ID	消费金额	消费次数	积分	线下次数	线下金额	线上次数	线上金额	消费次数与平均值的偏差	两倍的标准差
97485	123930.9	57	125517.6	18	26426.79	39	97504.11	79	107.20
190695	12190.56	128	9916.704	81	3599.56	47	8591	8	107.20
489376	71840.14	134	64850.12	76	70373.14	58	1467	2	107.20
493834	23762.49	132	11832.64	111	7925.41	21	15837.08	4	107.20
558903	27332.7	8	5466.54	7	12638.7	1	14694	128	107.20
559569	33045.17	114	12892.97	91	16852.61	23	16192.56	22	107.20
893869	3816.36	159	1080.936	149	3756.48	10	59.88	23	107.20
1333727	84944.22	92	10877.21	88	13790.43	4	71153.79	44	107.20
1893133	3596.43	141	730.034	138	3418.52	3	177.91	5	107.20
2263904	23314.97	127	19442.61	96	13282.47	31	10032.5	9	107.20
2310007	12301.06	133	8181.932	81	11340	52	961.06	3	107.20
2490531	26070.64	167	2985.826	133	9032.76	34	17037.88	31	107.20
2689842	19644.2	145	2786.324	97	15553.8	48	4090.4	9	107.20
2925852	75718.24	93	47824.82	49	5069.64	44	70648.6	43	107.20
3061820	59738.14	344	40696.31	175	20032.15	169	39705.99	208	107.20
3139245	28428.04	159	9349.635	137	28287.06	22	140.98	23	107.20
3149821	44622.53	108	31378.59	98	34622.53	10	10000	28	107.20
4153242	5728.98	165	1894.452	108	4324.27	57	1404.71	29	107.20
4153485	5280.84	119	1116.82	102	5172.54	17	108.3	17	107.20
4153595	7986.8	173	5866.78	91	1235.2	82	6751.6	37	107.20
4290542	8178.42	177	1955.894	143	7892.32	34	286.1	41	107.20
4313145	16941.63	137	11623.61	87	9304.95	50	7636.68	1	107.20
4313496	37471.8	148	7392.62	123	15081.54	25	22390.26	12	107.20
4372630	37498.7	159	8737.67	122	21697.42	37	15801.28	23	107.20
4414023	3996.73	130	1725.346	89	3953.02	41	43.71	6	107.20
4717133	41585.41	106	37800.5	50	11342.81	56	30242.6	30	107.20
4741189	27688.39	85	5187.541	77	27323.39	8	365	51	107.20
4855701	103277.03	175	92384.11	174	96716.03	1	6561	39	107.20
4936166	3138.75	131	1146.02	105	3037.53	26	101.22	5	107.20
5515369	18284.87	124	17668.81	31	2495.37	93	15789.5	12	107.20

图3-36　找到异常值

2. 利用箱形图检测异常数据

第1步，将单元格C2:C32全部选中，打开“插入”选项卡，在图表功能区单击“扩展”按钮，弹出“插入图表”对话框，如图3-37所示。

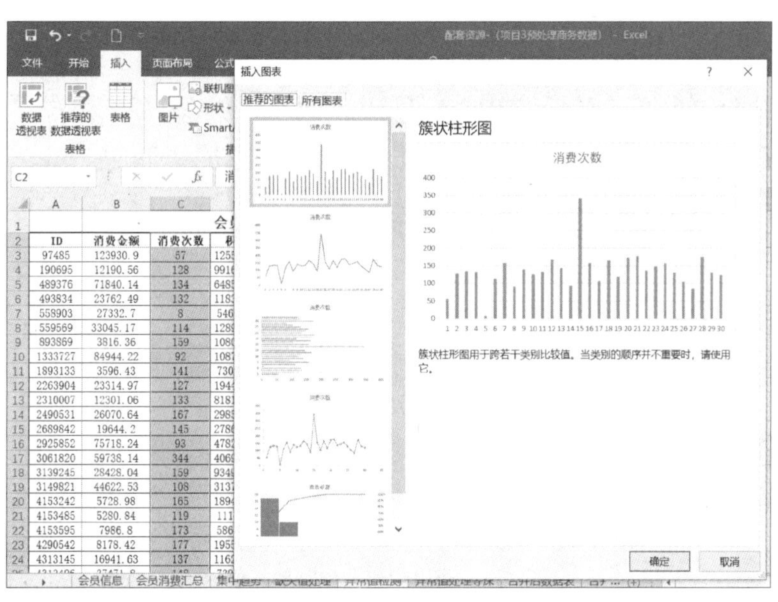

图3-37　“插入图表”对话框

第2步，在“插入图表”对话框中，选择“所有图表”选项卡下的“箱形图”，如图3-38所示。

第3步，单击“确定”按钮插入箱形图，修改图表标题为“消费次数箱形图”。从箱形图中可以获得2个超过上下边界的离群点，分别是C7、C17，它们是需要关注的异常值，如图3-39所示。

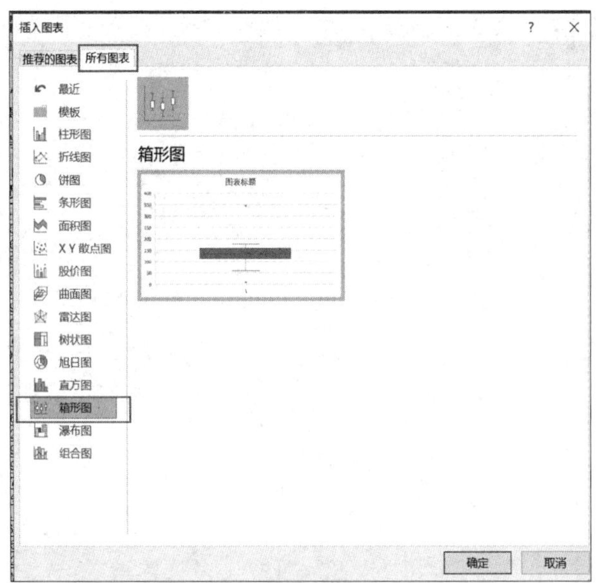

图3–38 选择“箱形图”

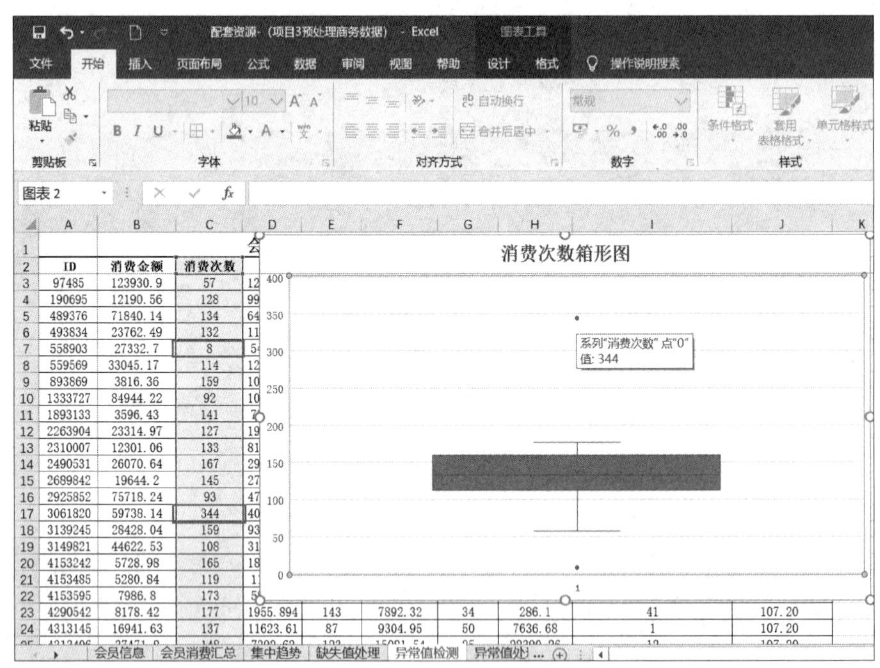

图3–39 使用箱形图检测异常值

他山之石

使用分箱法在Excel中对异常值进行处理

第1步，选择C2单元格，打开“开始”选项卡，在“编辑”功能区单击“排序和筛选”按钮，选择“升序”选项，对“消费次数”一列进行升序排列，如图3-40所示。

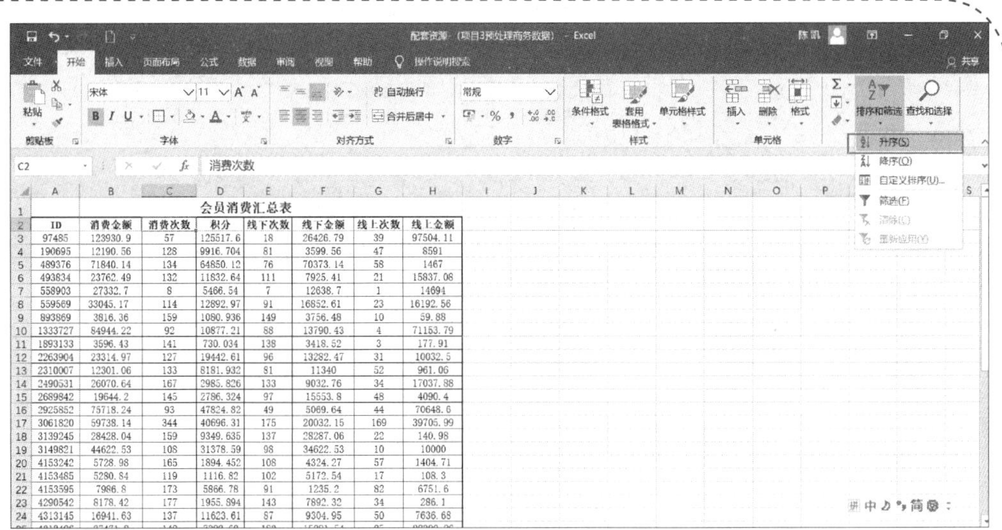

	A	B	C	D	E	F	G	H
1		会员消费汇总表						
2	ID	消费金额	消费次数	积分	线下次数	线下金额	线上次数	线上金额
3	97485	123930.9	57	125517.6	18	26426.79	39	97504.11
4	190695	12190.56	128	9916.704	81	3599.56	47	8591
5	489376	71840.14	134	64850.12	76	70373.14	58	1467
6	493834	23762.49	132	11832.64	111	7925.41	21	15837.08
7	558903	27332.7	8	5466.54	7	12638.7	1	14694
8	559569	33045.17	114	12892.97	91	16852.61	23	16192.56
9	893869	3816.36	159	1080.936	149	3756.48	10	59.88
10	1333727	84944.22	92	10877.21	88	13790.43	4	71153.79
11	1893133	3596.43	141	730.034	138	3418.52	3	177.91
12	2263904	23314.97	127	19442.61	96	13282.47	31	10032.5
13	2310007	12301.06	133	8181.932	81	11340	52	961.06
14	2490531	26070.64	167	2985.826	133	9032.76	34	17037.88
15	2689842	19644.2	145	2786.324	97	15553.8	48	4090.4
16	2925852	75718.24	93	47824.82	49	5069.64	44	70648.6
17	3061820	59738.14	344	40696.31	175	20032.15	169	39705.99
18	3139245	28428.04	159	9349.635	137	28287.06	22	140.98
19	3149821	44622.53	108	31378.59	98	34622.53	10	10000
20	4153242	5728.98	165	1894.452	108	4324.27	57	1404.71
21	4153485	5280.84	119	1116.82	102	5172.54	17	108.3
22	4153595	7986.8	173	5866.78	91	1235.2	82	6751.6
23	4290542	8178.42	177	1955.894	143	7892.32	34	286.1
24	4313145	16941.63	137	11623.61	87	9304.95	50	7636.68

图3-40　进行升序排列

第2步，采用等深分箱法，并设定权重（箱子深度）为6，将所有数据分成5个区间，如图3-41所示。

	A	B	C	D	E	F	G	H	I
1		会员消费汇总表							
2	ID	消费金额	消费次数	等深分箱	积分	线下次数	线下金额	线上次数	线上金额
3	558903	27332.7	8	箱1	5466.54	7	12638.7	1	14694
4	97485	123930.9	57		125517.6	18	26426.79	39	97504.11
5	4741189	27688.39	85		5187.541	77	27323.39	8	365
6	1333727	84944.22	92		10877.21	88	13790.43	4	71153.79
7	2925852	75718.24	93		47824.82	49	5069.64	44	70648.6
8	4717133	41585.41	106		37800.5	50	11342.81	56	30242.6
9	3149821	44622.53	108	箱2	31378.59	98	34622.53	10	10000
10	559569		114		12892.97	91		23	
11	4153485	5280.84	119		1116.82	102	5172.54	17	108.3
12	5515369	18284.87	124		17668.81	31	2495.37	93	15789.5
13	2263904	23314.97	127		19442.61	96	13282.47	31	10032.5
14	190695	12190.56	128		9916.704	81	3599.56	47	8591
15	4414023	3996.73	130	箱3	1725.346	89	3953.02	41	43.71
16	4936166	3138.75	131		1146.02	105	3037.53	26	101.22
17	493834	23762.49	132		11832.64	111	7925.41	21	15837.08
18	2310007	12301.06	133		8181.932	81	11340	52	961.06
19	489376	71840.14	134		64850.12	76	70373.14	58	1467
20	4313145	16941.63	137		11623.61	87	9304.95	50	7636.68
21	1893133	3596.43	141	箱4	730.034	138	3418.52	3	177.91
22	2689842	19644.2	145		2786.324	97	15553.8	48	4090.4
23	4313496	37471.8	148		7392.62	123	15081.54	25	22390.26
24	893869	3816.36	159		1080.936	149	3756.48	10	59.88
25	3139245	28428.04	159		9349.635	137	28287.06	22	140.98
26	4372630	37498.7	159		8737.67	122	21697.42	37	15801.28
27	4153242	5728.98	165	箱5	1894.452	108	4324.27	57	1404.71
28	2490531	26070.64	167		2985.826	133	9032.76	34	17037.88
29	4153595	7986.8	173		5866.78	91	1235.2	82	6751.6
30	4855701	103277.03	175		92384.11	174	96716.03	1	6561
31	4290542	8178.42	177		1955.894	143	7892.32	34	286.1
32	3061820	59738.14	344		40696.31	175	20032.15	169	39705.99

图3-41　等深分箱

课前自学

第3步，对异常值进行平滑处理。消费次数为“8”的值在“箱1”，这里采用该区间数据的平均值74（取整数）代替；消费次数为“344”的值在“箱5”，采用该区间数据的平均值200（取整数）代替，如图3-42所示。

	A	B	C	D	E	F	G	H	I	J
1		会员消费汇总表								
2	ID	消费金额	消费次数	等深分箱	处理后消费次数	积分	线下次数	线下金额	线上次数	线上金额
3	558903	27332.7	8	箱1	74	5466.54	7	12638.7	1	14694
4	97485	123930.9	57		57	125517.6	18	26426.79	39	97504.11
5	4741189	27688.39	85		85	5187.541	77	27323.39	8	365
6	1333727	84944.22	92		65	10877.21	88	13790.43	4	71153.79
7	2925852	75718.24	93		93	47824.82	49	5069.64	44	70648.6
8	4717133	41585.41	106		106	37800.5	50	11342.81	56	30242.6
9	3149821	44622.53	108	箱2	108	31378.59	98	34622.53	10	10000
10	559569		114		114	12892.97	91		23	
11	4153485	5280.84	119		119	1116.82	102	5172.54	17	108.3
12	5515369	18284.87	124		124	17668.81	31	2495.37	93	15789.5
13	2263904	23314.97	127		127	19442.61	96	13282.47	31	10032.5
14	190695	12190.56	128		128	9916.704	81	3599.56	47	8591
15	4414023	3996.73	130	箱3	130	1725.346	89	3953.02	41	43.71
16	4936166	3138.75	131		131	1146.02	105	3037.53	26	101.22
17	493834	23762.49	132		132	11832.64	111	7925.41	21	15837.08
18	2310007	12301.06	133		133	8181.932	81	11340	52	961.06
19	489376	71840.14	134		134	64850.12	76	70373.14	58	1467
20	4313145	16941.63	137		137	11623.61	87	9304.95	50	7636.68
21	1893133	3596.43	141	箱4	141	730.034	138	3418.52	3	177.91
22	2689842	19644.2	145		145	2786.324	97	15553.8	48	4090.4
23	4313496	37471.8	148		148	7392.62	123	15081.54	25	22390.26
24	893869	3816.36	159		159	1080.936	149	3756.48	10	59.88
25	3139245	28428.04	159		159	9349.635	137	28287.06	22	140.98
26	4372630	37498.7	159		159	8737.67	122	21697.42	37	15801.28
27	4153242	5728.98	165	箱5	165	1894.452	108	4324.27	57	1404.71
28	2490531	26070.64	167		167	2985.826	133	9032.76	34	17037.88
29	4153595	7986.8	173		173	5866.78	91	1235.2	82	6751.6
30	4855701	103277.03	175		175	92384.11	174	96716.03	1	6561
31	4290542	8178.42	177		177	1955.894	143	7892.32	34	286.1
32	3061820	59738.14	344		200	40696.31	175	20032.15	169	39705.99

图3-42　等深分箱处理异常值之后的结果

4. 不一致数据的检测与处理

不一致数据可以通过统计软件进行汇总分析，发现存在的问题后，可调整数据中的有关变量名称，统一单位，对语义重复的数据进行替换，以使数据规范化。

他山之石

利用Excel对不一致数据进行处理

以图3-1中的会员信息表和图3-4中的会员年度消费数据为例，对不一致数据进行处理。

1. 处理会员信息表中的不一致数据

会员信息表中，字段“性别”一列存在中文和英文两种表达方式。

第1步，选中字段“性别”一列，打开“开始”选项卡，在“编辑”功能区选择“查找和选择”下的“替换”选项，弹出“查找和替换”对话框，在“查找内容”文本框中填入“female”，在“替换为”文本框中填入“女”，单击“全部替换”按钮，如图3-43所示。

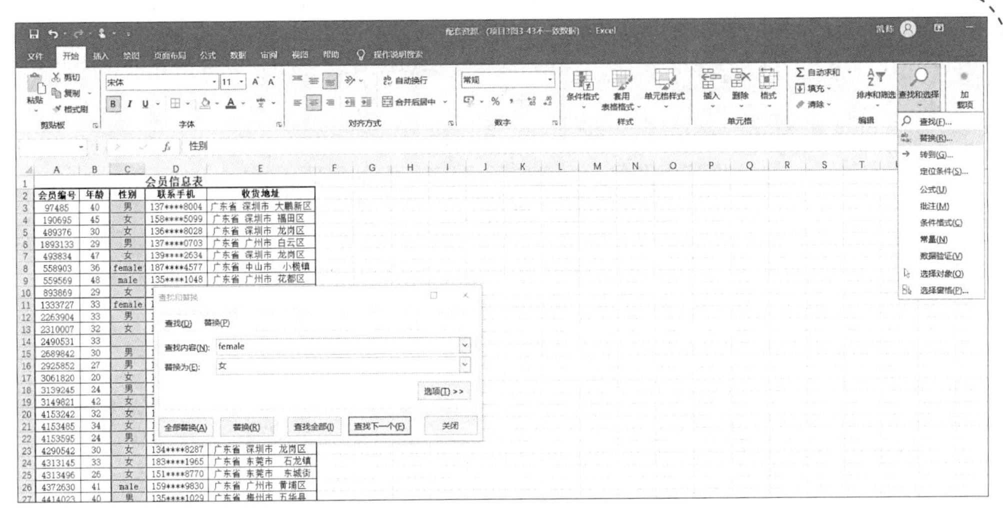

图3-43　利用查找和替换将表格中的“female”替换为“女”

第2步，同理，在“查找内容”文本框中填入“male”，在“替换为”文本框中填入“男”，单击“全部替换”按钮，统一字段“性别”的表达方式，处理结果如图3-44所示。

会员信息表

会员编号	年龄	性别	联系手机	收货地址
97485	40	男	137****8004	广东省 深圳市 大鹏新区
190695	45	女	158****5099	广东省 深圳市 福田区
489376	30	女	136****8028	广东省 深圳市 龙岗区
1893133	29	男	137****0703	广东省 广州市 白云区
493834	47	女	139****2634	广东省 深圳市 龙岗区
558903	36	女	187****4577	广东省 中山市 小榄镇
559569	48	男	135****1048	广东省 广州市 花都区
893869	29	女	186****1665	广东省 梅州市 梅县区
1333727	33	女	181****8906	广东省 广州市 白云区
2263904	33	男	150****1945	广东省 深圳市 罗湖区
2310007	32	女	186****0221	广东省 深圳市 南山区
2490531	33			
2689842	30	男	151****5892	广东省 深圳市 龙岗区
2925852	27	男	138****0278	广东省 中山市 小榄镇
3061820	20	女	138****6726	广东省 阳江市 江城区
3139245	24	男	151****8770	广东省 东莞市 东城街
3149821	42	女	138****6726	广东省 深圳市 福田区
4153242	32	女	137****2026	广东省 东莞市 石龙镇
4153485	34	女	156****8632	广东省 梅州市 五华县
4153595	24	男	150****9225	广东省 江门市 江海区
4290542	30	女	134****8287	广东省 深圳市 龙岗区
4313145	33	女	183****1965	广东省 东莞市 石龙镇
4313496	26	女	151****8770	广东省 东莞市 东城街
4372630	41	男	159****9830	广东省 广州市 黄埔区
4414023	40	男	135****1029	广东省 梅州市 五华县
4717133	43	女	134****0987	广东省 惠州市 惠阳区
4741189	34	男	137****5519	广东省 惠州市 博罗县
4855701	23	女	187****8120	广东省 惠州市 惠阳区
4936166	23	女	137****2803	广东省 湛江市 赤坎区
5515369	44	女	137****5735	广东省 惠州市 惠阳区

图3-44　性别表达方式统一后的结果

2. 处理会员年度消费数据中的不一致数据

会员年度消费数据中，字段“消费金额”“积分”“线下金额”“线上金额”数据保留的小数位数不统一。

第1步，选中字段“消费金额”一列，单击鼠标右键，在菜单中选择“设置单元格格式”选项，如图3-45所示。

第2步，在弹出的“设置单元格格式”对话框的“数字”选项卡下，在“分类”列表框中选择“数值”选项，并将“小数位数”设置为“2”，将所有消费金额的数据统一保留2位小数，如图3-46所示。

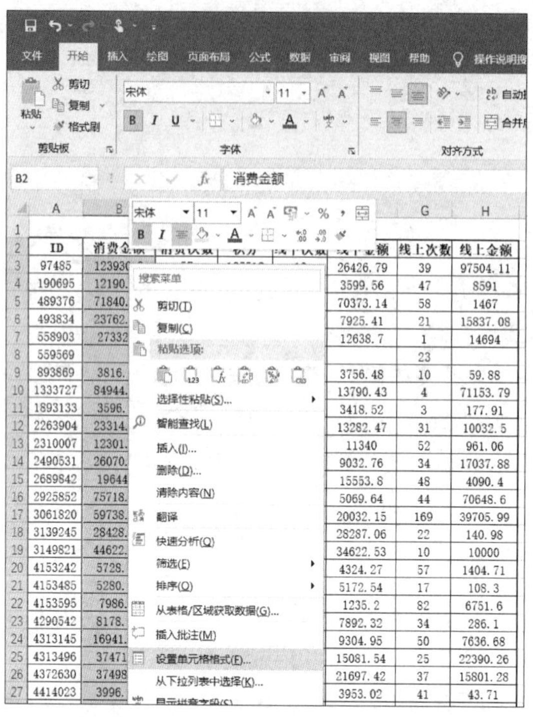

图3-45　选择“设置单元格格式”选项

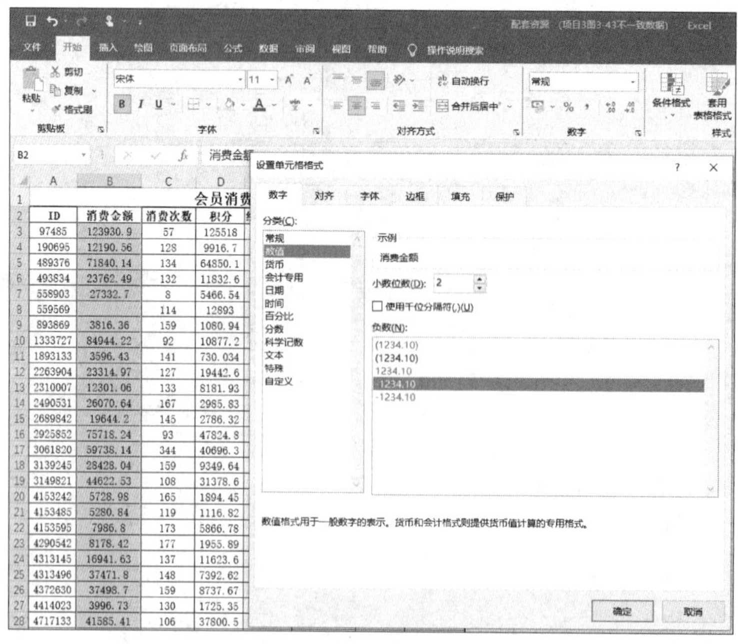

图3-46　设置单元格格式

第3步，将“积分”“线下金额”“线上金额”字段数据按照第1步和第2步的操作方法统一保留2位小数，最终结果如图3-47所示。

会员消费汇总表

ID	消费金额	消费次数	积分	线下次数	线下金额	线上次数	线上金额
97485	123930.90	57	125517.65	18	26426.79	39	97504.11
190695	12190.56	128	9916.70	81	3599.56	47	8591.00
489376	71840.14	134	64850.12	76	70373.14	58	1467.00
493834	23762.49	132	11832.64	111	7925.41	21	15837.08
558903	27332.70	8	5466.54	7	12638.70	1	14694.00
559569		114	12892.97	91		23	
893869	3816.36	159	1080.94	149	3756.48	10	59.88
1333727	84944.22	92	10877.21	88	13790.43	4	71153.79
1893133	3596.43	141	730.03	138	3418.52	3	177.91
2263904	23314.97	127	19442.61	96	13282.47	31	10032.50
2310007	12301.06	133	8181.93	81	11340.00	52	961.06
2490531	26070.64	167	2985.83	133	9032.76	34	17037.88
2689842	19644.20	145	2786.32	97	15553.80	48	4090.40
2925852	75718.24	93	47824.82	49	5069.64	44	70648.60
3061820	59738.14	344	40696.31	175	20032.15	169	39705.99
3139245	28428.04	159	9349.64	137	28287.06	22	140.98
3149821	44622.53	108	31378.59	98	34622.53	10	10000.00
4153242	5728.98	165	1894.45	108	4324.27	57	1404.71
4153485	5280.84	119	1116.82	102	5172.54	17	108.30
4153595	7986.80	173	5866.78	91	1235.20	82	6751.60
4290542	8178.42	177	1955.89	143	7892.32	34	286.10
4313145	16941.63	137	11623.61	87	9304.95	50	7636.68
4313496	37471.80	148	7392.62	123	15081.54	25	22390.26
4372630	37498.70	159	8737.67	122	21697.42	37	15801.28
4414023	3996.73	130	1725.35	89	3953.02	41	43.71
4717133	41585.41	106	37800.50	50	11342.81	56	30242.60
4741189	27688.39	85	5187.54	77	27323.39	8	365.00
4855701	103277.03	175	92384.11	174	96716.03	1	6561.00
4936166	3138.75	131	1146.02	105	3037.53	26	101.22
5515369	18284.87	124	17668.81	31	2495.37	93	15789.50

图3-47　数据统一格式后的结果

四、商务数据集成、转换和规约

商务数据集成、转换和规约

1. 商务数据集成

商务数据集成也可称为数据整合，是对同一目标总体不同来源、异构的数据的合并。数据集成的前提条件是，多个数据有公共的变量。

他山之石

利用Excel进行数据集成

为了更深入地了解商城会员的消费状况，数据分析人员计划将图3-44所示会员信息表中的“年龄”“性别”“收货地址”等信息与图3-47所示的会员消费数据合并分析。数据分析人员与销售部门、客服部门沟通后得知，图3-44中的字段“会员编号”和图3-47中的字段“ID”代表的内容相同，为冗余数据，需要对其进行处理。

第1步，将图3-44中的数据按照字段“会员编号”进行升序排列，将图3-47中的数据按照“ID”字段进行升序排列，然后将图3-47所示表格中字段“ID”的数据粘贴在图3-44所示表格“会员编号”列的右边作为检查项，其他内容粘贴到“收货地址”列右边，合并后如图3-48所示。

	A	B	C	D	E	F	G	H	I	J	K	L	M
1	会员编号	ID	年龄	性别	联系手机	收货地址	消费金额	消费次数	积分	线下次数	线下金额	线上次数	线上金额
2	97485	97485	40	男	137****8004	广东省 深圳市 大鹏新区	123930.90	57	125517.65	18	26426.79	39	97504.11
3	190695	190695	45	女	158****5099	广东省 深圳市 福田区	12190.56	128	9916.70	81	3599.56	47	8591.00
4	489376	489376	30	女	136****8028	广东省 深圳市 龙岗区	71840.14	134	64850.12	76	70373.14	58	1467.00
5	493834	493834	47	女	139****2634	广东省 深圳市 龙岗区	23762.49	132	11832.64	111	7925.41	21	15837.08
6	558903	558903	36	女	187****4577	广东省 中山市 小榄镇	27332.70	8	5466.54	7	12638.70	1	14694.00
7	559569	559569	48	男	135****1048	广东省 广州市 花都区	33045.17	114	12892.97	91	16852.61	23	16192.56
8	893869	893869	29	女	186****1665	广东省 梅州市 梅县区	3816.36	159	1080.94	149	3756.48	10	59.88
9	1333727	1333727	33	女	181****8906	广东省 广州市 白云区	84944.22	92	10877.21	88	13790.43	4	71153.79
10	1893133	1893133	29	男	137****0703	广东省 广州市 白云区	3596.43	141	730.03	138	3418.52	3	177.91
11	2263904	2263904	33	男	150****1945	广东省 深圳市 罗湖区	23314.97	127	19442.61	96	13282.47	31	10032.50
12	2310007	2310007	32	女	186****0221	广东省 深圳市 南山区	12301.06	133	8181.93	81	11340.00	52	961.06
13	2490531	2490531	33				26070.64	167	2985.83	133	9032.76	34	17037.88
14	2689842	2689842	30	男	151****5892	广东省 深圳市 龙岗区	19644.20	145	2786.32	97	15553.80	48	4090.40
15	2925852	2925852	27	男	138****0278	广东省 中山市 小榄镇	75718.24	93	47824.82	49	5069.64	44	70648.60
16	3061820	3061820	20	女	138****6726	广东省 阳江市 江城区	59738.14	344	40696.31	175	20032.15	169	39705.99
17	3139245	3139245	24	男	151****8770	广东省 东莞市 东城街	28428.04	159	9349.64	137	28287.06	22	140.98
18	3149821	3149821	42	女	138****6726	广东省 深圳市 福田区	44622.53	108	31378.59	98	34622.53	10	10000.00
19	4153242	4153242	32	女	137****2026	广东省 东莞市 石龙镇	5728.98	165	1894.45	108	4324.27	57	1404.71
20	4153485	4153485	34	女	156****8632	广东省 梅州市 五华县	5280.84	119	1116.82	102	5172.54	17	108.30
21	4153595	4153595	24	男	150****9225	广东省 江门市 江海区	7986.80	173	5866.78	91	1235.20	82	6751.60
22	4290542	4290542	30	女	134****8287	广东省 深圳市 龙岗区	8178.42	177	1955.89	143	7892.32	34	286.10
23	4313145	4313145	33	女	183****1965	广东省 东莞市 石龙镇	16941.63	137	11623.61	87	9304.95	50	7636.68
24	4313496	4313496	26	女	151****8770	广东省 东莞市 东城街	37471.80	148	7392.62	123	15081.54	25	22390.26
25	4372630	4372630	41	男	159****9830	广东省 广州市 黄埔区	37498.70	159	8737.67	122	21697.42	37	15801.28
26	4414023	4414023	40	男	135****1029	广东省 梅州市 五华县	3996.73	130	1725.35	89	3953.02	41	43.71
27	4717133	4717133	43	女	134****0987	广东省 惠州市 惠阳区	41585.41	106	37800.50	50	11342.81	56	30242.60
28	4741189	4741189	34	男	137****5519	广东省 惠州市 博罗县	27688.39	85	5187.54	77	27323.39	8	365.00
29	4855701	4855701	23	女	187****8120	广东省 惠州市 惠阳区	103277.03	175	92384.11	174	96716.03	1	6561.00
30	4936166	4936166	23	女	137****2803	广东省 湛江市 赤坎区	3138.75	131	1146.02	105	3037.53	26	101.22
31	5515369	5515369	44	女	137****5735	广东省 惠州市 惠阳区	18284.87	124	17668.81	31	2495.37	93	15789.50

图3-48　合并会员信息表和消费数据表

第2步，确定“会员编号”和“ID”两列数据内容一致后，删掉字段“ID”的一列冗余数据，得到合并后的会员消费数据表，如图3-49所示。

	A	B	C	D	E	F	G	H	I	J	K	L
1	会员编号	年龄	性别	联系手机	收货地址	消费金额	消费次数	积分	线下次数	线下金额	线上次数	线上金额
2	97485	40	男	137****8004	广东省 深圳市 大鹏新区	123930.90	57	125517.65	18	26426.79	39	97504.11
3	190695	45	女	158****5099	广东省 深圳市 福田区	12190.56	128	9916.70	81	3599.56	47	8591.00
4	489376	30	女	136****8028	广东省 深圳市 龙岗区	71840.14	134	64850.12	76	70373.14	58	1467.00
5	493834	47	女	139****2634	广东省 深圳市 龙岗区	23762.49	132	11832.64	111	7925.41	21	15837.08
6	558903	36	女	187****4577	广东省 中山市 小榄镇	27332.70	8	5466.54	7	12638.70	1	14694.00
7	559569	48	男	135****1048	广东省 广州市 花都区	33045.17	114	12892.97	91	16852.61	23	16192.56
8	893869	29	女	186****1665	广东省 梅州市 梅县区	3816.36	159	1080.94	149	3756.48	10	59.88
9	1333727	33	女	181****8906	广东省 广州市 白云区	84944.22	92	10877.21	88	13790.43	4	71153.79
10	1893133	29	男	137****0703	广东省 广州市 白云区	3596.43	141	730.03	138	3418.52	3	177.91
11	2263904	33	男	150****1945	广东省 深圳市 罗湖区	23314.97	127	19442.61	96	13282.47	31	10032.50
12	2310007	32	女	186****0221	广东省 深圳市 南山区	12301.06	133	8181.93	81	11340.00	52	961.06
13	2490531	33				26070.64	167	2985.83	133	9032.76	34	17037.88
14	2689842	30	男	151****5892	广东省 深圳市 龙岗区	19644.20	145	2786.32	97	15553.80	48	4090.40
15	2925852	27	男	138****0278	广东省 中山市 小榄镇	75718.24	93	47824.82	49	5069.64	44	70648.60
16	3061820	20	女	138****6726	广东省 阳江市 江城区	59738.14	344	40696.31	175	20032.15	169	39705.99
17	3139245	24	男	151****8770	广东省 东莞市 东城街	28428.04	159	9349.64	137	28287.06	22	140.98
18	3149821	42	女	138****6726	广东省 深圳市 福田区	44622.53	108	31378.59	98	34622.53	10	10000.00
19	4153242	32	女	137****2026	广东省 东莞市 石龙镇	5728.98	165	1894.45	108	4324.27	57	1404.71
20	4153485	34	女	156****8632	广东省 梅州市 五华县	5280.84	119	1116.82	102	5172.54	17	108.30
21	4153595	24	男	150****9225	广东省 江门市 江海区	7986.80	173	5866.78	91	1235.20	82	6751.60
22	4290542	30	女	134****8287	广东省 深圳市 龙岗区	8178.42	177	1955.89	143	7892.32	34	286.10
23	4313145	33	女	183****1965	广东省 东莞市 石龙镇	16941.63	137	11623.61	87	9304.95	50	7636.68
24	4313496	26	女	151****8770	广东省 东莞市 东城街	37471.80	148	7392.62	123	15081.54	25	22390.26
25	4372630	41	男	159****9830	广东省 广州市 黄埔区	37498.70	159	8737.67	122	21697.42	37	15801.28
26	4414023	40	男	135****1029	广东省 梅州市 五华县	3996.73	130	1725.35	89	3953.02	41	43.71
27	4717133	43	女	134****0987	广东省 惠州市 惠阳区	41585.41	106	37800.50	50	11342.81	56	30242.60
28	4741189	34	男	137****5519	广东省 惠州市 博罗县	27688.39	85	5187.54	77	27323.39	8	365.00
29	4855701	23	女	187****8120	广东省 惠州市 惠阳区	103277.03	175	92384.11	174	96716.03	1	6561.00
30	4936166	23	女	137****2803	广东省 湛江市 赤坎区	3138.75	131	1146.02	105	3037.53	26	101.22
31	5515369	44	女	137****5735	广东省 惠州市 惠阳区	18284.87	124	17668.81	31	2495.37	93	15789.50

图3-49　合并后的会员消费数据表

2. 商务数据转换

商务数据转换主要是将数据从一种表示形式变为另一种表示形式，使不同的数据之间具有相同的计算单位或计量方式，以便于比较。商务数据转换包括数据标准化、数据的代数运算、数据离散化等，本书主要介绍数据离散化。

数据离散化是指为满足数据分析的需要，将连续型数据转换为离散型数据的过程。对数据离散化的原因主要有三点：一是有些数据分析方法要求数据是离散化的形式；二是离散化可以有效地克服数据中隐藏的缺陷（如异常值），使模型结果更加稳定；三是离散化有利于对非线性关系进行诊断和描述。但是需要注意，数据离散化处理必然会损失部分原始数据中的信息。

数据离散化的方法主要有等距离散化和等频离散化两种。等距离散化是指将连续型变量的取值范围均匀分成n等份，且每份的间距相等。等频离散化是指把观察点均匀分为n等份，每份内包含的观测值数目相同。

3. 商务数据规约

在大数据集上进行复杂的数据分析和挖掘需要很长的时间，利用数据规约产生更小但保持原数据完整性的新数据集，在规约后的数据集上进行分析和挖掘将更有效率。商务数据规约的意义在于克服无效、错误的数据对数据建模造成的影响，提高建模的准确性；大幅缩减数据挖掘所需的时间；降低储存数据的成本。

（1）变量规约

变量规约通过合并变量来创建新变量，或者直接通过删除不相关的变量（属性）来减少数据维数，从而提高数据挖掘的效率、降低计算成本。变量规约的目标是寻找出最小的变量子集，并确保新数据子集的概率分布尽可能地接近原来数据集的概率分布。

（2）数值规约

数值规约的主要思想是通过选择可替代的数据来减少数据量，主要包括有参数方法和无参数方法两类。有参数方法是使用一个模型来评估数据，只需存放参数，而不需要存放实际数据，例如回归模型（线性回归和多元回归）和对数线性模型。无参数方法如借助直方图、聚类、抽样等进行分析。

他山之石

利用Excel进行数据转换和规约

1. 利用数据转换对“年龄”做离散化处理

分析图3-49可以发现，会员消费数据表中的“年龄”字段，在实际分析时可以做等距离散化处理，以便进行接下来的数据分析建模。在该案例中，将年龄在20～30岁（不含30岁）的数据赋值为1，30～40岁（不含40岁）的数据赋值为2，40～50岁的数据赋值为3。

第1步，在字段“年龄”列右边插入新的一列，字段命名为“年龄（离散化）”。选中B1单元格，打开“开始”选项卡，在“编辑”功能区选择“排序和筛选”下的“筛选”选项，单击“筛选”按钮，在“数字筛选”中选择“介于”选项，如图3-50所示。

第2步，在弹出的对话框中，选择“大于或等于”，在空格中填入“20”；继续选择“小于”，在空格中填入“30”，单击“确定”按钮，如图3-51所示。

第3步，对于筛选出来的记录，在“年龄（离散化）”列填充数字“1”。

第4步，按照第2步和第3步的操作方法筛选30～40岁（不含40岁）的记录，在新插入的“年龄（离散化）”列填充数字“2”，筛选40～50岁的记录并填充数字“3”，最终结果如图3-52所示。

课前自学

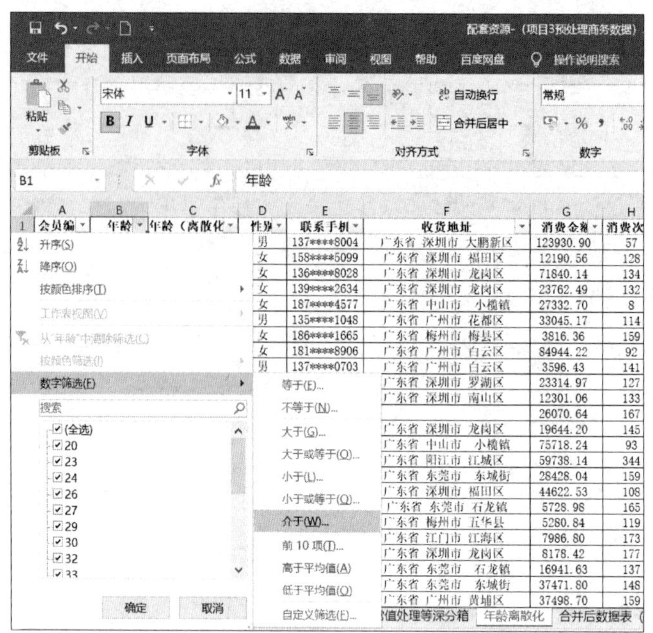

图3-50　对“年龄”列进行数字筛选

图3-51　筛选20～30岁（不含30岁）的数据

	A	B	C	D	E	F	G	H	I	J	K	L	M
1	会员编号	年龄	年龄（离散化）	性别	联系手机	收货地址	消费金额	消费次数	积分	线下次数	线下金额	线上次数	线上金额
2	97485	40	3	男	137****8004	广东省 深圳市 大鹏新区	123930.90	57	125517.65	18	26426.79	39	97504.11
3	190695	45	3	女	158****5099	广东省 深圳市 福田区	12190.56	128	9916.70	81	3599.56	47	8591.00
4	489376	30	2	女	136****8028	广东省 深圳市 龙岗区	71840.14	134	64850.12	76	70373.14	58	1467.00
5	493834	47	3	女	139****2634	广东省 深圳市 龙岗区	23762.49	132	11832.64	111	7925.41	21	15837.08
6	558903	36	2	女	187****4577	广东省 中山市 小榄镇	27332.70	8	5466.54	7	12638.70	1	14694.00
7	559569	48	3	男	135****1048	广东省 广州市 花都区	33045.17	114	12892.97	91	16852.61	23	16192.56
8	893869	29	1	女	186****1665	广东省 梅州市 梅县区	3816.36	159	1080.94	149	3756.48	10	59.88
9	1333727	33	2	女	181****8906	广东省 广州市 白云区	84944.22	92	10877.21	88	13790.43	4	71153.79
10	1893133	29	1	男	137****0703	广东省 广州市 白云区	3596.43	141	730.03	138	3418.52	3	177.91
11	2263904	33	2	男	150****1945	广东省 深圳市 罗湖区	23314.97	127	19442.61	96	13282.47	31	10032.50
12	2310007	32	2	女	186****0221	广东省 深圳市 南山区	12301.06	133	8181.93	81	11340.00	52	961.06
13	2490531	33	2				26070.64	167	2985.83	133	9032.76	34	17037.88
14	2689842	30	2	男	151****5892	广东省 深圳市 龙岗区	19644.20	145	2786.32	97	15553.80	48	4090.40
15	2925852	27	1	男	138****0278	广东省 中山市 小榄镇	75718.24	93	47824.82	49	5069.64	44	70648.60
16	3061820	20	1	女	138****6726	广东省 阳江市 江城区	59738.14	344	40696.31	175	20032.15	169	39705.99
17	3139245	24	1	男	151****8770	广东省 东莞市 东城街	28428.04	159	9349.64	137	28287.06	22	140.98
18	3149821	42	3	女	138****6726	广东省 深圳市 福田区	44622.53	108	31378.59	98	34622.53	10	10000.00
19	4153242	32	2	女	137****2026	广东省 东莞市 石龙镇	5728.98	165	1894.45	108	4324.27	57	1404.71
20	4153485	34	2	女	156****8632	广东省 梅州市 五华县	5280.84	119	1116.82	102	5172.54	17	108.30
21	4153595	24	1	男	150****9225	广东省 江门市 江海区	7986.80	173	5866.78	91	1235.20	82	6751.60
22	4290542	30	2	女	134****8287	广东省 深圳市 龙岗区	8178.42	177	1955.89	143	7892.32	34	286.10
23	4313145	33	2	女	183****1965	广东省 东莞市 石龙镇	16941.63	137	11623.61	87	9304.95	50	7636.68
24	4313496	26	1	女	151****8770	广东省 东莞市 东城街	37471.80	148	7392.62	123	15081.54	25	22390.26
25	4372630	41	3	男	159****9830	广东省 广州市 黄埔区	37498.70	159	8737.67	122	21697.42	37	15801.28
26	4414023	40	3	男	135****1029	广东省 梅州市 五华县	3996.73	130	1725.35	89	3953.02	41	43.71
27	4717133	43	3	女	134****0987	广东省 惠州市 惠阳区	41585.41	106	37800.50	50	11342.81	56	30242.60
28	4741189	34	2	男	137****5519	广东省 惠州市 博罗县	27688.39	85	5187.54	77	27323.39	8	365.00
29	4855701	23	1	女	187****8120	广东省 惠州市 惠阳区	103277.03	175	92384.11	174	96716.03	1	6561.00
30	4936166	23	1	女	137****2803	广东省 湛江市 赤坎区	3138.75	131	1146.02	105	3037.53	26	101.22
31	5515369	44	3	女	137****5735	广东省 惠州市 惠阳区	18284.87	124	17668.81	31	2495.37	93	15789.50

图3-52　字段“年龄”数据离散化后的结果

2. 利用数据规约处理冗余数据

分析合并后的会员消费数据表可以发现，字段“消费金额”“线上金额”“线下金额”的数据存在相关性，即同一名会员的“线上金额”与“线下金额”之和就是“消费金额”。同样地，字段“消费次数”“线上次数”“线下次数”三者也存在这样的关系。对于上述的数据冗余，可以通过构造新变量的方式来处理。

第1步，利用“线上金额”和“线下金额”构造一个新的变量“线上/线下金额”，即求出线上消费金额与线下消费金额的比值。在N1单元格输入“线上/线下金额”，在N2单元格输入公式“= M2/K2”，按“Enter”键确定，如图3-53所示。

K2 =M2/K2

	A	B	C	D	E	F	G	H	I	J	K	L	M	N
1	会员编号	年龄	年龄（离散化）	性别	联系手机	收货地址	消费金额	消费次数	积分	线下次数	线下金额	线上次数	线上金额	线上/线下金额
2	97485	40	3	男	137****8004	广东省 深圳市 大鹏新区	123930.90	57	125517.65	18	26426.79	39	97504.11	=M2/K2
3	190695	45	3	女	158****5099	广东省 深圳市 福田区	12190.56	128	9916.70	81	3599.56	47	8591.00	
4	489376	30	2	女	136****8028	广东省 深圳市 龙岗区	71840.14	134	64850.12	76	70373.14	58	1467.00	
5	493834	47	3	女	139****2634	广东省 深圳市 龙岗区	23762.49	132	11832.64	111	7925.41	21	15837.08	
6	558903	36	2	女	187****4577	广东省 中山市 小榄镇	27332.70	8	5466.54	7	12638.70	1	14694.00	
7	559569	48	3	男	135****1048	广东省 广州市 花都区	33045.17	114	12892.97	91	16852.61	23	16192.56	
8	893869	29	1	女	186****1665	广东省 梅州市 梅县区	3816.36	159	1080.94	149	3756.48	10	59.88	
9	1333727	33	2	女	181****8906	广东省 广州市 白云区	84944.22	92	10877.21	88	13790.43	4	71153.79	
10	1893133	29	1	男	137****0703	广东省 广州市 白云区	3596.43	141	730.03	138	3418.52	3	177.91	
11	2263904	33	2	男	150****1945	广东省 深圳市 罗湖区	23314.97	127	19442.61	96	13282.47	31	10032.50	
12	2310007	32	2	女	186****0221	广东省 深圳市 南山区	12301.06	133	8181.93	81	11340.00	52	961.06	
13	2490531	33	2				26070.64	167	2985.83	133	9032.76	34	17037.88	
14	2689842	30	2	男	151****5892	广东省 深圳市 龙岗区	19644.20	145	2786.32	97	15553.80	48	4090.40	
15	2925852	27	1	男	138****0278	广东省 中山市 小榄镇	75718.24	93	47824.82	49	5069.64	44	70648.60	
16	3061820	20	1	女	138****6726	广东省 阳江市 江城区	59738.14	344	40696.31	175	20032.15	169	39705.99	
17	3139245	24	1	男	151****8770	广东省 东莞市 东城街	28428.04	159	9349.64	137	28287.06	22	140.98	
18	3149821	42	3	女	138****6726	广东省 深圳市 福田区	44622.53	108	31378.59	98	34622.53	10	10000.00	
19	4153242	32	2	女	137****2026	广东省 东莞市 石龙镇	5728.98	165	1894.45	108	4324.27	57	1404.71	
20	4153485	34	2	女	156****8632	广东省 梅州市 五华县	5280.84	119	1116.82	102	5172.54	17	108.30	
21	4153595	24	1	男	150****9225	广东省 江门市 江海区	7986.80	173	5866.78	91	1235.20	82	6751.60	
22	4290542	30	2	女	134****8287	广东省 深圳市 龙岗区	8178.42	177	1955.89	143	7892.32	34	286.10	
23	4313145	33	2	女	183****1965	广东省 东莞市 石龙镇	16941.63	137	11623.61	87	9304.95	50	7636.68	
24	4313496	26	1	女	151****8770	广东省 东莞市 东城街	37471.80	148	7392.62	123	15081.54	25	22390.26	
25	4372630	41	3	男	159****9830	广东省 广州市 黄埔区	37498.70	159	8737.67	122	21697.42	37	15801.28	

图3-53 构造新变量“线上/线下金额”

第2步，选中N2单元格，使用填充柄填充公式，完成该列所有比值的计算。通过设置单元格格式，将数值统一保留2位小数，如图3-54所示。

	A	B	C	D	E	F	G	H	I	J	K	L	M	N
1	会员编号	年龄	年龄（离散化）	性别	联系手机	收货地址	消费金额	消费次数	积分	线下次数	线下金额	线上次数	线上金额	线上/线下金额
2	97485	40	3	男	137****8004	广东省 深圳市 大鹏新区	123930.90	57	125517.65	18	26426.79	39	97504.11	3.69
3	190695	45	3	女	158****5099	广东省 深圳市 福田区	12190.56	128	9916.70	81	3599.56	47	8591.00	2.39
4	489376	30	2	女	136****8028	广东省 深圳市 龙岗区	71840.14	134	64850.12	76	70373.14	58	1467.00	0.02
5	493834	47	3	女	139****2634	广东省 深圳市 龙岗区	23762.49	132	11832.64	111	7925.41	21	15837.08	2.00
6	558903	36	2	女	187****4577	广东省 中山市 小榄镇	27332.70	8	5466.54	7	12638.70	1	14694.00	1.16
7	559569	48	3	男	135****1048	广东省 广州市 花都区	33045.17	114	12892.97	91	16852.61	23	16192.56	0.96
8	893869	29	1	女	186****1665	广东省 梅州市 梅县区	3816.36	159	1080.94	149	3756.48	10	59.88	0.02
9	1333727	33	2	女	181****8906	广东省 广州市 白云区	84944.22	92	10877.21	88	13790.43	4	71153.79	5.16
10	1893133	29	1	男	137****0703	广东省 广州市 白云区	3596.43	141	730.03	138	3418.52	3	177.91	0.05
11	2263904	33	2	男	150****1945	广东省 深圳市 罗湖区	23314.97	127	19442.61	96	13282.47	31	10032.50	0.76
12	2310007	32	2	女	186****0221	广东省 深圳市 南山区	12301.06	133	8181.93	81	11340.00	52	961.06	0.08
13	2490531	33	2				26070.64	167	2985.83	133	9032.76	34	17037.88	1.89
14	2689842	30	2	男	151****5892	广东省 深圳市 龙岗区	19644.20	145	2786.32	97	15553.80	48	4090.40	0.26
15	2925852	27	1	男	138****0278	广东省 中山市 小榄镇	75718.24	93	47824.82	49	5069.64	44	70648.60	13.94
16	3061820	20	1	女	138****6726	广东省 阳江市 江城区	59738.14	344	40696.31	175	20032.15	169	39705.99	1.98
17	3139245	24	1	男	151****8770	广东省 东莞市 东城街	28428.04	159	9349.64	137	28287.06	22	140.98	0.00
18	3149821	42	3	女	138****6726	广东省 深圳市 福田区	44622.53	108	31378.59	98	34622.53	10	10000.00	0.29
19	4153242	32	2	女	137****2026	广东省 东莞市 石龙镇	5728.98	165	1894.45	108	4324.27	57	1404.71	0.32
20	4153485	34	2	女	156****8632	广东省 梅州市 五华县	5280.84	119	1116.82	102	5172.54	17	108.30	0.02
21	4153595	24	1	男	150****9225	广东省 江门市 江海区	7986.80	173	5866.78	91	1235.20	82	6751.60	5.47
22	4290542	30	2	女	134****8287	广东省 深圳市 龙岗区	8178.42	177	1955.89	143	7892.32	34	286.10	0.04
23	4313145	33	2	女	183****1965	广东省 东莞市 石龙镇	16941.63	137	11623.61	87	9304.95	50	7636.68	0.82
24	4313496	26	1	女	151****8770	广东省 东莞市 东城街	37471.80	148	7392.62	123	15081.54	25	22390.26	1.48
25	4372630	41	3	男	159****9830	广东省 广州市 黄埔区	37498.70	159	8737.67	122	21697.42	37	15801.28	0.73
26	4414023	40	3	男	135****1029	广东省 梅州市 五华县	3996.73	130	1725.35	89	3953.02	41	43.71	0.01
27	4717133	43	3	女	134****0987	广东省 惠州市 惠阳区	41585.41	106	37800.50	50	11342.81	56	30242.60	2.67
28	4741189	34	2	男	137****5519	广东省 惠州市 博罗县	27688.39	85	5187.54	77	27323.39	8	365.00	0.01
29	4855701	23	1	女	187****8120	广东省 惠州市 惠阳区	103277.03	175	92384.11	174	96716.03	1	6561.00	0.07
30	4936166	23	1	女	137****2803	广东省 湛江市 赤坎区	3138.75	131	1146.02	105	3037.53	26	101.22	0.03
31	5515369	44	3	女	137****5735	广东省 惠州市 惠阳区	18284.87	124	17668.81	31	2495.37	93	15789.50	6.33

图3-54 计算线上与线下金额的比值

第3步，按照第1步和第2步的方法，构造一个新的变量“线上/线下次数”，即求出线上消费次数与线下消费次数的比值，计算结果如图3-55所示。

第4步，在接下来的数据分析或建模时，可以根据应用场景删除“线上金额”“线下金额”“线上次数”“线下次数”几个字段。

	B	C	D	E	F	G	H	I	J	K	L	M	N	O
1	年龄	年龄（离散化）	性别	联系手机	收货地址	消费金额	消费次数	积分	线下次数	线下金额	线上次数	线上金额	线上/线下金额	线上/线下次数
2	40	3	男	137****8004	广东省 深圳市 大鹏新区	123930.90	57	125517.65	18	26426.79	39	97504.11	3.69	2.17
3	45	3	女	158****5099	广东省 深圳市 福田区	12190.56	128	9916.70	81	3599.56	47	8591.00	2.39	0.58
4	30	2	女	136****8028	广东省 深圳市 龙岗区	71840.14	134	64850.12	76	70373.14	58	1467.00	0.02	0.76
5	47	3	女	139****2634	广东省 深圳市 龙岗区	23762.49	132	11832.64	111	7925.41	21	15837.08	2.00	0.19
6	36	2	女	187****4577	广东省 中山市 小榄镇	27332.70	8	5466.54	7	12638.70	1	14694.00	1.16	0.14
7	48	3	男	135****1048	广东省 广州市 花都区	33045.17	114	12892.97	91	16852.61	23	16192.56	0.96	0.25
8	29	1	女	186****1665	广东省 梅州市 梅县区	3816.36	159	1080.94	149	3756.48	10	59.88	0.02	0.07
9	33	2	女	181****8906	广东省 广州市 白云区	84944.22	92	10877.21	88	13790.43	4	71153.79	5.16	0.05
10	29	1	男	137****0703	广东省 广州市 白云区	3596.43	141	730.03	138	3418.52	3	177.91	0.05	0.02
11	33	2	男	150****1945	广东省 深圳市 罗湖区	23314.97	127	19442.61	96	13282.47	31	10032.50	0.76	0.32
12	32	2	女	186****0221	广东省 深圳市 南山区	12301.06	133	8181.93	81	11340.00	52	961.06	0.08	0.64
13	33	2				26070.64	167	2985.83	133	9032.76	34	17037.88	1.89	0.26
14	30	2	男	151****5892	广东省 深圳市 龙岗区	19644.20	145	2786.32	97	15553.80	48	4090.40	0.26	0.49
15	27	1	男	138****0278	广东省 中山市 小榄镇	75718.24	93	47824.82	49	5069.64	44	70648.60	13.94	0.90
16	20	1	女	138****6726	广东省 阳江市 江城区	59738.14	344	40696.31	175	20032.15	169	39705.99	1.98	0.97
17	24	1	男	151****8770	广东省 东莞市 东城街	28428.04	159	9349.64	137	28287.06	22	140.98	0.00	0.16
18	42	3	女	138****6726	广东省 深圳市 福田区	44622.53	108	31378.59	98	34622.53	10	10000.00	0.29	0.10
19	32	2	女	137****2026	广东省 东莞市 石龙镇	5728.98	165	1894.45	108	4324.27	57	1404.71	0.32	0.53
20	34	2	女	156****8632	广东省 梅州市 五华县	5280.84	119	1116.82	102	5172.54	17	108.30	0.02	0.17
21	24	1	男	150****9225	广东省 江门市 江海区	7986.80	173	5866.78	91	1235.20	82	6751.60	5.47	0.90
22	30	2	女	134****8287	广东省 深圳市 龙岗区	8178.42	177	1955.89	143	7892.32	34	286.10	0.04	0.24
23	33	2	女	183****1965	广东省 东莞市 石龙镇	16941.63	137	11623.61	87	9304.95	50	7636.68	0.82	0.57
24	26	1	女	151****8770	广东省 东莞市 东城街	37471.80	148	7392.62	123	15081.54	25	22390.26	1.48	0.20
25	41	3	男	159****9830	广东省 广州市 黄埔区	37498.70	159	8737.67	122	21697.42	37	15801.28	0.73	0.30
26	40	3	男	135****1029	广东省 梅州市 五华县	3996.73	130	1725.35	89	3953.02	41	43.71	0.01	0.46
27	43	3	女	134****0987	广东省 惠州市 惠阳区	41585.41	106	37800.50	50	11342.81	56	30242.60	2.67	1.12
28	34	2	男	137****5519	广东省 惠州市 博罗县	27688.39	65	5187.54	77	27323.39	8	365.00	0.01	0.10
29	23	1	女	187****8120	广东省 惠州市 惠阳区	103277.03	175	92384.11	174	96716.03	1	6561.00	0.07	0.01
30	23	1	女	137****2803	广东省 湛江市 赤坎区	3138.75	131	1146.02	105	3037.53	26	101.22	0.03	0.25
31	44	3	女	137****5735	广东省 惠州市 惠阳区	18284.87	124	17668.81	31	2495.37	93	15789.50	6.33	3.00

图3-55 计算线上与线下次数的比值

自学自测

一、单选题

1.（　　）是指所获得的数据中与平均值的偏差超过两倍标准差的数据。

A. 缺失数据　　B. 异常值

C. 冗余数据　　D. 不一致数据

2.（　　）是指对数据集中可能存在的重复数据、缺失数据及异常值进行必要的处理。

A. 商务数据统计特征处理　　B. 商务数据集成

C. 商务数据清洗　　D. 商务数据转换和规约

3. 以下哪项不是数据集中趋势指标？（　　）

A. 算术平均数　　B. 几何平均数

C. 方差和标准差　　D. 中位数

4. 数据集{11,5,10,28,30}的中位数是（　　）。

A. 11　　B. 10

C. 28　　D. 5

5. 数据集{11,5,10,28,30}的极差是（　　）。

A. 19　　B. 18

C. 20　　D. 25

6. 以下哪一项不是处理缺失数据可采用的方法？（　　）
   A. 用一个样本统计量去代替缺失数据
   B. 将有缺失数据的记录删除，不参加数据分析
   C. 随便填充一个数据
   D. 用由某些统计模型计算得到的比较合理的值来代替

二、多选题

1. 关于原始数据存在问题的表现描述错误的是（　　）。
   A. 缺失数据：缺少数据或者缺少属性
   B. 冗余数据：同一主体不同表述
   C. 异常值：与同属性数据间差异明显
   D. 不一致数据：全部或部分信息出现多次
2. 以下关于商务数据预处理的说法正确的是（　　）。
   A. 数据集中缺失数据占整体数据的比例很小或者某个数据在多个变量上都有缺失，可以删掉缺失数据
   B. 不一致数据可以进行字段合并
   C. 异常数据需要回溯数据源，如果来源真实，就不需要修改，但要密切关注
   D. 将不参与后续分析的变量删掉，或者构造新变量以精减变量个数属于数据转化
3. 商务数据预处理主要包括哪些方法？（　　）
   A. 统计特征处理　　　B. 商务数据转换和规约
   C. 商务数据集成　　　D. 商务数据清洗
4. 以下哪些选项是异常值处理时可采用的方法？（　　）
   A. 参考后续的数据分析模型，选择删除或者保留异常值
   B. 用一个样本统计量去代替异常值，比如用平均值、中位数、众数等代替
   C. 分箱法，即通过考察相邻数据的取值对异常值进行平滑处理
   D. 对数据集构建一个合适的回归分析模型，以回归模型的拟合值代替异常值

三、判断题

1. 通过各种渠道收集来的商务数据无须处理，可直接为分析所用。

2. 商务数据集成主要解决多个数据集或不同数据来源中不同结构的原始数据合并导致的数据冗余，以及部分数据不一致的问题。

3. 商务数据集成也可称为数据整合，是对同一目标总体不同来源、异构的数据的合并。

4. 商务数据规约的意义在于克服无效、错误数据对数据建模造成的影响，提高建模的准确性；大幅缩减数据挖掘所需的时间；降低储存数据的成本。

四、简答题

1. 说明通过各种渠道收集的原始数据存在的问题。
2. 分析数据集{20,6,1,9,11,15,26,32}，说明哪些指标可以测度数据的集中趋势。

课前自学

五、论述题

对超市某月会员消费情况进行统计后，发现数据表中存在缺失数据、异常值和重复数据，如表3-2所示，空白单元格为缺失数据，填充底纹数据为异常值。请论述该如何进行数据清洗处理。

表3-2　超市某月会员消费情况

会员 ID	年龄	消费金额 / 元	消费次数	线上消费金额 / 元	线下消费金额 / 元
A001	26	2808.7	11		648.0
A002				1899	
A003	28	3890.3	19	1915.3	1975.0
A004	40	3620.6	15	300	3220.6
A005	32	51830	9	3098.2	2084.8
A004	40	3620.6	15	300	3220.6

课中实训

本实训为商务数据预处理，实训以电商平台产品销售情况分析为商业背景，要求学生根据项目二自行收集的数据表为研究对象，检测数据存在的问题，提出商务数据预处理的方法和思路。

实训一　商务数据问题检测

他山之石

商城会员消费数据问题检测

在项目二的课中实训环节，为了解商城会员销售额下降背后的原因，数据分析人员收集了商城的会员信息及其近一年的消费数据。检测图3-1所示会员信息表和图3-4所示会员消费汇总表存在的问题，如表3-3所示。

表3–3　数据表问题检测

存在的问题	问题所在位置（标注会员编号/ID、字段名）	解释	预处理方法
重复数据	会员编号“1893133”出现两次	会员信息重复	数据清洗（重复数据处理）
缺失数据	ID为“2490531”的“性别”“联系手机”“收货地址”	会员信息缺失	数据清洗（缺失数据处理）
	ID为“559569”的“消费金额”“线下金额”“线上金额”	消费记录信息缺失	
异常值	ID为“558903”的“消费次数”	消费次数较平均值偏差大	数据清洗（异常值处理）
	ID为“3061820”的“消费次数”		
冗余数据	“会员编号”和“ID”	两列内容重复	数据集成
	“消费金额”“线上金额”“线下金额”	数据存在相关性，消费金额＝线上金额＋线下金额	数据规约（变量规约）
	“消费次数”“线上次数”“线下次数”	数据存在相关性，消费次数＝线上次数＋线下次数	
不一致数据	“性别”	性别包含中英文两种表达方式	数据清洗（不一致数据处理）
	“消费金额”“线上金额”“线下金额”“积分”	数据保留的小数点位数不统一	
	“年龄”	数据不便于分析及建模	数据转换（离散化）

课中实训

数据检测情况如图3-56所示。

不一致数据

重复数据

缺失数据

会员信息表

会员编号	年龄	性别	联系手机	收货地址
97485	40	男	137****8004	广东省 深圳市 大鹏新区
190695	45	女	158****5099	广东省 深圳市 福田区
489376	30	女	136****8028	广东省 深圳市 龙岗区
1893133	29	男	137****0703	广东省 广州市 白云区
493834	47	女	139****2634	广东省 深圳市 龙岗区
558903	36	female	187****4577	广东省 中山市 小榄镇
559569	48	male	135****1048	广东省 广州市 花都区
893869	29	女	186****1665	广东省 梅州市 梅县区
1333727	33	female	181****8906	广东省 广州市 白云区
1893133	29	男	137****0703	广东省 广州市 白云区
2263904	33	男	150****1945	广东省 深圳市 罗湖区
2310007	32	女	186****0221	广东省 深圳市 南山区
2490531	33			
2689842	30	男	151****5892	广东省 深圳市 龙岗区
2925852	27	男	138****0278	广东省 中山市 小榄镇
3061820	20	女	138****6726	广东省 阳江市 江城区
3139245	24	男	151****8770	广东省 东莞市 东城街
3149821	42	女	138****6726	广东省 深圳市 福田区
4153242	32	女	137****2026	广东省 东莞市 石龙镇
4153485	34	女	156****8632	广东省 梅州市 五华县
4153595	24	男	150****9225	广东省 江门市 江海区
4290542	30	女	134****8287	广东省 深圳市 龙岗区
4313145	33	女	183****1965	广东省 东莞市 石龙镇
4313496	26	女	151****8770	广东省 东莞市 东城街
4372630	41	male	159****9830	广东省 广州市 黄埔区
4414023	40	男	135****1029	广东省 梅州市 五华县
4717133	43	女	134****0987	广东省 惠州市 惠阳区
4741189	34	男	137****5519	广东省 惠州市 博罗县
4855701	23	女	187****8120	广东省 惠州市 惠阳区
4936166	23	女	137****2803	广东省 湛江市 赤坎区
5515369	44	female	137****5735	广东省 惠州市 惠阳区

冗余数据

异常数据

缺失数据

会员消费汇总表

ID	消费金额	消费次数	积分	线下次数	线下金额	线上次数	线上金额
97485	123930.9	57	125518	18	26426.79	39	97504.11
190695	12190.56	128	9916.7	81	3599.56	47	8591
489376	71840.14	134	[illegible]	6	70373.14	58	1467
493834	23762.49	132	[illegible]	1	7925.41	21	15837.08
558903	27332.7	8	5466.54	7	12638.7	1	14694
559569		114	12893	91		23	
893869	3816.36	159	1080.94	149	3756.48	10	59.88
1333727	84944.22	92	10877.2	88	13790.43	4	71153.79
1893133	3596.43	141	730.034	138	3418.52	3	177.91
2263904	23314.97	127	19442.6	96	13282.47	31	10032.5
2310007	12301.06	133	8181.93	81	11340	52	961.06
2490531	26070.64	167	2985.83	133	9032.76	34	17037.88
2689842	19644.2	145	[illegible]	7	15553.8	48	4090.4
2925852	75718.24	93	[illegible]	9	5069.64	44	70648.6
3061820	59738.14	344	40696.3	175	20032.15	169	39705.99
3139245	28428.04	159	9349.64	137	28287.06	22	140.98
3149821	44622.53	108	31378.6	98	34622.53	10	10000
4153242	5728.98	165	1894.45	108	4324.27	57	1404.71
4153485	5280.84	119	1116.82	102	5172.54	17	108.3
4153595	7986.8	173	5866.78	91	1235.2	82	6751.6
4290542	8178.42	177	1955.89	143	7892.32	34	286.1
4313145	16941.63	137	11623.6	87	9304.95	50	7636.68
4313496	37471.8	148	7392.62	123	15081.54	25	22390.26
4372630	37498.7	159	8737.67	122	21697.42	37	15801.28
4414023	3996.73	130	1725.35	89	3953.02	41	43.71
4717133	41585.41	106	37800.5	50	11342.81	56	30242.6
4741189	27688.39	85	5187.54	77	27323.39	8	365
4855701	103277.03	175	92384.1	174	96716.03	1	6561
4936166	3138.75	131	1146.02	105	3037.53	26	101.22
5515369	18284.87	124	17668.8	31	2495.37	93	15789.5

异常数据

图3-56 数据检测情况

学生以小组为单位，将项目二收集、制作的数据表作为研究对象，检测数据存在的问题，并给出相应的数据预处理方法，填入表3-4。

表3–4　数据表问题检测（自行收集数据表）

存在的问题	问题所在位置（标注字段名、记录其会员编号）	解释	预处理方法

实训二　商务数据统计特征处理

他山之石

商城会员消费数据统计特征处理

根据前文所述，某商城欲对其经营状况进行描述和评估，所以现针对图3-25所示删除重复值后的会员信息表中的“年龄”和图3-4所示会员消费汇总表中的“消费金额”和“消费次数”等字段进行集中趋势和离散趋势的测度，处理结果如表3-5所示。

表3–5　数据统计特征处理

字段	集中趋势指标及结果描述	离散趋势指标及结果描述
年龄	指标：简单算术平均数。 Excel公式：AVERAGE。 结果描述：会员平均年龄为34岁	指标：极差。 Excel公式：MAX；MIN。 结果描述：会员的最大年龄差为28岁
消费金额	指标：简单算术平均数。 Excel公式：AVERAGE。 结果描述：会员的平均消费金额为33045.17元	指标：标准差。 Excel公式：STDEV.S。 结果描述：会员消费金额标准差为31751.49元
消费次数	指标：简单算术平均数。 Excel公式：AVERAGE。 结果描述：会员的平均消费次数为136	指标：标准差。 Excel公式：STDEV.S。 结果描述：会员消费次数标准差为53.60

续表

字段	集中趋势指标及结果描述	离散趋势指标及结果描述
积分	指标：简单算术平均数。 Excel公式：AVERAGE。 结果描述：会员的平均积分为20010.37	指标：标准差。 Excel公式：STDEV.S。 结果描述：会员积分标准差为29122.57
线下次数	指标：简单算术平均数。 Excel公式：AVERAGE。 结果描述：会员的平均线下消费次数为98	指标：标准差。 Excel公式：STDEV.S。 结果描述：会员线下消费次数标准差为40.68
线下金额	指标：简单算术平均数。 Excel公式：AVERAGE。 结果描述：会员的平均线下消费金额为16852.61元	指标：标准差。 Excel公式：STDEV.S。 结果描述：会员线下消费金额标准差为20766.30元
线上次数	指标：简单算术平均数。 Excel公式：AVERAGE。 结果描述：会员的平均线上消费次数为38	指标：标准差。 Excel公式：STDEV.S。 结果描述：会员线上消费次数标准差为33.72
线上金额	指标：简单算术平均数。 Excel公式：AVERAGE。 结果描述：会员的平均线上消费金额为16192.56元	指标：标准差。 Excel公式：STDEV.S。 结果描述：会员线上消费金额标准差为24384.83元

商城会员消费数据统计特征处理结果如图3-57所示。数据统计特征处理既可以帮助我们了解数据的基本统计特征，也可以为之后的数据清洗、数据转换和规约做好充分的准备。

会员信息表

会员编号	年龄	性别	联系手机	收货地址
97485	40	男	137****8004	广东省 深圳市 大鹏新区
190695	45	女	158****5099	广东省 深圳市 福田区
489376	30	女	136****8028	广东省 深圳市 龙岗区
1893133	29	男	137****0703	广东省 广州市 白云区
493834	47	女	139****2634	广东省 深圳市 龙岗区
558903	36	female	187****4577	广东省 中山市 小榄镇
559569	48	male	135****1048	广东省 广州市 花都区
893869	29	女	186****1665	广东省 梅州市 梅县区
1333727	33	female	181****8906	广东省 广州市 白云区
2263904	33	男	150****1945	广东省 深圳市 罗湖区
2310007	32	女	186****0221	广东省 深圳市 南山区
2490531	33			
2689842	30	男	151****5892	广东省 深圳市 龙岗区
2925852	27	男	138****0278	广东省 中山市 小榄镇
3061820	20	女	138****6726	广东省 阳江市 江城区
3139245	24	男	151****8770	广东省 东莞市 东城街
3149821	42	女	138****6726	广东省 深圳市 福田区
4153242	32	女	137****2026	广东省 东莞市 石龙镇
4153485	34	女	156****8632	广东省 梅州市 五华县
4153595	24	男	150****9225	广东省 江门市 江海区
4290542	30	女	134****8287	广东省 深圳市 龙岗区
4313145	33	女	183****1965	广东省 东莞市 石龙镇
4313496	26	女	151****8770	广东省 东莞市 东城街
4372630	41	male	159****9830	广东省 广州市 黄埔区
4414023	40	男	135****1029	广东省 梅州市 五华县
4717133	43	女	134****0987	广东省 惠州市 惠阳区
4741189	34	男	137****5519	广东省 惠州市 博罗县
4855701	23	女	187****8120	广东省 惠州市 惠阳区
4936166	23	女	137****2803	广东省 湛江市 赤坎区
5515369	44	female	137****5735	广东省 惠州市 惠阳区
平均值	34			
极差	28			

图3-57 商城会员消费数据统计特征处理结果（a）

会员消费汇总表

ID	消费金额	消费次数	积分	线下次数	线下金额	线上次数	线上金额
97485	123930.9	57	125517.65	18	26426.79	39	97504.11
190695	12190.56	128	9916.704	81	3599.56	47	8591
489376	71840.14	134	64850.124	76	70373.14	58	1467
493834	23762.49	132	11832.638	111	7925.41	21	15837.08
558903	27332.7	8	5466.54	7	12638.7	1	14694
559569		114	12892.974	91		23	
893869	3816.36	159	1080.936	149	3756.48	10	59.88
1333727	84944.22	92	10877.214	88	13790.43	4	71153.79
1893133	3596.43	141	730.034	138	3418.52	3	177.91
2263904	23314.97	127	19442.612	96	13282.47	31	10032.5
2310007	12301.06	133	8181.932	81	11340	52	961.06
2490531	26070.64	167	2985.826	133	9032.76	34	17037.88
2689842	19644.2	145	2786.324	97	15553.8	48	4090.4
2925852	75718.24	93	47824.816	49	5069.64	44	70648.6
3061820	59738.14	344	40696.308	175	20032.15	169	39705.99
3139245	28428.04	159	9349.635	137	28287.06	22	140.98
3149821	44622.53	108	31378.594	98	34622.53	10	10000
4153242	5728.98	165	1894.452	108	4324.27	57	1404.71
4153485	5280.84	119	1116.82	102	5172.54	17	108.3
4153595	7986.8	173	5866.78	91	1235.2	82	6751.6
4290542	8178.42	177	1955.894	143	7892.32	34	286.1
4313145	16941.63	137	11623.606	87	9304.95	50	7636.68
4313496	37471.8	148	7392.62	123	15081.54	25	22390.26
4372630	37498.7	159	8737.67	122	21697.42	37	15801.28
4414023	3996.73	130	1725.346	89	3953.02	41	43.71
4717133	41585.41	106	37800.502	50	11342.81	56	30242.6
4741189	27688.39	85	5187.541	77	27323.39	8	365
4855701	103277.03	175	92384.114	174	96716.03	1	6561
4936166	3138.75	131	1146.02	105	3037.53	26	101.22
5515369	18284.87	124	17668.812	31	2495.37	93	15789.5
平均值	33045.17	136	20010.37	98	16852.61	38	16192.56
标准差	31751.49	53.60	29122.57	40.68	20766.30	33.72	24384.83

图3–57　商城会员消费数据统计特征处理结果（b）

小组内每个学生针对项目二收集、制作的数据表，根据商务数据分析目标讨论所要研究的字段，进行商务数据统计特征的处理（测度集中趋势和离散趋势），并最终对结果进行统一，填入表3-6中。

表3–6　商务数据统计特征处理（自行收集数据表）

字段	集中趋势指标及结果描述	离散趋势指标及结果描述

实训三 商务数据清洗

他山之石

商城会员消费数据清洗

针对表3-3中的重复数据、缺失数据、异常值和不一致数据进行数据清洗，具体操作方法如表3-7所示。

表3-7 商务数据清洗

存在的问题	问题所在位置（标注会员编号/ID、字段名）	预处理方法	数据清洗的具体操作
重复数据	会员编号“1893133”出现两次	会员信息重复	删除重复数据
缺失数据	ID为“2490531”的“性别”“联系手机”“收货地址”	数据清洗（缺失数据处理）	此处主要分析消费记录相关信息，因此保留
	ID为“559569”的“消费金额”“线下金额”“线上金额”		填充剩余记录消费金额的简单算术平均值
异常值	ID为“558903”的“消费次数”	数据清洗（异常值处理）	利用分箱法处理异常值
	ID为“3061820”的“消费次数”		
不一致数据	“性别”	数据清洗（不一致数据处理）	统一修改为中文表达
	“消费金额”“线上金额”“线下金额”“积分”		统一保留小数点后2位数字

数据清洗后的结果如图3-58所示，其中保留了会员编号为2490531的“性别”“联系手机”“收货地址”字段缺失值。

会员信息表

会员编号	年龄	性别	联系手机	收货地址
97485	40	男	137****8004	广东省 深圳市 大鹏新区
190695	45	女	158****5099	广东省 深圳市 福田区
489376	30	女	136****8028	广东省 深圳市 龙岗区
1893133	29	男	137****0703	广东省 广州市 白云区
493834	47	女	139****2634	广东省 深圳市 龙岗区
558903	36	女	187****4577	广东省 中山市 小榄镇
559569	48	男	135****1048	广东省 广州市 花都区
893869	29	女	186****1665	广东省 梅州市 梅县区
1333727	33	女	181****8906	广东省 广州市 白云区
2263904	33	男	150****1945	广东省 深圳市 罗湖区
2310007	32	女	186****0221	广东省 深圳市 南山区
2490531	33			
2689842	30	男	151****5892	广东省 深圳市 龙岗区
2925852	27	男	138****0278	广东省 中山市 小榄镇
3061820	20	女	138****6726	广东省 阳江市 江城区
3139245	24	男	151****8770	广东省 东莞市 东城街
3149821	42	女	138****6726	广东省 深圳市 福田区
4153242	32	女	137****2026	广东省 东莞市 石龙镇
4153485	34	女	156****8632	广东省 梅州市 五华县
4153595	24	男	150****9225	广东省 江门市 江海区
4290542	30	女	134****8287	广东省 深圳市 龙岗区
4313145	33	女	183****1965	广东省 东莞市 石龙镇
4313496	26	女	151****8770	广东省 东莞市 东城街
4372630	41	男	159****9830	广东省 广州市 黄埔区
4414023	40	男	135****1029	广东省 梅州市 五华县
4717133	43	女	134****0987	广东省 惠州市 惠阳区
4741189	34	男	137****5519	广东省 惠州市 博罗县
4855701	23	女	187****8120	广东省 惠州市 惠阳区
4936166	23	女	137****2803	广东省 湛江市 赤坎区
5515369	44	女	137****5735	广东省 惠州市 惠阳区

图3-58 数据清洗结果（a）

会员消费汇总表

ID	消费金额	消费次数	积分	线下次数	线下金额	线上次数	线上金额
97485	123930.90	57	125517.65	18	26426.79	39	97504.11
190695	12190.56	128	9916.70	81	3599.56	47	8591.00
489376	71840.14	134	64850.12	76	70373.14	58	1467.00
493834	23762.49	132	11832.64	111	7925.41	21	15837.08
558903	27332.70	74	5466.54	7	12638.70	1	14694.00
559569	33045.17	114	12892.97	91	16852.61	23	16192.56
893869	3816.36	159	1080.94	149	3756.48	10	59.88
1333727	84944.22	92	10877.21	88	13790.43	4	71153.79
1893133	3596.43	141	730.03	138	3418.52	3	177.91
2263904	23314.97	127	19442.61	96	13282.47	31	10032.50
2310007	12301.06	133	8181.93	81	11340.00	52	961.06
2490531	26070.64	167	2985.83	133	9032.76	34	17037.88
2689842	19644.20	145	2786.32	97	15553.80	48	4090.40
2925852	75718.24	93	47824.82	49	5069.64	44	70648.60
3061820	59738.14	200	40696.31	175	20032.15	169	39705.99
3139245	28428.04	159	9349.64	137	28287.06	22	140.98
3149821	44622.53	108	31378.59	98	34622.53	10	10000.00
4153242	5728.98	165	1894.45	108	4324.27	57	1404.71
4153485	5280.84	119	1116.82	102	5172.54	17	108.30
4153595	7986.80	173	5866.78	91	1235.20	82	6751.60
4290542	8178.42	177	1955.89	143	7892.32	34	286.10
4313145	16941.63	137	11623.61	87	9304.95	50	7636.68
4313496	37471.80	148	7392.62	123	15081.54	25	22390.26
4372630	37498.70	159	8737.67	122	21697.42	37	15801.28
4414023	3996.73	130	1725.35	89	3953.02	41	43.71
4717133	41585.41	106	37800.50	50	11342.81	56	30242.60
4741189	27688.39	85	5187.54	77	27323.39	8	365.00
4855701	103277.03	175	92384.11	174	96716.03	1	6561.00
4936166	3138.75	131	1146.02	105	3037.53	26	101.22
5515369	18284.87	124	17668.81	31	2495.37	93	15789.50

图3–58　数据清洗结果（b）

小组内每个学生针对项目二收集、制作的数据表，以及本项目实训一中检测的重复数据、缺失数据、异常值和不一致数据进行数据清洗处理，并填入表3-8中。

表3–8　商务数据清洗（自行收集数据表）

存在的问题	问题所在位置（标注会员编号、字段名）	预处理方法	数据清洗的具体操作
重复数据			
缺失数据			
异常值			
不一致数据			

实训四 商务数据集成、转换和规约

他山之石

商城会员消费数据集成、转换和规约

针对本项目实训三完成数据清洗的会员信息表和会员消费汇总表进行数据集成、转换和规约处理，具体操作方法如表3-9所示。

表3-9 商务数据集成、转换和规约

存在的问题	问题所在位置（标注会员编号、字段名）	预处理方法	数据集成、转换和规约的具体操作
冗余数据	“会员编号”和“ID”	数据集成	删掉“会员编号”和“ID”两列中的一列
	“消费金额”“线上金额”“线下金额”	数据规约（变量规约）	构造新变量“线上/线下金额”=线上金额/线下金额
	“消费次数”“线上次数”“线下次数”		构造新变量“线上/线下次数”=线上次数/线下次数
不一致数据	“年龄”	数据转换（离散化）	年龄为20～30岁（不含30岁）的赋值为1，30～40岁（不含40岁）的赋值为2，40～50岁的赋值为3

数据处理后的结果如图3-59所示，其中删掉了“ID”字段，对“年龄”字段进行了离散化处理，构建了“线上/线下金额”“线上/线下次数”字段。

	A	B	C	D	E	F	G	H	I	J
1	会员编号	年龄（离散化）	性别	联系手机	收货地址	消费金额	消费次数	积分	线上/线下金额	线上/线下次数
2	97485	3	男	137****8004	广东省 深圳市 大鹏新区	123930.90	57	125517.65	3.69	2.17
3	190695	3	女	158****5099	广东省 深圳市 福田区	12190.56	128	9916.70	2.39	0.58
4	489376	2	女	136****8028	广东省 深圳市 龙岗区	71840.14	134	64850.12	0.02	0.76
5	493834	3	女	139****2634	广东省 深圳市 龙岗区	23762.49	132	11832.64	2.00	0.19
6	558903	2	女	187****4577	广东省 中山市 小榄镇	27332.70	74	5466.54	1.16	0.14
7	559569	3	男	135****1048	广东省 广州市 花都区	33045.17	114	12892.97	0.96	0.25
8	893869	1	女	186****1665	广东省 梅州市 梅县区	3816.36	159	1080.94	0.02	0.07
9	1333727	2	女	181****8906	广东省 广州市 白云区	84944.22	92	10877.21	5.16	0.05
10	1893133	1	男	137****0703	广东省 广州市 白云区	3596.43	141	730.03	0.05	0.02
11	2263904	2	男	150****1945	广东省 深圳市 罗湖区	23314.97	127	19442.61	0.76	0.32
12	2310007	2	女	186****0221	广东省 深圳市 南山区	12301.06	133	8181.93	0.08	0.64
13	2490531	2				26070.64	167	2985.83	1.89	0.26
14	2689842	2	男	151****5892	广东省 深圳市 龙岗区	19644.20	145	2786.32	0.26	0.49
15	2925852	1	男	138****0278	广东省 中山市 小榄镇	75718.24	93	47824.82	13.94	0.90
16	3061820	1	女	138****6726	广东省 阳江市 江城区	59738.14	200	40696.31	1.98	0.97
17	3139245	1	男	151****8770	广东省 东莞市 东城街	28428.04	159	9349.64	0.00	0.16
18	3149821	3	女	138****6726	广东省 深圳市 福田区	44622.53	108	31378.59	0.29	0.10
19	4153242	2	女	137****2026	广东省 东莞市 石龙镇	5728.98	165	1894.45	0.32	0.53
20	4153485	2	女	156****8632	广东省 梅州市 五华县	5280.84	119	1116.82	0.02	0.17
21	4153595	1	男	150****9225	广东省 江门市 江海区	7986.80	173	5866.78	5.47	0.90
22	4290542	2	女	134****8287	广东省 深圳市 龙岗区	8178.42	177	1955.89	0.04	0.24
23	4313145	2	女	183****1965	广东省 东莞市 石龙镇	16941.63	137	11623.61	0.82	0.57
24	4313496	1	女	151****8770	广东省 东莞市 东城街	37471.80	148	7392.62	1.48	0.20
25	4372630	3	男	159****9830	广东省 广州市 黄埔区	37498.70	159	8737.67	0.73	0.30
26	4414023	3	男	135****1029	广东省 梅州市 五华县	3996.73	130	1725.35	0.01	0.46
27	4717133	3	女	134****0987	广东省 惠州市 惠阳区	41585.41	106	37800.50	2.67	1.12
28	4741189	2	男	137****5519	广东省 惠州市 博罗县	27688.39	85	5187.54	0.01	0.10
29	4855701	1	女	187****8120	广东省 惠州市 惠阳区	103277.03	175	92384.11	0.07	0.01
30	4936166	1	女	137****2803	广东省 湛江市 赤坎区	3138.75	131	1146.02	0.03	0.25
31	5515369	3	女	137****5735	广东省 惠州市 惠阳区	18284.87	124	17668.81	6.33	3.00
32	注：（1）编号为2490531的会员“性别”“联系手机”“收货地址”已无法获取，在分析这3个字段时剔除该条记录。									
33	（2）年龄：1表示大于或等于20岁且小于30岁，2表示大于或等于30岁且小于40岁，3表示大于或等于40岁且小于50岁									

图3-59 数据集成、转换和规约结果

小组内每个学生针对项目二收集、制作的数据表，以及本项目实训一中检测的冗余数据和不一致数据，选择合适的方法进行商务数据集成、转换和规约，并填入表3-10中。

表3-10　商务数据集成、转换和规约（自行收集数据表）

存在的问题	问题所在位置（标注会员编号、字段名）	预处理方法	数据集成、转换和规约的具体操作
冗余数据			
不一致数据			

实训项目评价

学生自评表

序号	技能点自评	佐证	达标	未达标
1	原始数据存在的问题	能够找出收集的数据中存在的问题		
2	商务数据预处理的方法	能够根据数据存在的问题选择合适的商务数据预处理方法		
3	数据集中趋势的测度	能够选择合适的指标计算给定数据集中趋势		
4	数据离散趋势的测度	能够选择合适的指标计算给定数据离散趋势		
5	商务数据清洗	能够利用Excel处理缺失数据、异常值		
6	商务数据集成、转换和规约	能够利用Excel处理数据集成，并进行简单的数据转换和规约操作		

序号	素质点自评	佐证	达标	未达标
1	以商务决策为导向的数据分析意识	能够针对商业分析目标对收集来的数据进行预处理		
2	系统化思维	能够对收集的原始数据有全面的认识，有系统的预处理操作思路		
3	商务数据的敏感性	能够准确把握原始数据存在的问题，选择有效的商务数据预处理方法		

教师评价表

序号	评价技能点	佐证	达标	未达标
1	原始数据存在的问题	能够找出收集的数据中存在的问题		
2	商务数据预处理的方法	能够根据数据存在的问题选择合适的商务数据预处理方法		
3	数据集中趋势的测度	能够选择合适的指标计算给定数据集中趋势		
4	数据离散趋势的测度	能够选择合适的指标计算给定数据离散趋势		
5	商务数据清洗	能够利用Excel处理缺失数据、异常值		
6	商务数据集成、转换和规约	能够利用Excel处理数据集成，并进行简单的数据转换和规约操作		

序号	评价素质点	佐证	达标	未达标
1	以商务决策为导向的数据分析意识	能够针对商业分析目标对收集来的数据进行预处理		
2	系统化思维	能够对收集的原始数据有全面的认识，有系统的预处理操作思路		
3	商务数据的敏感性	能够准确把握原始数据存在的问题，选择有效的商务数据预处理方法		

课后提升

案例：身体乳产品升级市场调研数据预处理

BM公司的数据分析团队经过与公司多个业务部门的沟通协作，初步获得了几个任务模块的数据。在正式进行分析建模之前，团队成员需要完成这些数据的预处理工作，包括数据清洗、集成、转换和规约。

1. 数据清洗

（1）缺失数据

针对BM公司天猫店铺2022年10月订单报表进行缺失数据的检测，发现存在多个缺失数据，如图3-60所示。团队人员及时联系销售部，对后台数据重新下载核对；对于无法找到数据源的记录，考虑到样本量足够大，采用删除的方式处理。

	A	B	C	D	E	F	G	H	I	J
1	订单编号	买家应付货	买家应付邮	买家支付积	总金额	返点积	买家实际支付金	买家实际支付积分	订单状态	运送方
2	5932**********4855	177	0	0	177	0	177	0	卖家已发货，等待买家确认	快递
3	5932**********4450	49	0	0	49	0	49	0	卖家已发货，等待买家确认	快递
4	6123**********8493	98	0	0	98	0	98	0	卖家已发货，等待买家确认	快递
5	6123**********8493	49	0	0	49	0	0	0	等待买家付款	快递
6	6123**********0480			0					卖家已发货，等待买家确认	快递
7	5930**********8435	57	0	0	57	0	57	0	卖家已发货，等待买家确认	快递
8	6126**********0480	29	0	0	29	0	0	0	等待买家付款	快递
9	6126**********8493	98	0	0	98	0	0	0	等待买家付款	快递
10	5979**********1800	39	0	0	39	0	39	0	卖家已发货，等待买家确认	快递
11	6127**********3092	34	0	0	34	0	34	0	卖家已发货，等待买家确认	快递
12	5929**********3036	87	0	0	87	0	87	0	卖家已发货，等待买家确认	快递
13	5979**********3319	29	0	0	29	0	29	0	卖家已发货，等待买家确认	快递
14	6126**********5664			0				0	卖家已发货，等待买家确认	快递
15	6123**********6394	29	0	0	29	0	29	0	卖家已发货，等待买家确认	快递
16	5973**********1928	49	0	0	49	0	49	0	卖家已发货，等待买家确认	快递
17	5930**********7531	49	0	0	49	0	49	0	卖家已发货，等待买家确认	快递
18	6127**********0891	29	100	0	29	0	29	0	卖家已发货，等待买家确认	快递
19	5932**********3556	58	0	0	58	0	58	0	卖家已发货，等待买家确认	快递
20	6126**********4375	29	0	0	29	0	29	0	卖家已发货，等待买家确认	快递
21	5930**********4440	79	0	0	79	0	79	0	卖家已发货，等待买家确认	快递
22	6126**********6383	39	0	0	39	0	39	0	卖家已发货，等待买家确认	快递
23	6128**********6573	16	0	0	16	0	16	0	卖家已发货，等待买家确认	快递
24	5979**********6816	57	0	0	57	0	57	0	卖家已发货，等待买家确认	快递
25	5979**********2905	49	0	0	49	0	49	0	卖家已发货，等待买家确认	快递
26	5930**********7245	79	0	0	79	0	79	0	卖家已发货，等待买家确认	快递

图3-60　订单报表中的缺失数据

（2）异常值

在订单报表中，团队成员也检测到了异常值，即订单编号为“6127××××××××××0891”的“买家应付邮费”（见图3-61）。与销售部沟通后，团队人员对后台数据重新核对，由于无法找到数据源，以删除的方式进行处理。

2. 数据集成

市场行情数据收集任务中，市场部提供了2021年1月到2023年2月某电商平台身体乳产品的搜索人气、访客数、卖家数、交易指数、客单价等数据，但是这些数据分散在不同的表格中，如图3-62所示。数据分析团队成员将这些表格合并，删除重复的字段内容，制成一张完整的身体乳市场数据表，如图3-63所示。

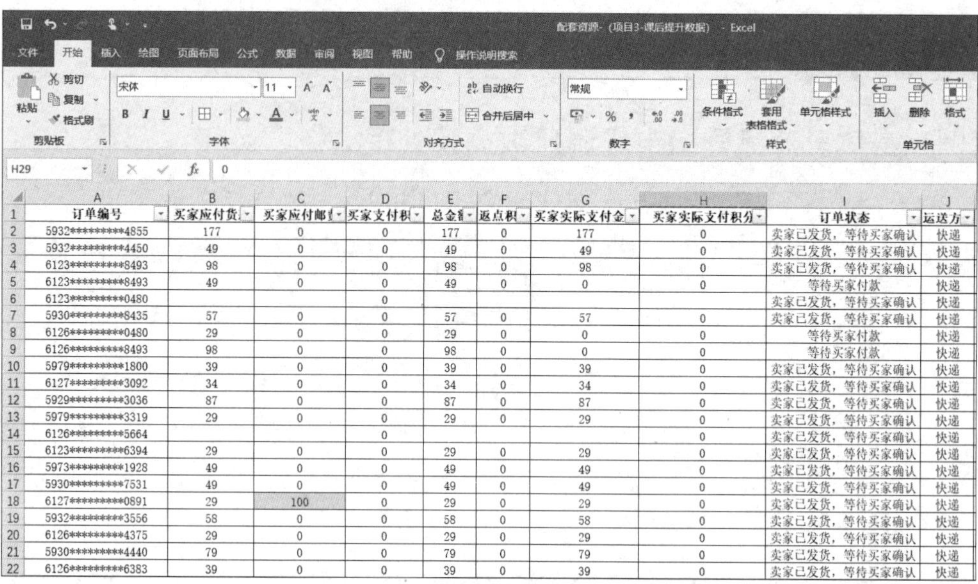

订单编号	买家应付货	买家应付邮	买家支付积	总金额	返点积	买家实际支付金	买家实际支付积分	订单状态	运送方
5932*********4855	177	0	0	177	0	177	0	卖家已发货，等待买家确认	快递
5932*********4450	49	0	0	49	0	49	0	卖家已发货，等待买家确认	快递
6123*********8493	98	0	0	98	0	98	0	卖家已发货，等待买家确认	快递
6123*********8493	49	0	0	49	0	0	0	等待买家付款	快递
6123*********0480			0					卖家已发货，等待买家确认	快递
5930*********8435	57	0	0	57	0	57	0	卖家已发货，等待买家确认	快递
6126*********0480	29	0	0	29	0	0	0	等待买家付款	快递
6126*********8493	98	0	0	98	0	0	0	等待买家付款	快递
5979*********1800	39	0	0	39	0	39	0	卖家已发货，等待买家确认	快递
6127*********3092	34	0	0	34	0	34	0	卖家已发货，等待买家确认	快递
5929*********3036	87	0	0	87	0	87	0	卖家已发货，等待买家确认	快递
5979*********3319	29	0	0	29	0	29	0	卖家已发货，等待买家确认	快递
6126*********5664			0				0	卖家已发货，等待买家确认	快递
6123*********6394	29	0	0	29	0	29	0	卖家已发货，等待买家确认	快递
5973*********1928	49	0	0	49	0	49	0	卖家已发货，等待买家确认	快递
5930*********7531	49	0	0	49	0	49	0	卖家已发货，等待买家确认	快递
6127*********0891	29	100	0	29	0	29	0	卖家已发货，等待买家确认	快递
5932*********3556	58	0	0	58	0	58	0	卖家已发货，等待买家确认	快递
6126*********4375	29	0	0	29	0	29	0	卖家已发货，等待买家确认	快递
5930*********4440	79	0	0	79	0	79	0	卖家已发货，等待买家确认	快递
6126*********6383	39	0	0	39	0	39	0	卖家已发货，等待买家确认	快递

图3-61 订单报表中的异常值

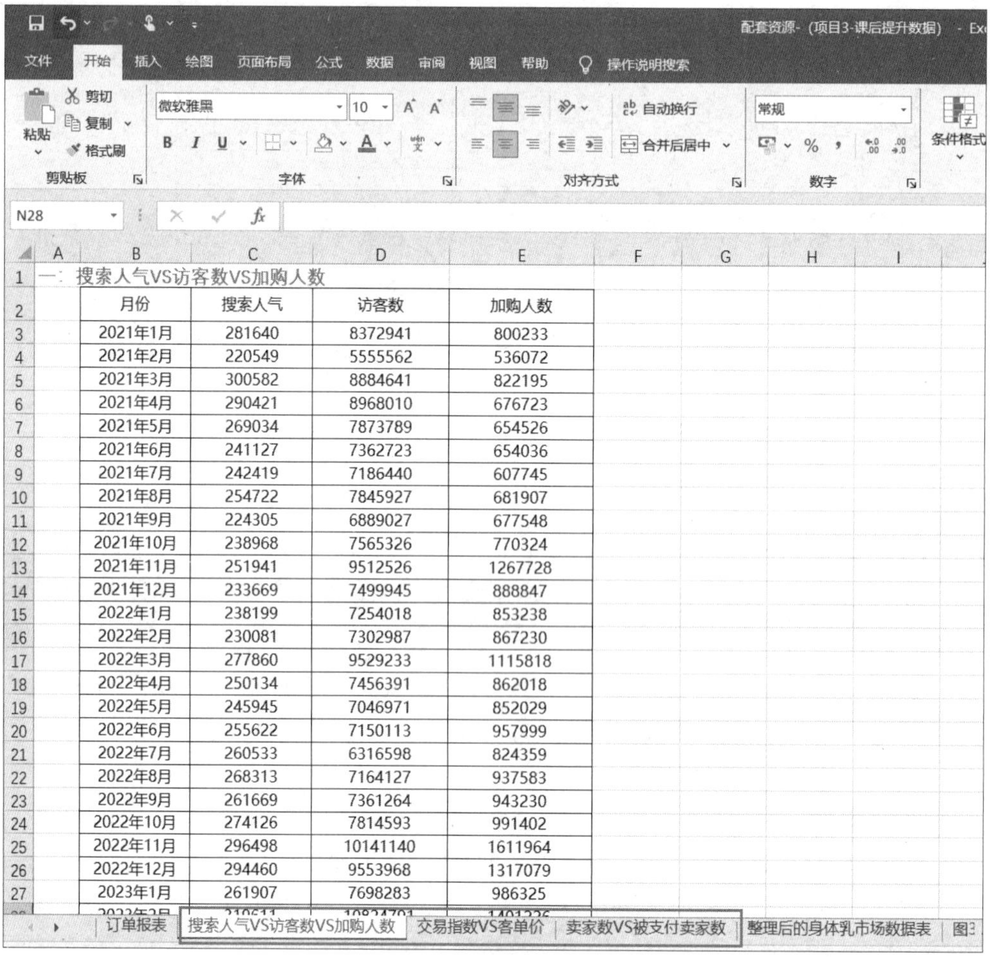

课后提升

一： 搜索人气VS访客数VS加购人数

月份	搜索人气	访客数	加购人数
2021年1月	281640	8372941	800233
2021年2月	220549	5555562	536072
2021年3月	300582	8884641	822195
2021年4月	290421	8968010	676723
2021年5月	269034	7873789	654526
2021年6月	241127	7362723	654036
2021年7月	242419	7186440	607745
2021年8月	254722	7845927	681907
2021年9月	224305	6889027	677548
2021年10月	238968	7565326	770324
2021年11月	251941	9512526	1267728
2021年12月	233669	7499945	888847
2022年1月	238199	7254018	853238
2022年2月	230081	7302987	867230
2022年3月	277860	9529233	1115818
2022年4月	250134	7456391	862018
2022年5月	245945	7046971	852029
2022年6月	255622	7150113	957999
2022年7月	260533	6316598	824359
2022年8月	268313	7164127	937583
2022年9月	261669	7361264	943230
2022年10月	274126	7814593	991402
2022年11月	296498	10141140	1611964
2022年12月	294460	9553968	1317079
2023年1月	261907	7698283	986325

订单报表 | 搜索人气VS访客数VS加购人数 | 交易指数VS客单价 | 卖家数VS被支付卖家数 | 整理后的身体乳市场数据表

图3-62 市场部数据汇总表

身体乳市场数据表							
日期	搜索人气	访客数	加购人数	卖家数	被支付卖家数	交易指数	客单价/元
2021年1月	281640	8372941	800233	4125053	125324	1917417	100.94
2021年2月	220549	5555562	536072	3686810	69769	1366230	98.91
2021年3月	300582	8884641	822195	4020328	117987	1924426	97.28
2021年4月	290421	8968010	676723	4020637	109417	1754649	100.81
2021年5月	269034	7873789	654526	4146479	102486	1691004	101.36
2021年6月	241127	7362723	654036	4032110	92198	1668110	98.35
2021年7月	242419	7186440	607745	4050435	92208	1612915	98.55
2021年8月	254722	7845927	681907	4086192	92369	1644969	92.39
2021年9月	224305	6889027	677548	3951723	87831	1677408	105.34
2021年10月	238968	7565326	770324	4022538	93038	1664992	90.23
2021年11月	251941	9512526	1267728	3873904	90270	2096760	94.68
2021年12月	233669	7499945	888847	3908103	89737	1813387	101.04
2022年1月	238199	7254018	853238	3848408	90302	1807507	108.12
2022年2月	230081	7302987	867230	3442125	69556	1671660	112.24
2022年3月	277860	9529233	1115818	3731017	102478	2169590	111.87
2022年4月	250134	7456391	862018	3642305	90062	1927281	118.99
2022年5月	245945	7046971	852029	3773195	89273	1873217	117.5
2022年6月	255622	7150113	957999	3648459	81888	1833466	99.95
2022年7月	260533	6316598	824359	3774480	82075	1651707	103.02
2022年8月	268313	7164127	937583	3673030	82605	1681960	95.32
2022年9月	261669	7361264	943230	3247690	81727	1699991	92.03
2022年10月	274126	7814593	991402	3311986	81860	1602716	86.45
2022年11月	296498	10141140	1611964	3285563	81505	2181039	91.48
2022年12月	294460	9553968	1317079	3302368	85383	1925382	80.4
2023年1月	261907	7698283	986325	3161486	65579	1686898	100.11
2023年2月	319611	10824791	1401226	2811676	85699	2067969	92.07

图3-63　整理后的身体乳市场数据表

课后提升

3. 数据转换

产品需求数据收集任务中，数据分析团队通过网络调查获得了约3000份网络问卷数据，其中部分字段内容不便于直接进行分析和建模，如图3-64所示。团队成员针对“年龄”字段进行了数据离散化处理，年龄小于20岁赋值为1，20～25岁（不含25岁）赋值为2，25～30岁（不含30岁）赋值为3，30岁及30岁以上赋值为4，处理后的部分结果如图3-65所示。

序号	1. 您的性别	2. 您的年龄	3. 您是否了解自己的皮肤类型	4. 您是否对自己的皮肤状况满意，如不满意，您觉得最需要改善的是	5. 您目前使用哪些品牌的护肤品	6. 您选择护肤品最看重哪个因素
1	女	26	了解（油性）	不满意（皮肤暗淡无光）	其他	成分天然
2	男	28	不了解	满意	妮维雅	成分天然
3	男	17	了解（干性）	不满意（有痘痘）	自然堂	性价比高
4	女	21	了解（混合性）	不满意（皮肤暗淡无光）	大宝	无副作用
5	男	23	了解（中性）	不满意（毛孔粗大）	欧莱雅丨大宝丨美肤宝	改善肤质
6	女	35	了解（油性）	不满意（有痘痘）	悦诗风吟	改善肤质
7	女	25	了解（混合性）	不满意（有痘痘）	其他〖ahc〗	改善肤质
8	女	18	了解（混合性）	不满意（有痘痘）	其他〖阿芙〗	性价比高
9	女	34	了解（中性）	不满意（皮肤暗淡无光）	悦诗风吟	改善肤质
10	男	27	了解（干性）	不满意（皮肤干燥）	其他〖皮皮狗〗	性价比高
11	男	35	了解（油性）	不满意（有痘痘）	其他	成分天然
12	女	17	了解（中性）	满意	自然堂	改善肤质
13	女	31	了解（混合性）	不满意（毛孔粗大）	欧莱雅	性价比高
14	女	21	了解（中性）	不满意（有痘痘）	悦诗风吟	成分天然
15	女	34	了解（中性）	不满意（皮肤暗淡无光）	其他〖相宜本草〗	无副作用

图3-64　部分网络问卷结果

序号	1. 您的性别	2. 您的年龄	年龄（离散化）	3. 您是否了解自己的皮肤类型	4. 您是否对自己的皮肤状况满意，如不满意，您觉得最需要改善的是	5. 您目前使用哪些品牌的护肤品	6. 您选择护肤品最看重哪个因素
1	女	26	3	了解（油性）	不满意（皮肤暗淡无光）	其他	成分天然
2	男	28	3	不了解	满意	妮维雅	成分天然
3	男	17	1	了解（干性）	不满意（有痘痘）	自然堂	性价比高
4	女	21	2	了解（混合性）	不满意（皮肤暗淡无光）	大宝	无副作用
5	男	23	2	了解（中性）	不满意（毛孔粗大）	欧莱雅┆大宝┆美肤宝	改善肤质
6	女	35	4	了解（油性）	不满意（有痘痘）	悦诗风吟	改善肤质
7	女	25	3	了解（混合性）	不满意（有痘痘）	其他〖ahc〗	改善肤质
8	女	18	1	了解（混合性）	不满意（有痘痘）	其他〖阿芙〗	性价比高
9	女	34	4	了解（中性）	不满意（皮肤暗淡无光）	悦诗风吟	改善肤质
10	男	27	3	了解（干性）	不满意（皮肤干燥）	其他〖皮皮狗〗	性价比高
11	男	35	4	了解（油性）	不满意（有痘痘）	其他	成分天然
12	女	17	1	了解（中性）	满意	自然堂	改善肤质
13	女	31	4	了解（混合性）	不满意（毛孔粗大）	欧莱雅	性价比高
14	女	21	2	了解（中性）	不满意（有痘痘）	悦诗风吟	成分天然
15	女	34	4	了解（中性）	不满意（皮肤暗淡无光）	其他〖相宜本草〗	无副作用

图3-65　对“年龄”字段进行数据离散化处理后的部分结果

项目四

商务数据分析

教学目标

知识目标

1. 熟悉常用的商务数据分析模型；
2. 掌握商务数据分析的一般方法；
3. 熟悉商务数据分析在商业活动中的具体应用。

能力目标

1. 能够根据商业发展需求，选择正确的数据分析方法；
2. 能够根据数据分析结果，指导商业决策。

创新素质目标

1. 培养学生以商务决策为导向的数据分析意识；
2. 培养学生清晰有序的逻辑思维；
3. 培养学生系统分析与解决问题的能力；
4. 培养学生严谨的数据分析思维，使之了解正确的从商之道；
5. 培养学生诚信、务实、严谨的职业素养。

思维导图

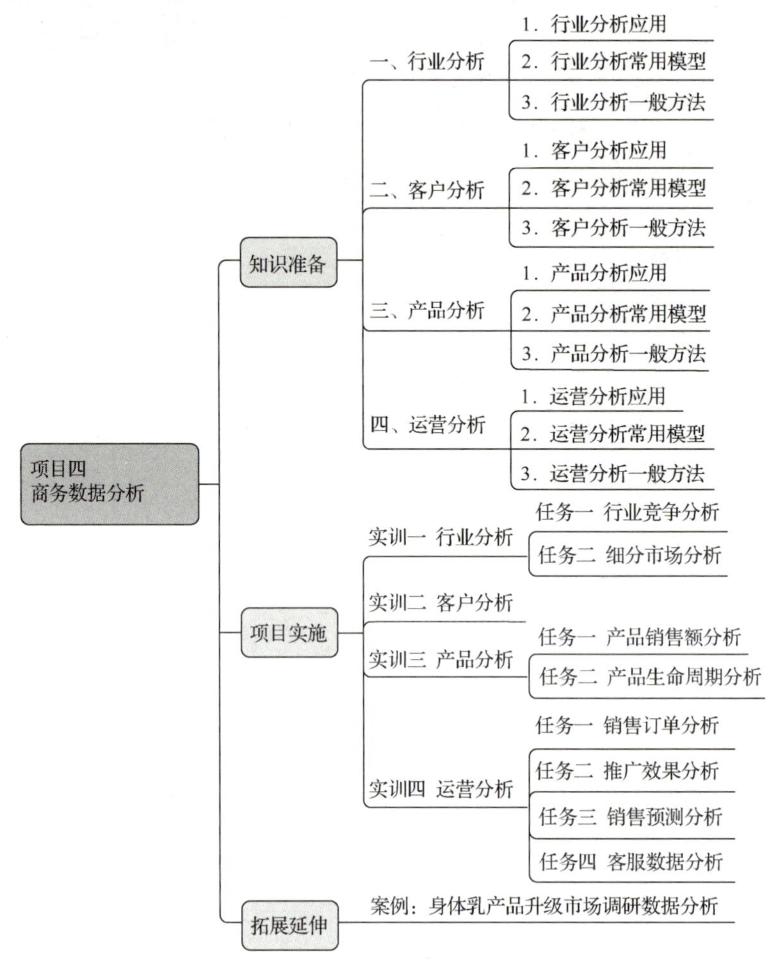

课前自学

目前，商务数据分析越来越受企业重视，数据化运营已经广泛应用于电子商务、互联网金融、企业服务、视频直播、游戏、在线教育等行业，帮助企业进行用户画像勾勒、营销转化提升、精细化运营、产品优化等。用数据指导决策、驱动业务增长是数据化运营的精髓。

本项目根据“商务数据分析应用（数据分析内容，包括行业分析、客户分析、产品分析、运营分析）—数据分析常用模型（如PEST、SWOT、逻辑树、RFM模型等）—数据分析方法（如对比分析、相关分析、分布分析、回归分析等）”的逻辑思路，探讨数据分析在具体业务场景中的应用，如图4-1所示。

注意，本书虽然将不同的数据分析方法放在了不同的业务场景下，但并不是说该业务场景只可使用这几种分析方法，数据分析方法的选择要根据拟实现的数据分析目标而定。例如，对比分析是最基本的数据分析方法，不仅可以用于产品分析，还可以用于行业分析、客户分析、运营分析。

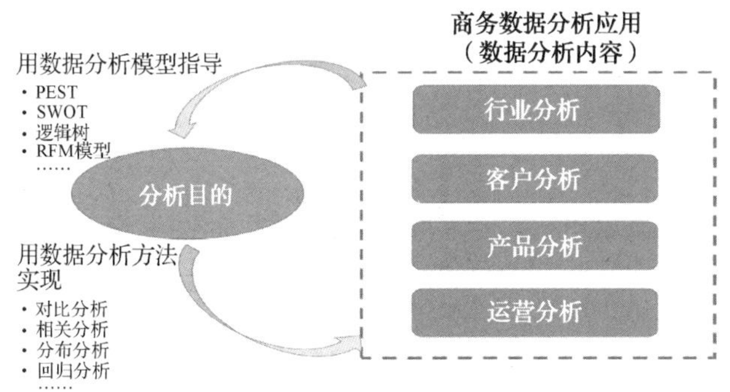

图4-1　商务数据分析应用

一、行业分析

1. 行业分析应用

行业是为满足同一类型市场需求而进行产品生产的制造企业和进行产品销售服务的商业机构的总和。

行业分析是发现和掌握行业运作规律的必经之路，对指导行业内企业的经营规划和发展具有决定性的意义。行业分析一般包括行业需求分析、行业竞争分析、细分市场分析、产业链分析、行业生命周期分析。

（1）行业需求分析

行业需求分析是指在一定时期内、一定市场上，对消费者的支付能力进行分析，进而发现某类产品的市场需求总量。行业需求分析的要素有产品价格、消费者收入、消费者偏好、消费者对产品价格的预期及相关产品的价格。

（2）行业竞争分析

行业竞争分析是对企业商业生态环境的重要层面做战略性的评估，通过分析同类企业市场信息，发现同类企业与本企业市场的相关性与差异性，明确企业自身的机遇与挑战。

（3）细分市场分析

细分市场分析有助于企业选择目标市场和制订市场营销策略，以使企业集中人力、物力等各种资源合理投入目标市场，也有利于企业发掘市场机会，开拓新市场。细分市场分析的要素有地理因素（地形、气候、交通等）、人口因素（年龄、性别、家庭人口、收入、受教育程度等）、心理因素（个性、生活方式等）和社会文化因素（民族和宗教等）。

（4）产业链分析

在某一个产业中，由相关联的上下游企业所组成的结构叫作产业链。上游产业（环节）和下游产业（环节）之间存在着大量的信息、物质、价值方面的交换关系。上游环节向下游环节输送产品或服务，下游环节向上游环节反馈信息。产业链分析主要用于分析行业间差异（不同行业或不同业务的价值差异），帮助企业找到富有价值与发展前景的具体业务。

（5）行业生命周期分析

与产品一样，行业也是有生命周期的。一个行业的生命周期是指行业从出现到完全退出社会经济活动所经历的时间，主要包括4个发展阶段：初创期、成长期、成熟期、衰退期。在行业的不同阶段，不但市场需求和市场增长率会发生变化，消费者的需求特征、竞争的游戏规则和成功的关键因素也都可能会发生变化。

2．行业分析常用模型

行业分析更多的是对企业所处的行业环境和自身竞争力进行分析，其常用分析模型有PEST模型、波特五力分析模型、SWOT模型等。

（1）PEST模型

常见的数据分析模型（一）

PEST模型常用于对宏观环境进行分析。宏观环境又称一般环境，是指影响一切行业和企业的各种宏观力量，主要是对政治（Political）、经济（Economic）、社会（Social）和技术（Technological）这4类影响企业的主要外部环境因素进行分析。

① 政治环境。构成政治环境的关键指标有政治体制、经济体制、财政政策、税收政策、产业政策、投资政策等。

② 经济环境。经济环境主要包括宏观和微观两个方面的内容。

- 宏观经济环境主要指一个国家的国民收入、国内生产总值及其变化情况，以及通过这些指标反映的国民经济发展水平和发展速度。
- 微观经济环境主要指企业所在地区或所服务地区的消费者收入水平、消费偏好、储蓄情况、就业程度等因素，这些因素直接决定着企业目前及未来的市场大小。

③ 社会环境。社会环境包括一个国家或地区的居民受教育程度和文化水平、风俗习惯、审美观点、价值观等。构成社会环境的关键指标有人口规模、性别比例、年龄结构、出生率、死亡率、种族结构、妇女生育率、生活方式、购买习惯、教育状况等。

④ 技术环境。技术环境除与企业所处领域直接相关的技术手段的发展变化外，还包括国家对科技开发的投资和支持重点、该领域的技术发展动态和研究开发费用总额、技术转移和技术产品化速度、专利及其保护情况等。

（2）波特五力分析模型

波特五力分析模型又称波特竞争力模型。该模型在产业组织经济学基础上推导出决定行业竞争强度和市场吸引力的5种力量，即供应商和买方议价能力、潜在进入者威胁、替代品威胁、同行业现有竞争者的威胁（细分市场内竞争），如图4-2所示。

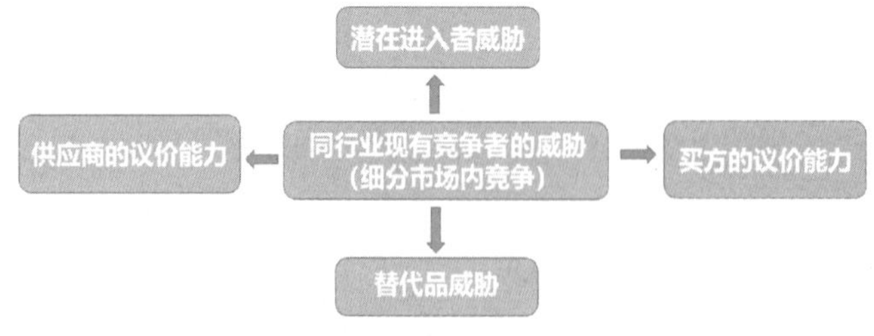

图4–2　波特五力分析模型

① 供应商的议价能力。供应商主要通过其提高价格、降低产品或服务的质量的能力来影响行业中企业的盈利能力与产品竞争力。一般来说，满足如下条件的供应商议价能力较强。

- 供应商行业被一些具有比较稳固市场地位且不受市场激烈竞争困扰的企业控制，其产品的买主很多，以至于单个买方不可能成为供应商的重要客户。
- 供应商各企业的产品各具一定特色，以至于买方难以转换或转换成本太高，或者很难找到可与供应商企业产品相竞争的替代品。

- 供应商能够方便地实行前向联合或一体化，而买方难以后向联合或一体化。

② 买方的议价能力。买方主要通过压价与要求提供较高质量的产品或服务的能力来影响行业中现有企业的盈利能力。一般来说，满足如下条件的买方可能具有较强的议价能力。

- 买方的总数较少，且每个买方的购买量较大，占了卖方销售量的很大比例。
- 买方所购买的基本上是一种标准化产品，买方可同时向多个供应商购买产品。

③ 潜在进入者威胁。潜在进入者在给行业带来新生产能力、新资源的同时，也希望在已被现有企业瓜分完毕的市场中赢得一席之地，这就有可能会与现有企业发生原材料与市场份额的竞争，最终导致行业中现有企业盈利水平降低，甚至可能危及这些企业的生存。潜在进入者威胁的严重程度取决于两方面的因素，即进入新领域的障碍大小与现有企业对进入者的反应情况。

- 进入新领域的障碍主要包括规模经济、产品差异、资本需要、转换成本、销售渠道、自然资源、地理环境等方面。
- 现有企业对进入者的反应情况。如果现有企业对潜在进入者采取比较宽容的态度，潜在进入者进入就会相对容易；反之，如果现有企业对潜在进入者非常在意甚至不满，就会对潜在进入者采取强烈的反击措施，如在规模、价格、广告等方面加以遏制，这就会为潜在进入者增加成功的难度。

④ 替代品威胁。两个处于不同行业的企业，可能会由于所生产的产品互为替代品，从而产生相互竞争行为。这种源于替代品的竞争会以各种形式影响行业中现有企业的竞争战略。

第一，现有企业产品售价及获利潜力，将由于存在能被客户方便接受的替代品而受到限制。

第二，由于替代品生产者的侵入，现有企业必须提高产品质量，或者通过降低成本来降低售价，又或者让产品独具特色，否则其销量与利润增长的目标就有可能受挫。

第三，源自替代品生产者的竞争强度，受产品客户转换成本高低的影响。

总之，替代品价格越低、质量越好、客户转换成本越低，其所能产生的竞争压力越强。这种来自替代品生产者的竞争压力强度，可以通过具体考察替代品销售增长率、替代品厂家生产能力与盈利扩张情况来加以描述。

⑤ 同行业现有竞争者的威胁（细分市场内竞争）。大部分行业中的企业，相互之间的利益是紧密联系在一起的，各企业竞争战略目标都是获得相对于竞争对手的优势，所以在实施中必然会产生冲突与对抗现象，从而构成现有企业之间的竞争。现有企业之间的竞争常常表现在价格、广告、产品介绍、售后服务等方面，其竞争强度与许多因素有关。

一般来说，出现下述情况就意味着行业中现有企业之间竞争加剧：行业进入障碍较低，势均力敌的竞争对手较多；市场趋于成熟，产品需求增长缓慢；竞争者企图采用降价等手段促销；竞争者提供几乎相同的产品或服务，客户转换成本很低；退出障碍较高。

（3）SWOT模型

SWOT模型是20世纪80年代初由美国旧金山大学的管理学教授韦里克提出的，通过评价企业的优势（Strengths）、劣势（Weaknesses）、机会（Opportunities）和威胁（Threats），在制订企业的发展战略前，用于对企业进行深入全面的分析及竞争优势的定位，是企业战略分析和竞争分析的常用模型，如图4-3所示。

因素	优势（S）	劣势（W）
机会（O）	SO 发挥优势 利用机会	WO 利用机会 克服劣势
威胁（T）	ST 发挥优势 回避威胁	WT 克服劣势 回避威胁

图4-3 SWOT模型

优劣势分析主要着眼于企业自身的实力及与竞争对手的比较，而机会和威胁分析将注意力放在外部环境的变化及其对企业的潜在影响上。在分析时，应把所有内部因素（优势和劣势）集中在一起，然后用外部力量（机会和威胁）来对这些因素进行评估。

① 优势。优势是企业的内部因素，具体包括有利的竞争态势、充足的资金来源、良好的企业形象、技术力量、规模经济、产品质量、市场份额、成本优势、推广渠道等。

② 劣势。劣势是企业的内部因素，具体包括设备老化、管理混乱、缺少关键技术、研究开发落后、资金短缺、经营不善、产品积压、竞争力差等。

③ 机会。机会是企业的外部因素，具体包括新产品、新市场、新需求、市场壁垒解除、竞争对手失误等。

④ 威胁。威胁是企业的外部因素，具体包括新的竞争对手、替代产品增多、市场紧缩、行业政策变化、经济衰退、客户偏好改变、突发事件等。

SWOT模型的优点在于考虑问题全面，是一种系统思维，可以把对问题的“诊断”和“开处方”紧密结合在一起，条理清晰，便于检验。

3．行业分析一般方法

一般来说，由于行业市场的复杂性，很难对一个行业的市场规模得出一个精确的数值。所以，在进行行业市场分析时，定性分析居多。

定性分析就是对研究对象进行“质”方面的分析，主要解决研究对象“有没有”或者“是不是”的问题。一般运用归纳和演绎、分析与综合，以及抽象与概括等方法，对获得的各种材料进行加工，揭示内在规律。这种分析对人们鉴定和判别事物属性具有一定的参考和评估价值，例如SWOT模型就是采用定性分析的方法确定企业在行业中的相对竞争程度。

二、客户分析

1．客户分析应用

客户分析就是根据客户信息和数据来了解客户需求，分析客户特征和行为，评估客户价值，从而制订相应的营销策略与资源配置计划，优化运营策略。客户分析可以帮助企业发现潜在客户，从而进一步扩大商业规模。

客户分析包括客户需求分析、客户特征分析、客户行为分析、客户价值评估、客户营销分析。

（1）客户需求分析

随着企业经营理念的转变，“以客户为中心”的经营理念越来越受重视。通过客户个性化的需求分析，企业可以了解不同客户的不同需求，从而开展有针对性的营销活动，使得企业的投资回报率达到最大。

（2）客户特征分析

客户特征分析主要用来细分客户，以利于企业针对不同特征的客户采取不同的营销策略。企业可以通过分析客户的购买行为、购买金额、购买次数等对客户进行特征分析；并结合地域、性别、年龄等客户基础属性，进行相关归类分析。

（3）客户行为分析

客户行为分析主要指对客户的评价行为、购买趋势、购买喜好、营销喜好、产品喜好等行为进行分析。根据客户行为分析，企业可以制订不同渠道的营销模式，挖掘出客户接受度较高的营销方式。

（4）客户价值评估

客户价值即客户对企业的价值贡献度。因为客户价值的差异性是客观存在的，而企业的资源又相对有限，所以企业要区分客户价值并提供与之匹配的差异化策略，为高价值客户提供更优质的产品和服务，为普通客户提供普通标准的产品和服务，以达到有效配置企业资源的目的。

一般而言，企业会从以下维度对客户进行价值评估：显性的经济效益（销售额、毛利或利润等）、社会效益（如品牌、市场影响力等）、隐性的潜在效益（如渠道扩张、行业扩张、领域扩张、新品推广）等。因此，企业需要根据其所关注的维度来评价客户的价值。

（5）客户营销分析

分析客户对产品、价格、促销、分销4个营销要素的反应，可以使企业对产品未来的销售趋势和销售状况有一个全面的了解。进行客户营销分析，有助于企业制订更为合理的营销策略，提高营销效果。

2．客户分析常用模型

客户分析最重要的内容是进行客户细分，即企业根据一定的分类指标将客户划分到不同的客户群，针对不同客户采取有针对性的营销策略，提高客户的满意度和忠诚度。RFM模型是常用的一种客户细分方法。企业通过客户消费行为中的“最近一次消费（Recency）”“消费频率（Frequency）”“消费金额（Monetary）”3个数据，可了解客户的层次和结构、客户的质量和价值，以及客户流失的原因，从而为制订营销策略提供支持，对不同客户行为进行消费预测。

R指最近一次消费距离现在的时间。R值越大，表明客户越久没有来消费，活跃度越低，越可能是流失的客户；反之，R值越小，表明客户的活跃度越高，越有可能达成新的交易。

F指消费频率。F值越大，表明客户消费意愿越强，消费频率越高，忠诚度越高；反之，F值越小，表明客户的消费频率越低，越有可能流失。

M指消费金额。M值越大，表明客户产生的价值越高，是企业的主要盈利点；反之，M值越小，表明客户的消费能力越低或者消费欲望越低。

根据企业的实际情况，通过设置合适的分割点，可以将客户分类，如表4-1所示。其中，↑表示高于参数分割点，↓表示低于参数分割点。而在实际使用中，可以用中位数、平均数作为参数分割点，也可根据行业标准自行设置参数分割点。

表4-1 RFM参数设置下的客户分类

客户分类	R	F	M
重要保持	↓	↑	↑
重要发展	↓	↓	↓
重要价值	↓	↓	↑
重要挽留	↑	↑	↑
一般重要	↓	↑	↓
一般客户	↑	↓	↑
一般挽留	↑	↑	↓
无价值	↑	↓	↓

根据RFM模型，不同类型的客户都有自己的特点，企业需要根据不同的客户特点提供有针对性的服务。常见的客户包括以下6种类型。

（1）重要保持客户

重要保持客户的R值低于参数分割点，F值和M值高于参数分割点。这类客户的活跃度高，消费频率高，订单平均单价高。这类客户对企业来说就是宝藏，他们是最具忠诚度、最有消费能力、最活跃的网络消费者，他们的存在证明了企业的成功，企业不断做大也与他们密不可分。

客户价值分析

（2）重要发展客户

重要发展客户的R值、F值和M值都低于参数分割点。这类客户的活跃度较高，但是消费频率和消费能力都相对较低，这类客户对企业的利益贡献也不能忽视。

（3）重要价值客户

重要价值客户的R值和F值都低于参数分割点，M值高于参数分割点。这类客户活跃度较高，消费能力较强，但是消费频率较低。消费能力强决定了他们可以为企业贡献较大的交易额，是企业盈利的保障。但他们的消费频率较低，即该类客户在最终下单时易与其他企业的产品进行对比或者消费意愿不强。

（4）重要挽留客户

重要挽留客户的R值、F值和M值都高于参数分割点。这类客户活跃度较低，但消费频率高，并且消费能力强，他们的存在往往是企业持续发展的保证。企业应加强客户关系管理，重视他们的需求，给予其特定的优惠，逐步增强其忠诚度。

图4-4为针对上述4类客户的营销策略图。

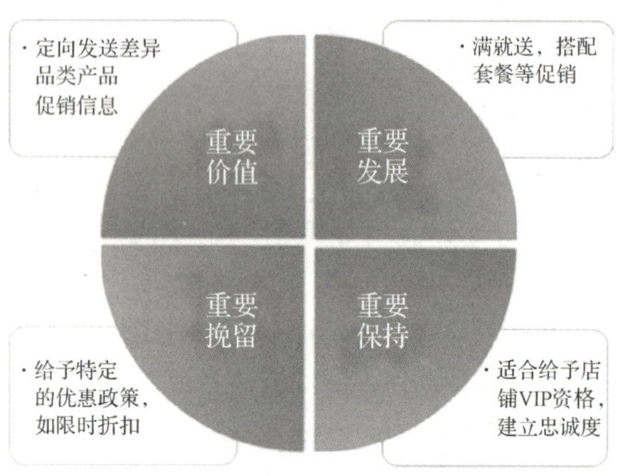

图4-4 针对不同客户的营销策略

（5）一般重要和一般挽留客户

一般重要客户活跃度和消费频率都比较高，但是平均订单金额较低，对于以盈利为目的的企业来说，这类客户的重要性比起前4类客户相对要低一些。

一般挽留客户虽然活跃度和平均订单金额较低，但是消费频率较高，仍然能为企业带来一定的收益，因此也需要一定的关注。

（6）一般客户和无价值客户

这两类客户R值都高于参数分割点，F值都低于参数分割点，说明他们的活跃度不高，消费频率也较低，即购物的机会较少。这两类客户购买该企业产品的随机性过强，如果想发展他们，需要付出的成本较高，并且成功率较低。

这两类客户的唯一不同就是一般客户的M值高，无价值客户的M值低。这只能说明一般客户的消费能力较强，但是他们的消费能力对企业来说意义不大，因为他们购物机会不多。

3．客户分析一般方法

通过客户分析的内容可知，客户分析的重点是对客户进行分析，以了解各类客户的特征，采取差异化营销策略。客户分析常用的数据分析方法有分类分析、聚类分析。

（1）分类分析

分类分析是指通过找出数据库中一组数据对象的共同特点，并划分为不同的类，将数据库中的数据项映射到某个给定的类别。例如，一个汽车零售商将客户按照对汽车的喜好划分成不同的类，营销人员就可以将新型汽车的广告手册直接邮寄到有这种喜好的客户手中，从而大大增加商业机会。又如RFM模型可以通过分类对客户进行价值判断。

分类最重要的是确定分类的维度。以客户细分为例，细分的维度有两类，事前维度和事后维度。事前维度是指性别、年龄、收入、行为等表露在外的属性。事后维度是指态度、价值观、心理等隐藏在内的属性。事后维度比事前维度分析起来难度更大，但是体现了客户内在的本质区别，分类效果更好。

在实践中，要注意所选的维度能否将客户分出差异。例如，食品市场可以用地域分；服装市场可以按年龄分，因为不同年龄阶段的客户对服装材质、款式的要求不尽相同。

（2）聚类分析

聚类分析基于分类分析进行，是按照数据库中数据已有的标签进行分类的。聚类是一种无监督的学习，事先不知道数据的类别标签，通过对相关属性的分析，将具有类似属性的样本聚成一类进行分析。例如，从客户的态度习惯、行为偏好等维度将客户分类，然后针对各类客户的特点开展精准营销：针对价格敏感型客户，多搞促销让利活动；针对印象驱动型客户，注重品牌形象的塑造。

三、产品分析

1．产品分析应用

产品分析是企业对产品销售额、毛利率、周转率等进行统计和分析，对竞争对手产品进行相关分析，对比自身产品的优劣势，调整产品策略。产品分析一般包括销售分析、价格分析、产品生命周期分析、产品毛利分析、产品库存分析、竞争对手产品分析等。

（1）销售分析

销售分析是指对各类产品的销售额、销售数量、平均销售额及其构成情况等进行分析，使运营者能了解运营现状，确定重点产品，为调整产品结构提供依据。

（2）价格分析

价格分析是指对重点及价格敏感产品的平均售价、进价、毛利与同行进行比较，或对它们的变动趋势等进行分析，使经营者了解产品的价位情况，对比其他数据调整价格制订策略和实施策略。

（3）产品生命周期分析

产品生命周期分析是指通过密切监控产品销售数据的周期性变化及波动，了解产品所处的生命周期。企业可以根据产品在不同周期的显著性特征采取适当的营销策略，以满足客户需求，赢得长期利润。

（4）产品毛利分析

产品毛利分析是指对各类产品的毛利额、毛利率及其分布情况等进行分析，使企业可以对各类产品的利润进行对比分析，为调整产品结构提供依据。

（5）产品库存分析

产品库存分析是指对各类产品的库存量、存销比、周转率、毛利率等进行分析，使运营者全面了解产品库存动态情况，及时调整各类产品库存系数，均衡产品库存比例，及时制订相应的经营策略。

（6）竞争对手产品分析

竞争对手产品分析是指通过对竞争对手价格、产品、渠道、促销等方面进行调研，了解竞争对手的营销策略，得出竞争对手产品及自身产品的优劣势。

2．产品分析常用模型

产品分析的主要目的是通过分析产品各项运营数据，了解产品市场需求情况、销售情况等，为产品制订相应的营销策略。常用的分析模型有KANO模型和波士顿矩阵。

（1）KANO模型

KANO模型通过分析用户对产品功能的满意程度，对产品功能进行分级，从而确定产品实现过程中的优先级。

KANO模型是一个典型的定性分析模型，常用于识别用户对产品新功能的接受度，帮助企业了解不同层次的用户需求，找出用户和企业的接触点，挖掘出让用户满意至关重要的因素。

根据不同类型的需求与用户满意度之间的关系，将影响用户满意度的因素分为必备属性、期望属性、魅力属性、无差异属性、反向属性，如图4-5所示。

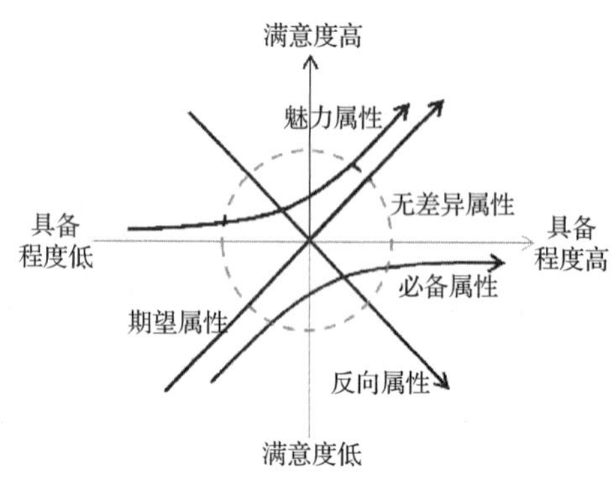

图4–5　KANO模型

① 必备属性：优化此需求，用户满意度不会明显提升；不提供此需求，用户满意度会大幅降低。

② 期望属性：提供此需求，用户满意度会提升；不提供此需求，用户满意度会降低。

③ 魅力属性：用户意想不到的需求，不提供的话，用户满意度不会明显降低；提供的话，用户满意度会大幅提升。

④ 无差异属性：无论是否提供此需求，用户满意度都不会改变，因为用户根本不在意。

⑤ 反向属性：用户根本就没有此需求，提供后用户满意度反而会下降。

（2）波士顿矩阵

波士顿矩阵又称为四象限分析法、产品系列结构管理法等，由美国著名的管理学家、波士顿咨询公司创始人布鲁斯•亨德森于1970年首创。

波士顿矩阵认为一般决定产品结构的基本因素有两个：市场引力与企业实力。

市场引力包括整个市场的销售量（额）增长率、竞争对手强弱及利润高低等。其中最主要的是反映市场引力的综合指标——销售增长率，这是决定企业产品结构是否合理的外在因素。

企业实力包括市场占有率、技术、设备、资金利用能力等，其中市场占有率是决定企业产品结构的内在要素，直接显示出企业的竞争实力。

销售增长率与市场占有率既相互影响又互为条件：销售增长率、市场占有率高，可以显示产品发展的良好前景，企业也具备相应的适应能力，实力较强；如果仅有销售增长率，而没有相应的高市场占有率，则说明企业尚无足够实力，该种产品的市场也无法顺利发展。相反，企业实力强而产品市场引力小，也预示着该产品的市场前景不佳。

通过以上两个因素相互作用，以市场占有率为横坐标、销售增长率为纵坐标，分为4个象限（见图4-6）。企业各经营单位的产品按其市场占有率和销售增长率高低填入相应位置，形成矩阵，会出现4种不同性质的产品类型，形成不同的产品发展前景。

图4–6　波士顿矩阵

① 明星型产品。该类产品市场占有率和销售增长率均高，宜采取扩张战略，进行必要的投资，维持其有利的竞争地位。

② 金牛型产品。该类产品市场占有率高，但销售增长率低，不宜大力发展，可采取维持巩固的稳定战略，也可少量投资。金牛型产品所产生的大量利润可用来满足明星型产品的需要。

③ 问题型产品。该类产品销售增长率高，但市场占有率低。高速增长需要大量投资，因此企业应进行必要的投资，使之成为明星型产品。如果该类产品发展潜力较小，则应采取放弃战略。因此，对该类产品应采取选择性发展战略。

④ 瘦狗型产品。该类产品市场占有率和销售增长率都很低，带来的利润少，却会占用资金。这类产品没有发展前途，可采取收缩战略，如出售、清算等。

3．产品分析一般方法

产品分析主要是对企业的销售额、利润、价格等数据进行分析，以了解产品市场状况。常用的产品分析方法是对比分析。

对比分析是数据分析中最常见、最基础的一种分析方法。如果对数据的评估和汇报缺少了对比，就无法说明数据分析的效果是好还是坏。对比分析主要解决3个问题：对比内容（比什么）、对比方法（如何比）、对比对象（跟谁比），如图4-7所示。

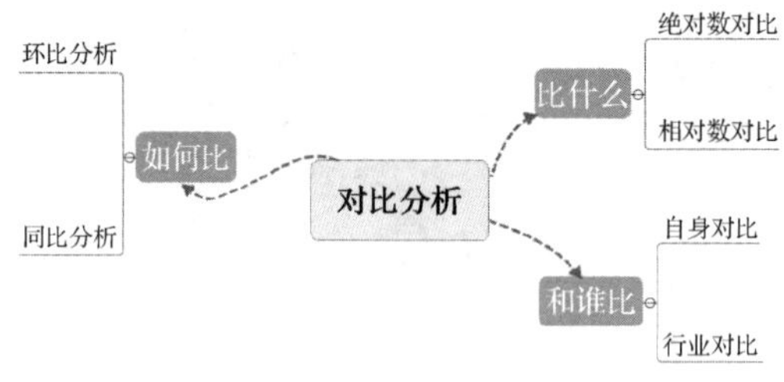

图4–7 对比分析

对比分析的内容分为绝对数对比和相对数对比。绝对数对比，比的是本身具备价值的数字，如产品销售额、成本、利润等。相对数对比，比的是两个有联系的指标的比值。例如，单纯对比销售额不能确定产品的收益情况时，就需要考虑成本和利润，对比销售利润率或成本利润率。

对比分析的方法有环比分析和同比分析。环比分析是分析连续2个统计周期内量的变化，如对产品2023年9月第三周的销售额和第二周的销售额进行比较，可清晰对比出两周的销售涨跌情况。环比分析有一个弊端，就是无法消除周期波动变化的影响，即无法消除或控制外部环境对市场走势的影响。同比分析一般是指本期水平与同期水平的对比分析，如2023年9月第三周的产品销量对比2022年9月第三周的销量。

对比分析的对象有自身对比和行业对比。在进行自身对比时，可从时间维度、不同业务线和往期均值等方面对比自己的发展情况。如果跟自己比找不到原因，就需要跟行业比，看是自身原因还是行业的趋势导致的跌或者涨。

在进行对比分析时，还需要注意两点。一是参照物不同，结论会不同。在数据分析中，常以时间和空间两个维度作为参照物。二是需要确定参考值的界限。不同行业、不同指标的标准不一样，即便是同一个行业，企业规模大小不一样，也不能用同样的标准衡量企业绩效。各企业可以根据实际绩效情况设定自己的指标标准。

四、运营分析

1．运营分析应用

运营分析通过对反映企业资产运营效率与效益的指标进行计算与分析，评价企业资产运营的效率，发现企业在运营中存在的问题，为企业提高经济效益指明方向。运营分析包括销售数据分析、推广数据分析、客服数据分析。

（1）销售数据分析

销售数据分析是企业关键的业务分析之一，是对企业各类销售数据进行分析，从而为制订有针对性和便于实施的营销战略奠定良好基础。销售数据分析可以按照整体销售、区域布局、产品线、价格体系4个部分进行分析。

① 整体销售分析

销售额/销量：分析近几年的总体销售额、销量，与行业标准相比较，从而分析企业的业绩状况并判断企业的业绩变化类型。

季节因素：依据行业销售淡旺季规律，与销售数据中的销售情况进行对比，分析淡旺季发展规律。

产品线：通过总体产品结构分析，了解整体产品结构分布和重点产品表现。

价格体系：通过总体价格结构分析，了解企业的优势价位区间，提供价格结构调整的合理性建议。

② 区域布局分析

区域分布：分析企业的销售区域及各区域表现，检索重点区域、发现潜在市场，提出下阶段区域布局策略。

重点区域分析：对重点区域的销售状况予以重点分析，解析该区域的发展走势及结构特点，为未来在重点区域的发展提供借鉴。

区域销售异动分析：对增长和下跌明显的区域予以重点分析，总结经验教训，有效避免潜在的威胁。

区域产品分析：将重点区域中的产品结构进行时间上的横向对比，进行多要素复合分析。

③ 产品线分析

产品线结构分析：分析产品系列和单产品结构分布，检索重点产品发展趋势及新产品的市场表现。

重点产品分析：针对重点产品进行分析，发现存在的问题，提供产品改进意见。

产品—区域分析：通过对产品销售区域分布的分析，区分战略性产品/技术性产品、全国性产品/区域性产品，为产品的划分提供参考。

④ 价格体系分析

价格体系分析：划分出符合实际的价格区间划分标准，寻找主导价位。

价格—产品分析：主导价位区间的趋势分析，主导价位区间的产品构成及发育状况，分析主导价位产品成长空间。

价格—区域分析：各区域的价位构成分析，寻找各区域的主导价位及价格层次的产品线战略分布。

（2）推广数据分析

推广数据分析是指对推广目标规划与效果预测、推广中的异常检测与及时反馈、推广后的结果总结与分析。推广数据分析一般包括：通过公司已有商务推广数据及公司现状、产品维度、外部竞争数据等，确定数据分析的目标；根据数据分析目标，确定详细的分析步骤及时间规划；根据具体推广业务和推广方式，对数据进行合并或拆分操作，以便对数据进行分析；根据现有推广数据，分析各种推广方式、推广渠道对不同人群的推广效果；对应不同人群适合的推广方式和推广渠道，提出合理的推广建议。

（3）客服数据分析

客服是企业运营中非常重要的一个环节，在产品销售、店铺推广、售后服务及客户关系维护方面均有突出贡献。企业通过对客服人员的工作绩效进行考核，利用科学合理的数据量化客服的工作，对提升管理、提高服务质量是非常重要的。客服数据分析的指标一般包括咨询转化率、订单支付率、落实客单价、响应时间及售后相关指标。

2. 运营分析常用模型

运营分析主要是对运营过程的效率和效益进行分析，发现运营中可能存在的问题，如销售效果不理想、推广效果不佳等，然后找到原因，所以运营分析如抽丝剥茧一般，需要对运营过程中的每个阶段进行分析。常用的分析模型有逻辑树模型和漏斗图模型。

常见的数据分析模型（二）

（1）逻辑树模型

逻辑树又称问题树、演绎树或分解树等，它将问题的所有子问题分层罗列，从最高层开始，逐步向下扩展。也就是说把一个已知问题当作树干，考虑这个问题和哪些问题有关，将相关问题作为树枝加入树干，以此类推，就会将问题扩展成一个逻辑树，如图4-8所示。

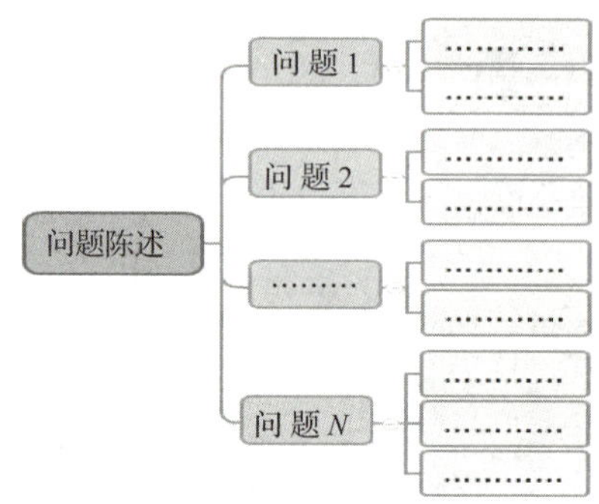

图4-8 逻辑树

逻辑树能保证解决问题的过程完整性，将工作细化成便于操作的具体任务，确定各部分的优先顺序，明确责任到个人。

利用逻辑树模型进行运营分析要遵循3个原则。

- 要素化：把相同问题总结归纳成要素。
- 框架化：将各个要素组成框架，遵守不重不漏原则。
- 关联化：框架内的各要素保持必要的相互关系，简单而不孤立。

注意，逻辑树模型主要针对已知问题进行分析，通过对已知问题的细化分析，找到问题的最优解决方案。

逻辑树模型也有缺点，就是涉及的相关问题可能有遗漏，虽然可以用头脑风暴法把涉及的问题总结归纳出来，但还是难免存在考虑不周全的地方。所以在使用逻辑树模型时，要尽量把涉及的问题或要素考虑周全。

（2）漏斗图模型

漏斗图模型特别适用于业务流程比较规范、周期较长，且各流程环节涉及其他复杂业务的情况，是一个非常实用的管理分析模型。

图4-9展示了用户从进入网站到最终购买的成交转化率，以及整个关键路径上每一步的转化率。通过这样的分析方法，可以非常直观地发现这一流程中用户的流失情况、影响转化率的主要环节，进而有的放矢地分析可能存在的关键问题。

当然，仅根据单一的漏斗图无法直接评价各步骤的转化率好坏，还需要将各转化率与行业数据、环比数据、同比数据等进行对比分析。

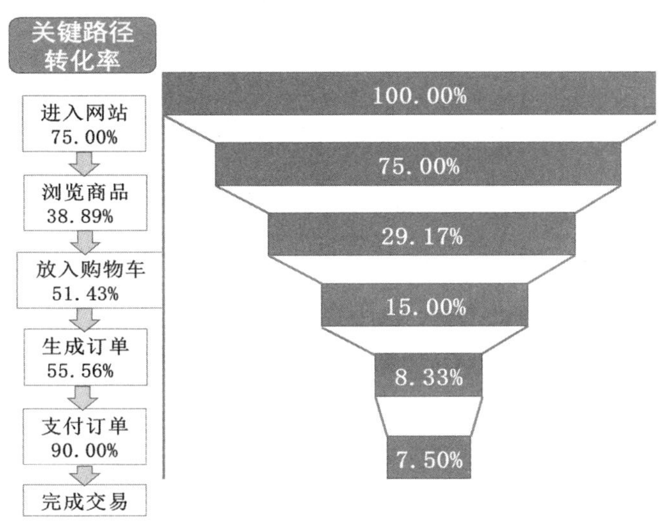

图4-9 网站用户浏览购物过程中主要环节的转化率漏斗图

3．运营分析一般方法

运营分析除了可以使用前面介绍的对比分析、分类分析等分析方法，还可以使用分布分析、相关分析、回归分析等数据分析方法。

（1）分布分析

分布分析研究的是集中和离散趋势。对比分析一般是对单维数据进行比较分析，当对比的对象不是一个数值，而是一组数值时，就要用到分布分析。例如，A与B是L企业的客户，各月具体消费额如图4-10所示。

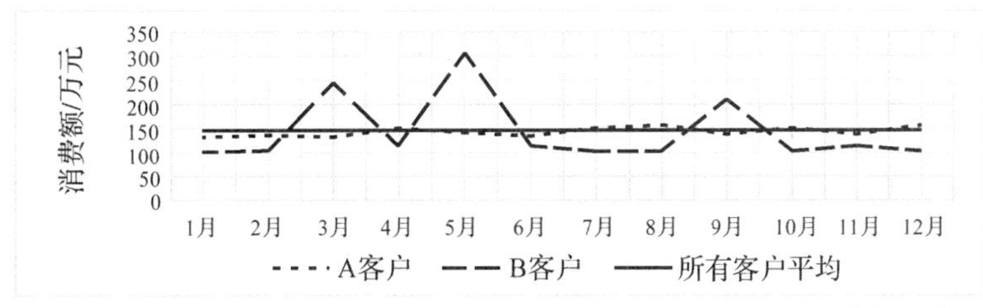

单位：万元

消费额	1月	2月	3月	4月	5月	6月	7月	8月	9月	10月	11月	12月
A客户	138	142	137	155	150	143	158	160	149	158	146	164
B客户	107	110	250	120	310	120	109	112	222	108	120	112
所有客户平均	150	150	150	150	150	150	150	150	150	150	150	150

图4-10 A与B在L企业的月消费额

从图4-10可以明显看出，这两个客户消费的稳定性不同，A的稳定性高，B存在明显波动。L企业需针对B波动的原因采取相应的营销策略；对于A，只要使其继续保持稳定性就可以。

（2）相关分析

相关分析研究的是现象之间是否存在某种相关关系，并对具体有相关关系的现象探讨其相关方向及相关程度。相关关系是一种非确定性的关系，具有随机性。例如，产品的需求量和产品的价格之间存在着非常密切的关系。对一般的产品而言，如果产品价格提高，则该种产品的需求量会下降；如果价格下降，则该种产品的需求量会提高。但是产品需求量的变化值是不确定的，因为产品需求量不仅受价格因素影响，还受消费者影响，因此不能根据该种产品的价格求出产品的需求量。

相关分析类别中最为常用的是线性相关，如图4-11所示。

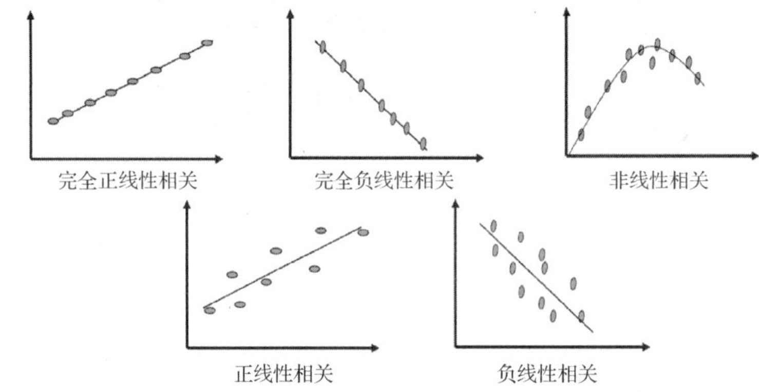

图4-11　线性相关分类

利用Excel数据库中的相关分析，能找出变量之间所存在的相关系数，相关系数是描述相关关系强弱程度和方向的统计量，通常用r表示。

① 相关系数的取值范围在-1到+1之间，即$-1 \leqslant r \leqslant 1$。

② 若r为正，则表明两个变量为正相关；若r为负，则表明两个变量为负相关。

③ r的绝对值越接近于1，表示相关性越强；越接近于0，表示相关性越弱。若r=1或r=−1，则表示两个变量完全线性相关。若r=0，则表示两个变量完全不相关（不是线性相关）。

④ 若相关系数$|r| < 0.3$，则相关程度为低度相关；若相关系数$0.3 \leqslant |r| < 0.8$，则相关程度为中度相关；若相关系数$0.8 \leqslant |r| \leqslant 1$，则相关程度为高度相关。

（3）回归分析

回归分析是预测分析的一种方法。预测是用已知推断未知，用现在推断未来的过程，可以帮助企业对未来的趋势做出预测，便于企业制订运营计划。被预测或被解释的变量称为因变量，用来预测或解释因变量的一个或多个变量称为自变量。

回归分析法是研究一个随机变量（Y）对另一个（X）或一组（$X_1, X_2,..., X_n$）变量相关关系的统计分析方法。按照涉及的自变量多少，可分为一元回归分析和多元回归分析；按照自变量和因变量之间的关系类型，可分为线性回归分析和非线性回归分析。

回归分析本质上也是一种相关分析。通过回归分析，不仅可以确定变量之间的相关系数，还可以通过建立回归方差对市场未来的表现进行预测。

自学自测

一、单选题

1. 以下属于相对指标的是（　　）。
   A. 独立访客数
   B. 页面访问数
   C. 投资回报率
   D. 总订单数量
2. 客户分析常用的数据分析模型是（　　）。
   A. 4P营销理论
   B. PEST模型
   C. 波特五力分析模型
   D. RFM模型

二、多选题

1. 商务数据分析的典型应用包括（　　）。
   A. 行业分析
   B. 客户分析
   C. 产品分析
   D. 运营分析
2. 商务数据分析的方法有（　　）。
   A. 相关分析
   B. 分类分析
   C. 分布分析
   D. 聚类分析
   E. 回归分析
3. 下列属于行业分析内容的是（　　）。
   A. 行业需求分析
   B. 行业竞争分析
   C. 细分市场分析
   D. 产业链分析
4. 下列属于运营分析内容的是（　　）。
   A. 客户行为分析
   B. 销售数据分析
   C. 推广数据分析
   D. 客服数据分析

课前自学

三、名词解释

1. PEST模型
2. SWOT模型
3. 逻辑树模型
4. 对比分析

四、论述题

假设你是某家公司的分析师，表4-2所示为该公司在B2C电子商务网站一周的销售数据，该公司产品主要用户群是办公室女性，销售额主要集中在5种产品上。

（1）从数据中你看到了什么问题？

（2）如果经理要求你提出一个运营改进建议，你会给什么建议？

表4-2 某公司在B2C网站一周的销售数据

日期	9月4日（周一）	9月5日（周二）	9月6日（周三）	9月7日（周四）	9月8日（周五）	9月9日（周六）	9月10日（周日）
销售额 / 元	5062	5050	5022	5007	5045	3430	3053

课中实训

本实训要求学生根据分析需求选择正确的数据分析方法，并对数据结果进行解读，从而掌握商务数据分析的内容和基本方法，培养系统的数据分析思维，并根据数据分析结果做出正确的商业决策。

实训一　行业分析

任务一　行业竞争分析

他山之石

宝洁中国SWOT分析

宝洁公司始创于1837年，是世界上最大的日用消费品公司之一，1988年落户广州，并成立了宝洁在中国的第一家合资企业——广州宝洁有限公司，从此开始了其中国业务的发展，目前在广州、北京、上海、成都、天津、东莞、江苏等地设有多家分公司及工厂。宝洁进入中国30多年，中国市场成长为宝洁全球发展速度最快的市场之一。宝洁也一直通过在环保及社会责任等方面的一系列努力切实履行自身对可持续发展所负有的责任。截止到2023年，宝洁在中国拥有近9000名员工，其中本土员工占比超过了98%。

用SWOT模型对保洁中国进行全面分析及竞争优势定位，并提出应对战略，如表4-3所示。

表4-3　宝洁中国SWOT分析

	优势（S）	劣势（W）
因素	1. 宝洁公司在中国的企业形象良好，声誉好。 2. 加入了《联合国气候变化框架公约》。 3. 多品牌战略，产品差异化，市场占有率高，满足消费者差异化的需求。 4. 强大的信息技术支持	1. 产品广告表现手法雷同，同质化。 2. 研发投入成本高。 3. 形象不统一，产品管理成本高、难度大。 4. 渠道经营，与经销商的合作弱于本土品牌
机会（O）	SO战略	WO战略
1. 人们环保意识增强，观念转变，对日化产品的需求与日俱增。 2. 日化产品结构将从基本消费向个性化消费转变	1. 产品价格上拥有更多的弹性，让利给消费者。 2. 加大对城镇农村市场的开发。 3. 研究可回收利用产品，降低能耗，倡导绿色环保。 4. 加大对产品的个性化塑造，强调每个品牌的产品特性与优势	1. 在城乡投放较为创新的广告，放弃部分常规认知的元素，以达到区隔的目的。 2. 把部分减免的税费用于开发能耗低、可回收的产品，合理控制成本。 3. 加强与地区经销商的合作，避免本土企业的侵入

续表

威胁（T）	ST 战略	WT 战略
1. 消费者对日化产品的需求变化大，市场需求随季节波动大。 2. 物流业不尽如人意，产品运输成本高。 3. 原材料价格上涨。 4. 信息化不普遍	1. 对消费者不同季节的不同需求进行分析和整理，根据分析制订不同的产品策略。 2. 将物流外包给值得信赖的公司，建立长期合作关系。供应链必须拥有反应快、效率高和持续性强的特点	1. 应对不同季节消费者的不同需求，制订不同的广告策略。 2. 加强公司议价的能力，与经销商和原材料供应商建立长期的合作关系。 3. 完善品牌管理系统，区分品牌，防止“自相残杀”

课中实训

使用SWOT分析法对山东半亩花田天猫店铺的业务进行分析，并提出应对战略建议，完成表4-4。

表4-4 山东半亩花田天猫店铺SWOT分析

因素	优势（S）	劣势（W）
机会（O）	SO 战略	WO 战略
威胁（T）	ST 战略	WT 战略

任务二 细分市场分析

他山之石

宝洁中国细分市场分析

宝洁中国自从成立以来就占有市场的大量份额，这是因为采用分门别类的营销策略，并采用细分市场策略，最大限度满足各类消费群体的需求。以洗护产品为例，宝洁公司的细分市场分析如表4-5所示。

表 4–5　宝洁公司细分市场分析

细分要素	细分市场分析	产品策略
地理变量	中国人发质比较硬、干	开发营养头发的潘婷，满足亚洲消费者的需求
	不同地区经济发达程度不同	偏远山村地区，推出汰渍等实惠便宜的洗涤产品、飘柔家庭装等洗护产品。 北京、上海等经济发达地区，则主推玉兰油、潘婷等高端产品
人文变量	年龄：市场定位为年轻消费群体	沙宣系列产品主要目标消费群体为讲究个性的年轻时尚白领
	收入：调研发现，中国消费者对洗衣粉的功效要求不高	碧浪定位高价市场，汰渍定位中价市场
	性别：男性、女性在某些产品需求和偏好上有所不同	男性：锋速3、超级感应、超滑旋转等系列的吉列剃须刀、刀片等产品。 女性：吉列女用剃毛器
心理变量	生活方式：人们追求的生活方式有所不同，有的追求典雅恬静，有的追求时尚新颖，有的崇尚简约等	针对家庭主妇型消费者，推出桶装洗发水、沐浴露，适合家庭用；针对大学生群体或者经常外出的人，推出易携带的洗护二合一产品；针对白领一族，推出亚洲区彩妆品牌ANNA SUI（安娜苏）
行为变量	不同消费群体的利益诉求不同	海飞丝——去屑；飘柔——柔顺光滑； 潘婷——营养发质；沙宣——专业美发
	部分产品的销量会随季节变化	夏季热销产品：玉兰油多效防晒霜、玉兰油护肤沐浴乳、汰渍洗衣粉

针对山东半亩花田天猫店铺内的产品，自选3～4个细分要素进行细分市场分析，并提出市场应对策略，完成表4-6。

表 4–6　山东半亩花田细分市场分析

细分要素	细分市场分析	应对策略

续表

细分要素	细分市场分析	应对策略

课中实训

实训二 客户分析

他山之石

客户价值分析

根据企业的实际情况，使用RFM模型，通过设置合适的分割点，可以将客户进行分类，挖掘客户价值，并针对客户采取差异化的营销策略。例如，H商城RFM模型参数设置如下。

R的分割点设置为30天，即客户的最后消费时间以30天为界限，数值越小，该客户越活跃。

F的分割点设置为5，即客户自开业以来成功付款的单数以5次为界限，数值越大，该客户的忠诚度越高。

M的分割点设置为300元，即客户的平均订单金额以300元为界限，数值越高，该客户的消费能力和价值越高。

图4-12所示为RFM模型分析出的H商城导出的客户数据，根据客户在RFM模型各参数的表现，可以将客户分为重要保持客户、重要发展客户、重要价值客户、重要挽留客户、一般重要和一般挽留客户、一般客户和无价值客户。

分析数据　参数设置

R：最后消费时间	F：开业以来成交单数	M：成功平均订单单价	P：客户数量	W：成功的总金额	策略
（小于等于）30天	（大于）5次	（大于）300元	0人	0.00元	重要保持
（小于等于）30天	（小于等于）5次	（小于等于）300元	3719人	1,001,949.00元	重要发展
（小于等于）30天	（小于等于）5次	（大于）300元	450人	401,158.00元	重要价值
（大于）30天	（大于）5次	（大于）300元	5人	20,944.00元	重要挽留
（小于等于）30天	（大于）5次	（小于等于）300元	5人	10,595.00元	一般重要
（大于）30天	（小于等于）5次	（大于）300元	3112人	3,392,151.00元	一般客户
（大于）30天	（大于）5次	（小于等于）300元	30人	44,370.00元	一般挽留
（大于）30天	（小于等于）5次	（小于等于）300元	15624人	18,250,743.00元	无价值

图4-12　某网站各类客户数据

根据H商城的RFM客户数据，针对不同客户的营销策略建议如下。

（1）重要保持客户

从图4-12可知，H商城暂时还没有这类客户，所以下一步公司要重视培养该类客户，发展有潜力的客户并积极与其沟通，重视其需求，给予其VIP资格，牢牢抓住这类客户。

（2）重要发展客户

重要发展客户为商城贡献了100多万元的销售额，贡献度排行第三。所以，H商城的工作人员应该采取措施，将这类客户积极发展为高忠诚度、高价值的客户。例如，可以向他们提供“满就送”或超值套餐促销等以低价位为主要手段的服务。

（3）重要价值客户

重要价值客户的贡献值为40多万元，排行第四。这类客户可以为商城贡献较大的交易额，是商城盈利的保障。但是他们的消费频次较低，即该类客户在最终下单时易与其他网站产品进行对比或者消费意愿不强。所以，H商城工作人员应该在该类客户选购产品时积极与他们沟通，为他们提供一些促销优惠，或者在平时定期向他们发送区别于其他网站的产品信息，激发其消费意愿。

（4）重要挽留客户

重要挽留客户的贡献值为2万多元，该类客户活跃度较低，但消费频次高，并且消费能力强，所以H商城仍然需要加强与这些客户的联系，给予特定的优惠政策，吸引该类客户再次消费，提升客户忠诚度。

（5）一般重要和一般挽留客户

一般重要客户对商城的贡献度最低，对于以盈利为目的的企业来说，其重要性比前4类客户相对低一些。一般挽留客户的贡献值为4万多元，排行第五，虽然活跃度和平均订单金额较低，但是消费频次较高，仍然能为商城带来一定的收益，因此也需要给予一定的关注。

（6）一般客户和无价值客户

仔细查看这两类客户的RFM模型参数，可以发现这两类客户的活跃度不高，消费频率也较低，即网购的机会较少。他们可能更多地选择实体店购物，抑或是其他网站的忠诚客户，只是碰巧走进该商城选购了某样产品。所以，这类客户在该商城购物的随机性过强，如果想发展这类客户，需要付出的成本较高，并且成功率较低。

图4-13所示为用RFM模型分析出的某公司导出的客户数据，其中R值的分割点设置为90天，F值的分割点设置为3，M值的分割点设置为300元。请你根据该图对客户进行分类，并针对不同客户提出定向精准营销建议，画出思维导图。

R：最后消费时间	F：开业以来的成交单数	M：成功平均订单单价	P：客户数量	W：成功的总金额
（小于等于）90天	（大于）3次	（大于）300元	11人	118342元
（小于等于）90天	（小于等于）3次	（小于等于）300元	22971人	1722467元
（小于等于）90天	（小于等于）3次	（大于）300元	221人	168606元
（大于）90天	（大于）3次	（大于）300元	7人	11296元
（小于等于）90天	（大于）3次	（小于等于）300元	464人	254241元
（大于）90天	（小于等于）3次	（大于）300元	492人	1245542元
（大于）90天	（大于）3次	（小于等于）300元	932人	435464元
（大于）90天	（小于等于）3次	（小于等于）300元	33600人	3482590元

图4-13　某公司RFM数据

实训三　产品分析

任务一　产品销售额分析

他山之石

BM公司产品销售额分析

图4-14所示为BM公司化妆品2023年5月的销售额数据。仔细阅读相关数据，思考BM公司化妆品的销售额数据存在哪些值得关注的地方，并对BM公司化妆品部的下一步运营提出优化建议。

图4-14　BM公司化妆品2023年5月销售额数据

1. 阅读和分析总销售额

总销售额由新客户销售额和回头客销售额组成，整个化妆品部的销售额环比下降了3.38%。环比销售额下降，说明这个月与上个月相比，销售额减少。一般情况下，工作人员需要寻找销售额下降的原因。

2. 阅读和分析新客户销售额

新客户减少，说明化妆品部在吸引客流方面的策略可能需要调整。

购买频次下降，说明新客户购物活跃度不高或者其购物意愿不强。工作人员应该积极与新客户沟通，适当给予优惠政策，激发其购物意愿。

客单价提高，说明在已购物的新客户中，每个新客户的平均购买金额提高。其主要有两个原因：一是化妆品单价提升或新客户选购了单价更高的产品，即件单价提高；二是新客户购买的产品数量增加了，即平均购买件数增加。由图4-14可知，客单价提升是因为新客户的平均购买件数增加了。

3. 阅读和分析回头客销售额

回头客销售额环比上升，说明化妆品部在提升老客户的忠诚度和购买意愿上的运营相对成功。该店铺可能做到了与老客户积极沟通，了解其需求，并适当给予优惠。

图4-15所示为BM公司2023年10月面膜产品的销售额数据。思考该产品的销售额数据存在哪些值得关注的地方，将分析的过程与结果整理成报告。

图4-15 2023年10月BM公司面膜销售额数据

（1）分析总销售额。

（2）分析新客户销售额。

（3）分析回头客销售额。

（4）从访客数、转化率和客单价3个方面说明该公司如何提高销售额。

任务二 产品生命周期分析

他山之石

毛衣市场数据分析

图4-16所示为通过淘宝数据魔方查询的女装行业下毛衣类目2022年8月到2023年7月的部分数据（具体数据见素材4.1.1）。根据该数据表，可以对毛衣行业的市场走势进行分析，并从产品的生命周期角度分析各时期的市场特点及应对策略。

日期	成交产品数	客单价	浏览量	访客数	搜索点击次数	收藏人数	收藏次数	店铺数量	活跃店铺数	成交店铺数	上架产品数	活跃产品数
2023/7/31	29,403	180	1,054,963	447,131	180,141	221,456	353,347	309,739	117,701	6,840	1,531,090	476,541
2023/7/30	36,781	194	1,139,584	476,651	178,004	223,115	354,642	309,138	118,104	6,718	1,523,399	472,881
2023/7/29	25,802	192	907,132	394,379	160,648	203,428	326,311	308,116	116,704	6,314	1,516,311	463,761
2023/7/28	22,373	180	846,808	371,595	152,916	167,956	275,299	307,205	114,347	6,185	1,510,787	449,397
2023/7/27	21,689	181	751,812	331,166	141,323	160,881	261,116	306,664	111,526	5,797	1,506,188	435,187
2023/7/26	18,172	162	609,255	269,836	124,810	153,190	252,364	306,142	111,638	5,310	1,502,888	434,150
2023/7/25	18,906	169	622,016	270,085	126,481	145,869	240,280	305,936	111,181	5,455	1,500,159	431,544
2023/7/24	22,194	229	716,752	313,845	140,714	148,964	244,551	306,123	112,219	5,668	1,504,297	438,932
2023/7/23	23,661	223	703,192	301,634	136,791	142,374	234,486	306,544	111,693	5,584	1,507,241	438,318
2023/7/22	22,510	219	673,096	296,155	126,781	132,692	219,113	306,831	110,629	5,173	1,506,237	428,886
2023/7/21	26,283	216	701,647	308,461	113,883	130,651	212,208	306,969	108,935	5,118	1,507,410	422,194
2023/7/20	22,499	234	644,822	294,234	107,523	133,056	212,199	307,222	107,192	4,756	1,507,309	410,150
2023/7/19	16,949	197	472,865	205,576	92,689	109,989	181,444	307,933	106,859	4,420	1,509,442	408,134
2023/7/18	19,654	212	475,709	208,887	89,629	104,633	170,722	308,640	105,050	4,273	1,513,452	398,428
2023/7/17	16,937	218	533,067	237,445	96,916	99,720	161,521	309,647	104,226	4,292	1,521,892	397,289
2023/7/16	14,354	198	512,951	232,073	93,308	92,192	150,310	311,149	104,206	4,075	1,530,505	395,521
2023/7/15	12,543	210	462,164	210,622	88,591	84,699	136,297	312,665	102,758	3,976	1,537,089	383,327
2023/7/14	12,830	251	456,411	212,293	82,836	82,696	130,020	314,042	101,786	3,779	1,547,023	379,153
2023/7/13	17,049	292	434,981	202,191	78,313	77,027	120,837	315,233	99,605	3,609	1,555,048	372,092

图4-16 毛衣市场数据

注：本部分所涉及数据、信息表，均只显示部分内容，以作示例。

1. 分析思路

该案例需要分析毛衣行业的市场走势。收集到的数据主要包含日期、成交产品数、客单价、浏览量等字段。因为毛衣本身是一个具有明显的季节性特征的产品，所以可以按照时间进程，分别看其在不同时期的销量（成交产品数）情况，进而根据产品生命周期理论将其划分为不同的市场生命周期，根据其市场表现情况提出不同的应对建议。

2. 分析工具及方法

该任务的分析工具为Excel，可用的数据处理和分析方法有文本截取函数（YEAR、MONTH）、数据透视表等。

3. 分析步骤

第1步，数据处理。该数据是以“日”为单位观测的。在时间序列分析中，根据不同的分析需求，需要对时间单位进行换算，以达到最好的分析效果。如果以“日”为单位展示数据，就会显得很臃肿。这里可以把观测的时间单位转换成“月”。

在N列和O列分别新建列“年”和“月”，并填入提取年份公式“=YEAR(A2)”和提取月份公式“=MONTH(A2)”，如图4-17所示。然后向下填充至其他单元格，最终提取结果如图4-18所示。

A2 =year(A2)

日期	成交产品数	客单价	浏览量	访客数	搜索点击次数	收藏人数	收藏次数	店铺数量	活跃店铺数	成交店铺数	上架产品数	活跃产品数	年	月
2023/7/31	29,403	180	1,054,963	447,131	180,141	221,456	353,347	309,739	117,701	6,840	1,531,090	476,541	=year(A2)	
2023/7/30	36,781	194	1,139,584	476,651	178,004	223,115	354,642	309,138	118,104	6,718	1,523,399	472,881		
2023/7/29	25,802	192	907,132	394,379	160,648	203,428	326,311	308,116	116,704	6,314	1,516,311	463,761		
2023/7/28	22,373	180	846,808	371,595	152,916	167,956	275,299	307,205	114,347	6,185	1,510,787	449,397		
2023/7/27	21,689	181	751,812	331,166	141,323	160,881	261,116	306,664	111,526	5,797	1,506,188	435,187		
2023/7/26	18,172	162	609,255	269,836	124,810	153,190	252,364	306,142	111,638	5,310	1,502,888	434,150		
2023/7/25	18,906	169	622,016	270,085	126,481	145,869	240,280	305,936	111,181	5,455	1,500,159	431,544		
2023/7/24	22,194	229	716,752	313,845	140,714	148,964	244,551	306,123	112,219	5,668	1,504,297	438,932		
2023/7/23	23,661	223	703,192	301,634	136,791	142,374	234,486	306,544	111,693	5,584	1,507,241	438,318		

日期	成交产品数	客单价	浏览量	访客数	搜索点击次数	收藏人数	收藏次数	店铺数量	活跃店铺数	成交店铺数	上架产品数	活跃产品数	年	月
2023/7/31	29,403	180	1,054,963	447,131	180,141	221,456	353,347	309,739	117,701	6,840	1,531,090	476,541	2023	=month(A2
2023/7/30	36,781	194	1,139,584	476,651	178,004	223,115	354,642	309,138	118,104	6,718	1,523,399	472,881		
2023/7/29	25,802	192	907,132	394,379	160,648	203,428	326,311	308,116	116,704	6,314	1,516,311	463,761		
2023/7/28	22,373	180	846,808	371,595	152,916	167,956	275,299	307,205	114,347	6,185	1,510,787	449,397		
2023/7/27	21,689	181	751,812	331,166	141,323	160,881	261,116	306,664	111,526	5,797	1,506,188	435,187		
2023/7/26	18,172	162	609,255	269,836	124,810	153,190	252,364	306,142	111,638	5,310	1,502,888	434,150		

图4-17 日期提取

课中实训

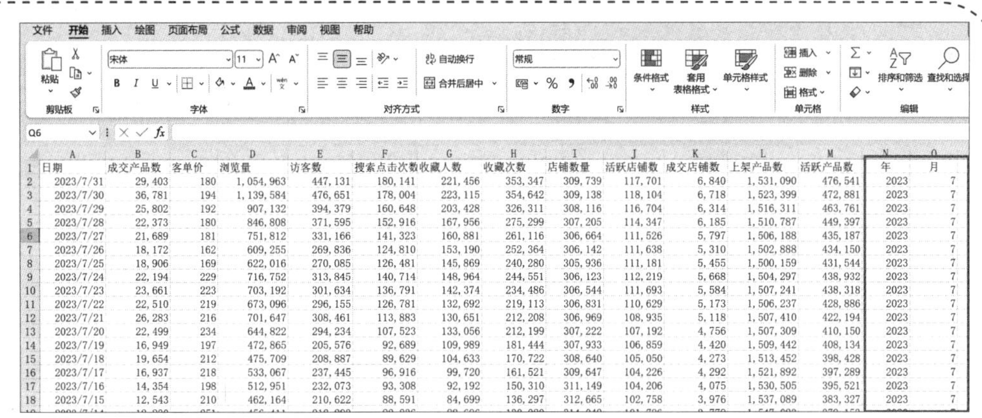

日期	成交产品数	客单价	浏览量	访客数	搜索点击次数	收藏人数	收藏次数	店铺数量	活跃店铺数	成交店铺数	上架产品数	活跃产品数	年	月
2023/7/31	29, 403	180	1, 054, 963	447, 131	180, 141	221, 456	353, 347	309, 739	117, 701	6, 840	1, 531, 090	476, 541	2023	7
2023/7/30	36, 781	194	1, 139, 584	476, 651	178, 004	223, 115	354, 642	309, 138	118, 104	6, 718	1, 523, 399	472, 881	2023	7
2023/7/29	25, 802	192	907, 132	394, 379	160, 648	203, 428	326, 311	308, 116	116, 704	6, 314	1, 516, 311	463, 761	2023	7
2023/7/28	22, 373	180	846, 808	371, 595	152, 916	167, 956	275, 299	307, 205	114, 347	6, 185	1, 510, 787	449, 397	2023	7
2023/7/27	21, 689	181	751, 812	331, 166	141, 323	160, 881	261, 116	306, 664	111, 526	5, 797	1, 506, 188	435, 187	2023	7
2023/7/26	18, 172	162	609, 255	269, 836	124, 810	153, 190	252, 364	306, 142	111, 638	5, 310	1, 502, 888	434, 150	2023	7
2023/7/25	18, 906	169	622, 016	270, 085	126, 481	145, 869	240, 280	305, 936	111, 181	5, 455	1, 500, 159	431, 544	2023	7
2023/7/24	22, 194	229	716, 752	313, 845	140, 714	148, 964	244, 551	306, 123	112, 219	5, 668	1, 504, 297	438, 932	2023	7
2023/7/23	23, 661	223	703, 192	301, 634	136, 791	142, 374	234, 486	306, 544	111, 693	5, 584	1, 507, 241	438, 318	2023	7
2023/7/22	22, 510	219	673, 096	296, 155	126, 781	132, 692	219, 113	306, 831	110, 629	5, 173	1, 506, 237	428, 886	2023	7
2023/7/21	26, 283	216	701, 647	308, 461	113, 883	130, 651	212, 208	306, 969	108, 935	5, 118	1, 507, 410	422, 194	2023	7
2023/7/20	22, 499	234	644, 822	294, 234	107, 523	133, 056	212, 199	307, 222	107, 192	4, 756	1, 507, 309	410, 150	2023	7
2023/7/19	16, 949	197	472, 865	205, 576	92, 689	109, 989	181, 444	307, 933	106, 859	4, 420	1, 509, 442	408, 134	2023	7
2023/7/18	19, 654	212	475, 709	208, 887	89, 629	104, 633	170, 722	308, 640	105, 050	4, 273	1, 513, 452	398, 428	2023	7
2023/7/17	16, 937	218	533, 067	237, 445	96, 916	99, 720	161, 521	309, 647	104, 226	4, 292	1, 521, 892	397, 289	2023	7
2023/7/16	14, 354	198	512, 951	232, 073	93, 308	92, 192	150, 310	311, 149	104, 206	4, 075	1, 530, 505	395, 521	2023	7
2023/7/15	12, 543	210	462, 164	210, 622	88, 591	84, 699	136, 297	312, 665	102, 758	3, 976	1, 537, 089	383, 327	2023	7

图4-18　日期提取结果

第2步，数据分析。在数据范围内单击任意一个单元格，单击“插入”选项卡中的“数据透视表”按钮，这时在弹出的对话框中会自动匹配整个数据框区域，在“选择放置数据透视表的位置”中选择“新工作表”，然后单击“确定”按钮，如图4-19所示。

图4-19　插入数据透视表

单击“确定”按钮后，输出的数据透视表结构如图4-20所示。

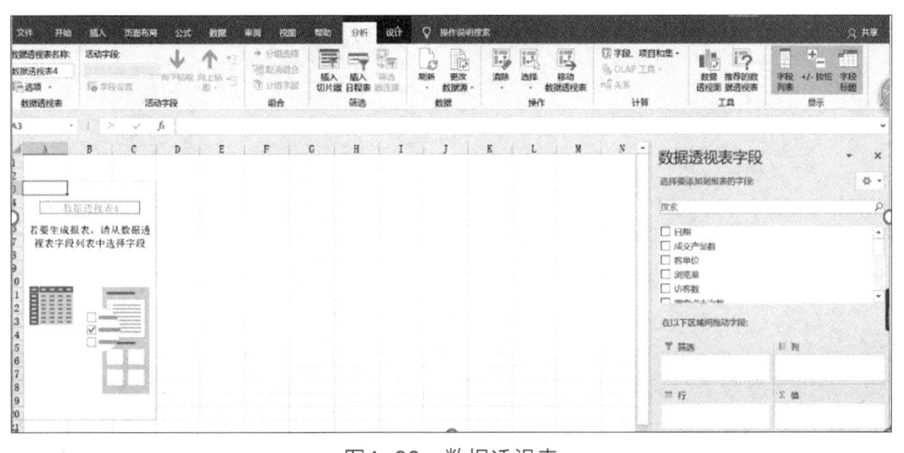

图4-20　数据透视表

用鼠标将数据透视表字段拖曳到相应的位置：将“年”和“月”拖至“行标签”区域，将“成交产品数”拖至“值”区域，就可以得到不同时期的毛衣销量情况，如图4-21所示。

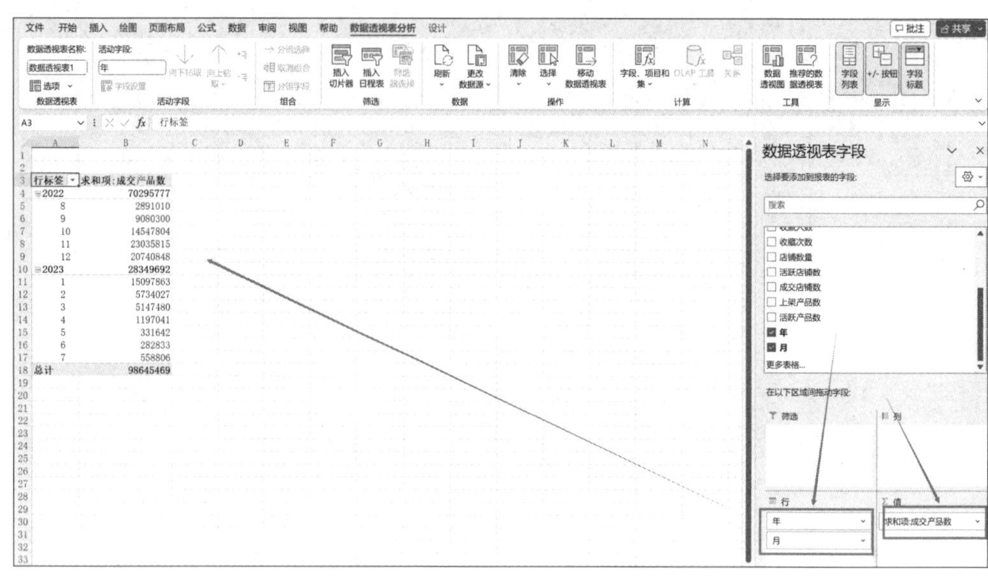

图4–21　数据透视表字段设置

第3步，数据展现。现在已经完成了数据透视表，通过该数据透视表，可以比较直观地看到毛衣市场的销量情况。但是这些数字不免让人眼花缭乱，这时可以选择合适的图表进行可视化展示。这组数据是以“时间序列”为展现维度的，可以采用折线图或柱形图展现（具体图表的选择原则将在项目五详细介绍）。

选中数据透视表中任意一个单元格，单击“插入”选项卡中的“推荐的图表”按钮，会出现Excel自带的所有图表类型，然后选择第一个折线图样式，如图4-22所示。

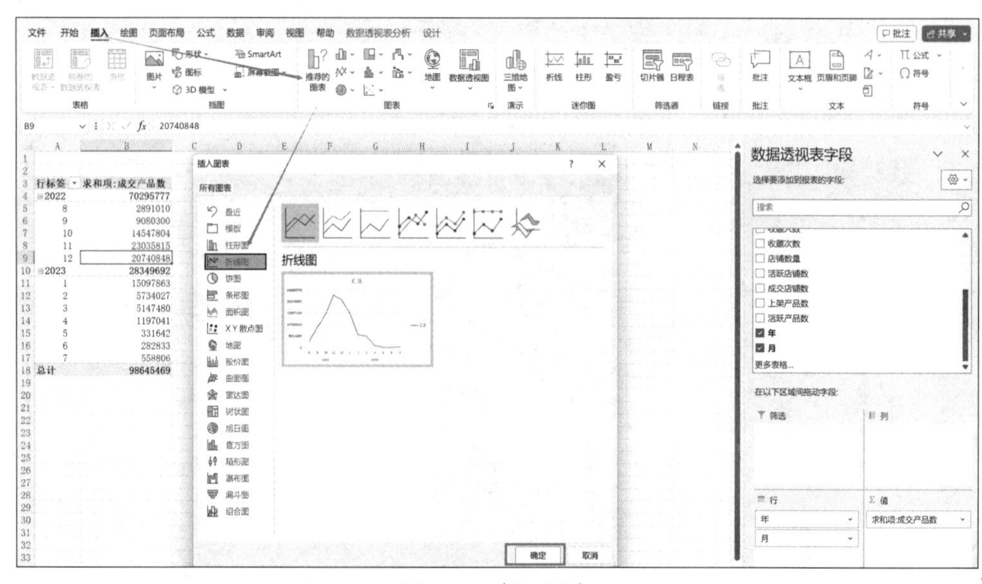

图4–22　插入图表

将图表标题命名为“毛衣销量走势”，如图4-23所示。

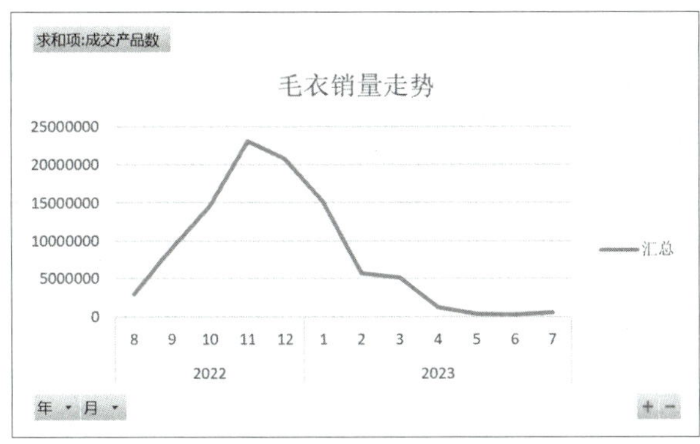

图4-23　毛衣销量走势

第4步，数据解读。毛衣是一个具有明显季节性的类目，其销量从9月开始快速增长，到11月达到顶峰，12月销量开始下滑，次年2月开始退市。可以把毛衣的生命周期划分为5个阶段，分别是入市期、增长期、爆发期、衰退期和退市期。

- 入市期：在这个时候进入市场，可以优先在销量增长期到来之前准备好产品的基础销量和评价，快人一步抢占市场份额。
- 增长期：此时需求开始快速增长，销量也随之快速增长，竞争环境良好。
- 爆发期：此时需求达到顶峰，竞争环境恶劣。
- 衰退期：此时需求开始下降，大多数人已经买好了，商家开始清库存，竞争环境恶劣。
- 退市期：此时需求极低或者没有需求，连清仓都难。

通过以上分析，可以得知毛衣行业要在8月前准备好产品（定版、打样、拍照、生产、备货等）；8月上架产品，抢占市场；9月和10月属于销量增长期，仍需持续投入（广告费等）；11月和12月是爆发期；12月底开始清仓甩卖。

图4-24所示为BM公司防晒霜和面膜/面膜粉两款产品在2022年1月至2023年9月的销售情况（仅显示部分数据，具体见素材4.2.1）。从产品的生命周期角度分析这两款产品的市场走势情况及各时期的市场特点和应对策略，并对面膜/面膜粉2022年和2023年同期销量走势情况进行对比分析。

名称	成交量	销售额	高质宝贝数	年月	细节	归属行业
面膜/面膜粉	779587	36619623	33120	2022\01	行业数据	美容护肤/美体/精油
防晒霜	46826	3532268	9303	2022\01	行业数据	美容护肤/美体/精油
面膜/面膜粉	1691071	79616725	41527	2022\02	行业数据	美容护肤/美体/精油
防晒霜	170662	11718523	14837	2022\02	行业数据	美容护肤/美体/精油
面膜/面膜粉	1723374	80798300	41159	2022\03	行业数据	美容护肤/美体/精油
防晒霜	293245	19564040	18162	2022\03	行业数据	美容护肤/美体/精油
面膜/面膜粉	1806995	82965976	42302	2022\04	行业数据	美容护肤/美体/精油
防晒霜	697617	43834718	25139	2022\04	行业数据	美容护肤/美体/精油
面膜/面膜粉	1929066	91382223	43741	2022\05	行业数据	美容护肤/美体/精油
防晒霜	1123077	72593347	27886	2022\05	行业数据	美容护肤/美体/精油
面膜/面膜粉	1956947	91283765	45079	2022\06	行业数据	美容护肤/美体/精油
防晒霜	875648	56607044	26890	2022\06	行业数据	美容护肤/美体/精油
面膜/面膜粉	2285262	111651711	46639	2022\07	行业数据	美容护肤/美体/精油
防晒霜	729795	47830605	25586	2022\07	行业数据	美容护肤/美体/精油
面膜/面膜粉	2438588	122167158	39706	2022\08	行业数据	美容护肤/美体/精油
防晒霜	457044	30147207	20403	2022\08	行业数据	美容护肤/美体/精油
面膜/面膜粉	2551408	126177717	42198	2022\09	行业数据	美容护肤/美体/精油
防晒霜	209925	15121882	16630	2022\09	行业数据	美容护肤/美体/精油

图4-24　BM公司两款产品的销售数据

1. 分析目的

---

2. 分析思路

---

3. 分析工具及方法

分析工具使用Excel；可用的数据处理和分析方法有文本截取函数（LEFT、RIGHT）、数据透视表等。

将分析步骤及结果写在数据分析报告上，模板见素材4.2.2。

实训四 运营分析

任务一 销售订单分析

他山之石

H商城会员数据分析

企业日常运营中，每日会产生大量订单，其中包括消费数据、会员数据、产品数据等基础信息。通过周期性地对订单进行统计分析，可以了解企业日常的运营情况，如目标市场分布、会员重复消费、会员消费能力、产品销量等，从而可以有针对性地指导运营决策。整理H商城会员信息如图4-25所示，其中包含会员基本信息、收货地址、消费金额、消费次数等情况。

说明:
1.年龄20～30（不含30）赋值为1，30～40（不含40）赋值为2，40～50赋值为3；
2.性别男赋值为0，女赋值为1。

会员编号	年龄	性别	联系手机	收货地址	消费金额	消费次数	积分	线上/线下次数	线上/线下金额
97485	3	0	'1378004	广东省 深圳市 大鹏新区	123930.90	137	125517.65		3.69
190695	3	1	'1585099	广东省 深圳市 福田区	12190.56	128	9916.70	0.58	2.39
489376	2	1	'1368028	广东省 深圳市 龙岗区	71840.14	134	64850.12	0.76	0.02
493834	3	1	'1378004	广东省 深圳市 龙岗区	23762.49	132	11832.64	0.19	2.00
558903	2	1	'1874577	广东省 中山市 小榄镇	27332.70	8	5466.54	0.14	1.16
559569	3	0	'1351048	广东省 广州市 花都区	33045.17	114	12892.97	0.25	
893869	1	1	'1861665	广东省 梅州市 梅县区	3816.36	159	1080.94	0.07	0.02
1333727	2	1	'1818906	广东省 广州市 白云区	84944.22	92	10877.21	0.05	5.16
1893133	1	0	'1370703	广东省 广州市 白云区	3596.43	141	730.03	0.02	0.05
2263904	2	0	'1501945	广东省 揭阳市 揭西县	23314.97	127	19442.61	0.32	0.76
2310007	2	1	'1860221	广东省 深圳市 南山区	12301.06	133	8181.93	0.64	0.08
2490531	2				26070.64	167	2985.83	0.26	1.89
2689842	2	0	'1515892	广东省 深圳市 龙岗区	19644.20	145	2786.32	0.49	0.26
2925852	1	0	'1380278	广东省 中山市 小榄镇	75718.24	93	47824.82	0.90	13.94
3061820	1	1	'1386726	广东省 阳江市 江城区	59738.14	344	40696.31	0.97	1.98
3139245	1	0	'1518770	广东省 东莞市 东城街	28428.04	159	9349.64	0.16	0.00
3149821	3	1	'1386726	广东省 深圳市 福田区	44622.53	108	31378.59	0.10	0.29

图4-25 H商城会员信息

虽然会员量不足，分析的角度有限，但是仍然可以得出一些有意义的分析结果以指导商城决策。

1. 会员重复消费情况

重复消费是指客户在一定时期内消费的次数，能够体现客户的忠诚度和满意度。对消费次数进行“降序”排列，结果如图4-26所示。

从图4-26可知一定时期内该商城的客户重复消费情况：会员3061820消费次数达344次；消费次数达150次以上的有9人，这些人为商城的重要客户，需要重点维护，可以给予优惠、

VIP资格等，以提升客户体验；消费次数在100次以下的有4人，但是这并不能说明这4人就不是该商场的忠诚客户，还要看统计该消费次数的时期有多长（如果统计时间较短，就说明该类客户为新加入客户，未来有可能转变为忠诚客户；如果统计时间很长，和上面消费次数较多的客户统计时间差不多，就说明该类客户并不活跃，需要刺激客户消费，提升其活跃度）。

会员编号	年龄	性别	联系手机	收货地址	消费金额	消费次数	积分	线上/线下次数	线上/线下金额
3061820	1	1	'1386726	广东省 阳江市 江城区	59738.14	344	40696.31	0.97	1.98
4290542	2	1	'1348287	广东省 深圳市 龙岗区	8178.42	177	1955.89	0.24	0.04
4855701	1	1	'1878120	广东省 惠州市 惠阳区	103277.03	175	92384.11	0.01	0.07
4153595	1	0	'1509225	广东省 江门市 江海区	7986.80	173	5866.78	0.90	5.47
2490531	2				26070.64	167	2985.83	0.26	1.89
4153242	2	1	'1372026	广东省 东莞市 石龙镇	5728.98	165	1894.45	0.53	0.32
893869	1	1	'1861665	广东省 梅州市 梅县区	3816.36	159	1080.94	0.07	0.02
3139245	1	0	'1518770	广东省 东莞市 东城街	28428.04	159	9349.64	0.16	0.00
4372630	3	0	'1518770	广东省 广州市 黄埔区	37498.70	159	8737.67	0.30	0.73
4313496	1	1	'1518770	广东省 东莞市 东城街	37471.80	148	7392.62	0.20	1.48
2689842	2	0	'1515892	广东省 深圳市 龙岗区	19644.20	145	2786.32	0.49	0.26
1893133	1	0	'1370703	广东省 广州市 白云区	3596.43	141	730.03	0.02	0.05
97485	3	0	'1378004	广东省 深圳市 大鹏新区	123930.90	137	125517.65		3.69
4313145	2	1	'1831965	广东省 东莞市 石龙镇	16941.63	137	11623.61	0.57	0.82
489376	2	1	'1368028	广东省 深圳市 龙岗区	71840.14	134	64850.12	0.76	0.02
2310007	2	1	'1860221	广东省 深圳市 南山区	12301.06	133	8181.93	0.64	0.08
493834	3	1	'1378004	广东省 深圳市 龙岗区	23762.49	132	11832.64	0.19	2.00
4936166	1	1	'1372803	广东省 湛江市 赤坎区	3138.75	131	1146.02	0.25	0.03
4414023	3	0	'1351029	广东省 梅州市 五华县	3996.73	130	1725.35	0.46	0.01
190695	3	1	'1585099	广东省 深圳市 福田区	12190.56	128	9916.70	0.58	2.39
2263904	2	0	'1501945	广东省 揭阳市 揭西县	23314.97	127	19442.61	0.32	0.76
5515369	3	1	'1375735	广东省 惠州市 惠阳区	18284.87	124	17668.81	3.00	6.33
4153485	2	1	'1372026	广东省 梅州市 五华县	5280.84	119	1116.82	0.17	0.02
559569	3	0	'1351048	广东省 广州市 花都区	33045.17	114	12892.97	0.25	
3149821	3	1	'1386726	广东省 深圳市 福田区	44622.53	108	31378.59	0.10	0.29
4717133	3	1	'1340987	广东省 惠州市 惠阳区	41585.41	106	37800.50	1.12	2.67
2925852	1	0	'1380278	广东省 中山市 小榄镇	75718.24	93	47824.82	0.90	13.94
1333727	2	1	'1818906	广东省 广州市 白云区	84944.22	92	10877.21	0.05	5.16
4741189	2	0	'1375519	广东省 惠州市 博罗县	27688.39	85	5187.54	0.10	0.01
558903	2	1	'1874577	广东省 中山市 小榄镇	27332.70	8	5466.54	0.14	1.16

图4-26　会员重复消费情况

注意，以上会员重复消费情况的界定只是针对该商城会员信息的简单分类，在企业实际运营中，需要根据统计周期、产品特点等进行标准设定。例如，对于家电家具而言，在一定时期内可能重复消费的次数很低，有些可能几年才消费1次；对于化妆品而言，可能1～2个月购买1次；对于便利产品，如矿泉水等，购买更加频繁；母婴类产品也会更重视客户忠诚度。不同产品的消费频率不同，所以企业在进行重复消费界定时设定的标准也不一样。

如果有大量的会员信息，可以把消费次数进行分类，然后统计各个消费层级的会员人数，这样就可以把客户进行简单分类。这里由于数据量的限制，就不再具体分析了。

2. 会员消费能力情况

在G列后插入一列，命名为“平均消费金额”，在H3单元格中输入“=F3/G3”，可以得到会员3061820的平均消费金额，如图4-27所示。

	A	B	C	D	E	F	G	H	I	J	K
1	说明: 1.年龄20～30（不含30）赋值为1，30～40（不含40）赋值为2，40～50赋值为3 2.性别男赋值为0，女赋值为1。										
2	会员编号	年龄	性别	联系手机	收货地址	消费金额	消费次数	平均消费金额	积分	线上/线下次数	线上/线下金额
3	3061820	1	1	'1386726	广东省 阳江市 江城区	59738.14	344	=F3/G3	0696.31	0.97	1.98
4	4290542	2	1	'1348287	广东省 深圳市 龙岗区	8178.42	177		1955.89	0.24	0.04
5	4855701	1	1	'1878120	广东省 惠州市 惠阳区	103277.03	175		2384.11	0.01	0.07
6	4153595	1	0	'1509225	广东省 江门市 江海区	7986.80	173		5866.78	0.90	5.47
7	2490531	2				26070.64	167		2985.83	0.26	1.89
8	4153242	2	1	'1372026	广东省 东莞市 石龙镇	5728.98	165		1894.45	0.53	0.32
9	893869	1	1	'1861665	广东省 梅州市 梅县区	3816.36	159		1080.94	0.07	0.02
10	3139245	1	0	'1518770	广东省 东莞市 东城街	28428.04	159		9349.64	0.16	0.00
11	4372630	3	0	'1518770	广东省 广州市 黄埔区	37498.70	159		8737.67	0.30	0.73
12	4313496	1	1	'1518770	广东省 东莞市 东城街	37471.80	148		7392.62	0.20	1.48
13	2689842	2	0	'1515892	广东省 深圳市 龙岗区	19644.20	145		2786.32	0.49	0.26
14	1893133	1	0	'1370703	广东省 广州市 白云区	3596.43	141		730.03	0.02	0.05
15	97485	3	0	'1378004	广东省 深圳市 大鹏新区	123930.90	137		25517.65		3.69
16	4313145	2	1	'1831965	广东省 东莞市 石龙镇	16941.63	137		1623.61	0.57	0.82
17	489376	2	1	'1368028	广东省 深圳市 龙岗区	71840.14	134		4850.12	0.76	0.02
18	2310007	2	1	'1860221	广东省 深圳市 南山区	12301.06	133		8181.93	0.64	0.08
19	493834	3	1	'1378004	广东省 深圳市 龙岗区	23762.49	132		1832.64	0.19	2.00

图4-27　增加“平均消费金额”列

向下拖动复制公式，可以得到每名会员的平均消费金额，再按照平均消费金额“降序”排列，如图4-28所示。

A	B	C	D	E	F	G	H	I	J	K
会员编号	年龄	性别	联系手机	收货地址	消费金额	消费次数	平均消费金额	积分	线上/线下次数	线上/线下金额
558903	2	1	'1874577	广东省 中山市 小榄镇	27332.70	8	3416.5875	5466.54	0.14	1.16
1333727	2	1	'1818906	广东省 广州市 白云区	84944.22	92	923.3067391	10877.21	0.05	5.16
97485	3	0	'1378004	广东省 深圳市 大鹏新区	123930.90	137	904.6051095	125517.65		3.69
2925852	1	0	'1380278	广东省 中山市 小榄镇	75718.24	93	814.1746237	47824.82	0.90	13.94
4855701	1	1	'1878120	广东省 惠州市 惠阳区	103277.03	175	590.1544571	92384.11	0.01	0.07
489376	2	1	'1368028	广东省 深圳市 龙岗区	71840.14	134	536.1204478	64850.12	0.76	0.02
3149821	3	1	'1386726	广东省 深圳市 福田区	44622.53	108	413.1715741	31378.59	0.10	0.29
4717133	3	1	'1340987	广东省 惠州市 惠阳区	41585.41	106	392.3151887	37800.50	1.12	2.67
4741189	2	0	'1375519	广东省 惠州市 博罗县	27688.39	85	325.7457647	5187.54	0.10	0.01
559569	3	0	'1351048	广东省 广州市 花都区	33045.17	114	289.8699123	12892.97	0.25	
4313496	1	1	'1518770	广东省 东莞市 东城街	37471.80	148	253.1878378	7392.62	0.20	1.48
4372630	3	0	'1518770	广东省 广州市 黄埔区	37498.70	159	235.8408805	8737.67	0.30	0.73
2263904	2	0	'1501945	广东省 揭阳市 揭西县	23314.97	127	183.5824409	19442.61	0.32	0.76
493834	3	1	'1378004	广东省 深圳市 龙岗区	23762.49	132	180.0188636	11832.64	0.19	2.00
3139245	1	0	'1518770	广东省 东莞市 东城街	28428.04	159	178.7927044	9349.64	0.16	0.00
3061820	1	1	'1386726	广东省 阳江市 江城区	59738.14	344	173.6573837	40696.31	0.97	1.98
2490531	2				26070.64	167	156.1116168	2985.83	0.26	1.89
5515369	3	1	'1375735	广东省 惠州市 惠阳区	18284.87	124	147.458629	17668.81	3.00	6.33
2689842	2	0	'1515892	广东省 深圳市 龙岗区	19644.20	145	135.4772414	2786.32	0.49	0.26
4313145	2	1	'1831965	广东省 东莞市 石龙镇	16941.63	137	123.6615328	11623.61	0.57	0.82
190695	3	1	'1585099	广东省 深圳市 福田区	12190.56	128	95.23875	9916.70	0.58	2.39
2310007	2	1	'1860221	广东省 深圳市 南山区	12301.06	133	92.48917293	8181.93	0.64	0.08
4290542	2	1	'1348287	广东省 深圳市 龙岗区	8178.42	177	46.20576271	1955.89	0.24	0.04
4153595	1	0	'1509225	广东省 江门市 江海区	7986.80	173	46.16647399	5866.78	0.90	5.47
4153485	2	1	'1372026	广东省 梅州市 五华县	5280.84	119	44.37680672	1116.82	0.17	0.02
4153242	2	1	'1372026	广东省 东莞市 石龙镇	5728.98	165	34.72109091	1894.45	0.53	0.32
4414023	3	0	'1351029	广东省 梅州市 五华县	3996.73	130	30.74407692	1725.35	0.46	0.01
1893133	1	0	'1370703	广东省 广州市 白云区	3596.43	141	25.50659574	730.03	0.02	0.05
893869	1	1	'1861665	广东省 梅州市 梅县区	3816.36	159	24.00226415	1080.94	0.07	0.02
4936166	1	1	'1372803	广东省 湛江市 赤坎区	3138.75	131	23.95992366	1146.02	0.25	0.03

图4-28　平均消费金额降序排列结果

会员558903的消费次数虽然只有8次，但是消费能力相对其他会员高很多，平均消费金额达到3416.5875元，与消费金额第二的会员相差甚远。这也验证了上文所说的重复消费次数少并不代表客户的忠诚度、满意度低。对于该类客户，商城仍然需要重视。该类客户虽然消费次数较少，但是每次消费金额很高，说明该类客户对价格并不敏感，更加重视产品的质量或服务等，所以商城可以为该类客户提供VIP服务、优质产品等，提升客户黏性。

也可以对平均消费金额进行分组。在H列后新增一列，命名为“平均消费金额分组”，然后对平均消费金额进行离散化编码。这里将平均消费金额分为5组：[0，100）、[100，300）、[300，500）、[500，1000）、1000及以上。这里有两种离散化编码的方法：一种是使用IF函数，另一种是使用VLOOKUP函数。

使用IF函数：在I3单元格中输入公式“=IF(H3>=1000,"1000及以上",IF(H3>=500,"[500,1000)",IF(H3>=300,"[300,500)",IF(H3>=100,"[100,300)","(0,100)"))))”，即可对平均消费金额进行分组。向下复制公式，即可对所有平均消费金额进行分组，结果如图4-29所示。

使用VLOOKUP函数：首先在右侧空白表格处确定分组的范围和标准，如图4-30所示。“阈值”指每组覆盖的数值范围中的最小值，将其分为[0，100）、[100，300）、[300，500）、[500，1000）、1000及以上5个组，使用VLOOKUP函数的模糊匹配来查找实现。

选择I3单元格，输入公式“=VLOOKUP(H3,$N$2:$O$7,2,TRUE)”，计算出I3单元格的值，如图4-30所示。

对I4:I32单元格进行公式复制填充，完成后结果如图4-31所示，和使用IF函数的方法是一样的。

=IF(H3>=1000,"1000及以上",IF(H3>=500,"[500,1000)",IF(H3>=300,"[300,500)",IF(H3>=100,"[100,300)","(0,100)"))))

赋值为2，40-50赋值为3；

	收货地址	消费金额	消费次数	平均消费金额	平均消费金额分组	积分	线上/线下次数	线上/线下金额
3	广东省 中山市 小榄镇	27332.70	8	3416.5875	1000及以上	5466.54	0.14	1.16
4	广东省 广州市 白云区	84944.22	92	923.3067391	[500,1000)	10877.21	0.05	5.16
5	广东省 深圳市 大鹏新区	123930.90	137	904.6051095	[500,1000)	125517.65		3.69
6	广东省 中山市 小榄镇	75718.24	93	814.1746237	[500,1000)	47824.82	0.90	13.94
7	广东省 惠州市 惠阳区	103277.03	175	590.1544571	[500,1000)	92384.11	0.01	0.07
8	广东省 深圳市 龙岗区	71840.14	134	536.1204478	[500,1000)	64850.12	0.76	0.02
9	广东省 深圳市 福田区	44622.53	108	413.1715741	[300,500)	31378.59	0.10	0.29
10	广东省 惠州市 惠阳区	41585.41	106	392.3151887	[300,500)	37800.50	1.12	2.67
11	广东省 惠州市 博罗县	27688.39	85	325.7457647	[300,500)	5187.54	0.10	0.01
12	广东省 广州市 花都区	33045.17	114	289.8699123	[100,300)	12892.97	0.25	
13	广东省 东莞市 东城街	37471.80	148	253.1878378	[100,300)	7392.62	0.20	1.48
14	广东省 广州市 黄埔区	37498.70	159	235.8408805	[100,300)	8737.67	0.30	0.73
15	广东省 揭阳市 揭西县	23314.97	127	183.5824409	[100,300)	19442.61	0.32	0.76
16	广东省 深圳市 龙岗区	23762.49	132	180.0188636	[100,300)	11832.64	0.19	2.00
17	广东省 东莞市 东城街	28428.04	159	178.7927044	[100,300)	9349.64	0.16	0.00
18	广东省 阳江市 江城区	59738.14	344	173.6573837	[100,300)	40696.31	0.97	1.98
19		26070.64	167	156.1116168	[100,300)	2985.83	0.26	1.89

图4-29　使用IF函数进行离散化编码

=VLOOKUP(H3,$N$2:$O$7,2,TRUE)

赋值为2，40-50赋值为3；

	收货地址	消费金额	消费次数	平均消费金额	平均消费金额分组	积分	线上/线下次数	线上/线下金额
3	广东省 中山市 小榄镇	27332.70	8	34	=VLOOKUP(H3,$N$2:$O$7,2,TRUE)		0.14	1.16
4	广东省 广州市 白云区	84944.22	92	923.3067 VLOOKUP(lookup_value, table_array, col_index_num, [range_lookup])				5.16
5	广东省 深圳市 大鹏新区	123930.90	137	904.6051095		125517.65		3.69
6	广东省 中山市 小榄镇	75718.24	93	814.1746237		47824.82	0.90	13.94
7	广东省 惠州市 惠阳区	103277.03	175	590.1544571		92384.11	0.01	0.07
8	广东省 深圳市 龙岗区	71840.14	134	536.1204478		64850.12	0.76	0.02
9	广东省 深圳市 福田区	44622.53	108	413.1715741		31378.59	0.10	0.29
10	广东省 惠州市 惠阳区	41585.41	106	392.3151887		37800.50	1.12	2.67
11	广东省 惠州市 博罗县	27688.39	85	325.7457647		5187.54	0.10	0.01
12	广东省 广州市 花都区	33045.17	114	289.8699123		12892.97	0.25	
13	广东省 东莞市 东城街	37471.80	148	253.1878378		7392.62	0.20	1.48
14	广东省 广州市 黄埔区	37498.70	159	235.8408805		8737.67	0.30	0.73
15	广东省 揭阳市 揭西县	23314.97	127	183.5824409		19442.61	0.32	0.76
16	广东省 深圳市 龙岗区	23762.49	132	180.0188636		11832.64	0.19	2.00
17	广东省 东莞市 东城街	28428.04	159	178.7927044		9349.64	0.16	0.00
18	广东省 阳江市 江城区	59738.14	344	173.6573837		40696.31	0.97	1.98
19		26070.64	167	156.1116168		2985.83	0.26	1.89

分组范围及标准

阈值	金额分组
0	[0，100)
100	[100,300)
300	[300,500)
500	[500,1000)
1000	1000及以上

图4-30　使用VLOOKUP函数确定分组范围和标准

40）赋值为2，40-50赋值为3；

收货地址	消费金额	消费次数	平均消费金额	平均消费金额分组	积分	线上/线下次数	线上/线下金额
广东省 中山市 小榄镇	27332.70	8	3416.5875	1000及以上	5466.54	0.14	1.16
广东省 广州市 白云区	84944.22	92	923.3067391	[500,1000)	10877.21	0.05	5.16
广东省 深圳市 大鹏新区	123930.90	137	904.6051095	[500,1000)	125517.65		3.69
广东省 中山市 小榄镇	75718.24	93	814.1746237	[500,1000)	47824.82	0.90	13.94
广东省 惠州市 惠阳区	103277.03	175	590.1544571	[500,1000)	92384.11	0.01	0.07
广东省 深圳市 龙岗区	71840.14	134	536.1204478	[500,1000)	64850.12	0.76	0.02
广东省 深圳市 福田区	44622.53	108	413.1715741	[300,500)	31378.59	0.10	0.29
广东省 惠州市 惠阳区	41585.41	106	392.3151887	[300,500)	37800.50	1.12	2.67
广东省 惠州市 博罗县	27688.39	85	325.7457647	[300,500)	5187.54	0.10	0.01
广东省 广州市 花都区	33045.17	114	289.8699123	[100,300)	12892.97	0.25	
广东省 东莞市 东城街	37471.80	148	253.1878378	[100,300)	7392.62	0.20	1.48
广东省 广州市 黄埔区	37498.70	159	235.8408805	[100,300)	8737.67	0.30	0.73
广东省 揭阳市 揭西县	23314.97	127	183.5824409	[100,300)	19442.61	0.32	0.76
广东省 深圳市 龙岗区	23762.49	132	180.0188636	[100,300)	11832.64	0.19	2.00
广东省 东莞市 东城街	28428.04	159	178.7927044	[100,300)	9349.64	0.16	0.00
广东省 阳江市 江城区	59738.14	344	173.6573837	[100,300)	40696.31	0.97	1.98
	26070.64	167	156.1116168	[100,300)	2985.83	0.26	1.89

阈值	金额分组
0	[0，100)
100	[100,300)
300	[300,500)
500	[500,1000)
1000	1000及以上

图4-31　使用VLOOKUP函数进行离散化编码

选中任意表格，单击“插入”选项卡中的“数据透视表”，将“平均消费金额分组”放入“行标签”，将“会员编号”放入“值”里计数，选中C列任一单元格，单击鼠标右键，选择“值显示方式”→“总计的百分比”选项，如图4-32所示。

课中实训

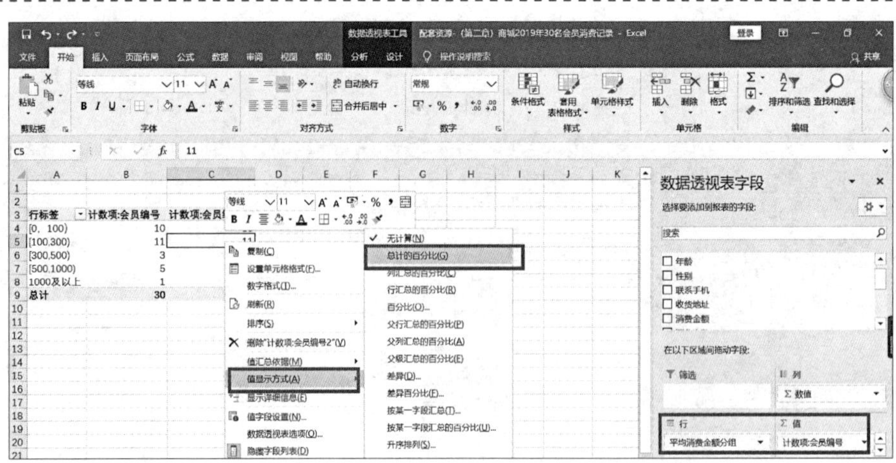

图4-32　插入数据透视表

结果输出后如图4-33所示，其中平均消费在[0，100）的占33.33%，在[100，300）的占36.67%，即平均消费金额在300元以下的占比为70%，说明该商城的客户消费水平普遍偏低。

图4-33　会员消费能力结构

除以上分析外，还可以对会员分布（地址）、会员购买方式（线上、线下）等进行分析。由于数据量较少，本书不再详细讲述，有兴趣的可自行分析。

图4-34所示为BM公司电商平台导出的2023年9月17日的订单情况，包含订单编号、总金额、订单创建时间、订单付款时间、产品标题等信息（见素材4.3.1）。以该订单数据为例，分析公司的主营产品情况、销售时间分布、订单金额分布等，并提出改善经营状况的建议。

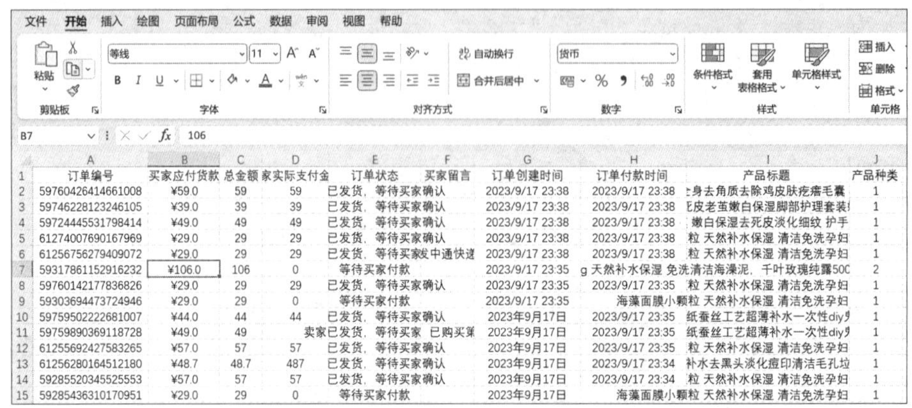

订单编号	买家应付货款	总金额	家实际支付金	订单状态	买家留言	订单创建时间	订单付款时间	产品标题	产品种类
59760426414661008	¥59.0	59	59	已发货，等待买家确认		2023/9/17 23:38	2023/9/17 23:38	身去角质去除鸡皮肤疙瘩毛囊	1
59746228123246105	¥39.0	39	39	已发货，等待买家确认		2023/9/17 23:38	2023/9/17 23:38	皮老茧嫩白保湿脚部护理套装	1
59724445531798414	¥49.0	49	49	已发货，等待买家确认		2023/9/17 23:38	2023/9/17 23:38	嫩白保湿去死皮淡化细纹 护手	1
61274007690167969	¥29.0	29	29	已发货，等待买家确认		2023/9/17 23:38	2023/9/17 23:38	粒 天然补水保湿 清洁免洗孕妇	1
61256756279409072	¥29.0	29	29	已发货，等待买家	发中通快递	2023/9/17 23:38	2023/9/17 23:38	粒 天然补水保湿 清洁免洗孕妇	1
59317861152916232	¥106.0	106	0	等待买家付款		2023/9/17 23:35	g 天然补水保湿 免洗清洁海藻泥，千叶玫瑰纯露500		2
59760142177836826	¥29.0	29	29	已发货，等待买家确认		2023/9/17 23:35	2023/9/17 23:35	粒 天然补水保湿 清洁免洗孕妇	1
59303694473724946	¥29.0	29	0	等待买家付款		2023/9/17 23:35		海藻面膜小颗粒 天然补水保湿 清洁免洗孕妇	1
59759502222681007	¥44.0	44	44	已发货，等待买家确认		2023年9月17日	2023/9/17 23:35	纸蚕丝工艺超薄补水一次性diy	1
59759890369118728	¥49.0	49		卖家已发货，等待买家	已购买第	2023年9月17日	2023/9/17 23:35	纸蚕丝工艺超薄补水一次性diy	1
61255692427583265	¥57.0	57	57	已发货，等待买家确认		2023年9月17日	2023/9/17 23:35	粒 天然补水保湿 清洁免洗孕妇	1
61256280164512180	¥48.7	48.7	487	已发货，等待买家确认		2023年9月17日	2023/9/17 23:34	补水去黑头淡化痘印清洁毛孔垃	1
59285520345525553	¥57.0	57	57	已发货，等待买家确认		2023年9月17日	2023/9/17 23:34	粒 天然补水保湿 清洁免洗孕妇	1
59285436310170951	¥29.0	29	0	等待买家付款		2023年9月17日		海藻面膜小颗粒 天然补水保湿 清洁免洗孕妇	1

图4-34　电商平台订单数据

1. 分析工具及方法

该任务的分析工具为Excel；可用的数据处理及分析方法有字段分列、数据分组（VLOOKUP函数）、数据透视表等。

2. 分析思路

____

____

3. 分析步骤

将分析步骤及结果写在数据分析报告上。

任务二 推广效果分析

他山之石

商城推广费用评估

表4-7所示为H商城2023年1—7月某化妆品的支付产品件数和推广费用，试分析支付产品件数与推广费用之间存在何种相关性、相关程度如何。

表4-7 H商城某化妆品支付产品件数及推广费用统计

月份	支付产品件数	推广费用/元
1	557	2100
2	485	2036
3	349	1884
4	347	1885
5	355	1680
6	291	1532
7	240	955

1. 分析思路

该案例要分析产品销量与推广费用之间的相关性，并确定两者之间的相关程度，即需要求出相关系数。按照一般的商业逻辑，推广费用越高，产品销量就应该越高，所以产品销量与推广费用之间应该呈正相关关系。下面通过计算两者之间的相关系数验证以上假设。

2. 分析工具

本案例使用Excel计算相关系数。

3. 分析步骤

第1步，在Excel中，在“数据”功能区单击“数据分析”按钮，在弹出的“数据分析”对话框中选择“相关系数”选项，单击“确定”按钮，如图4-35所示。

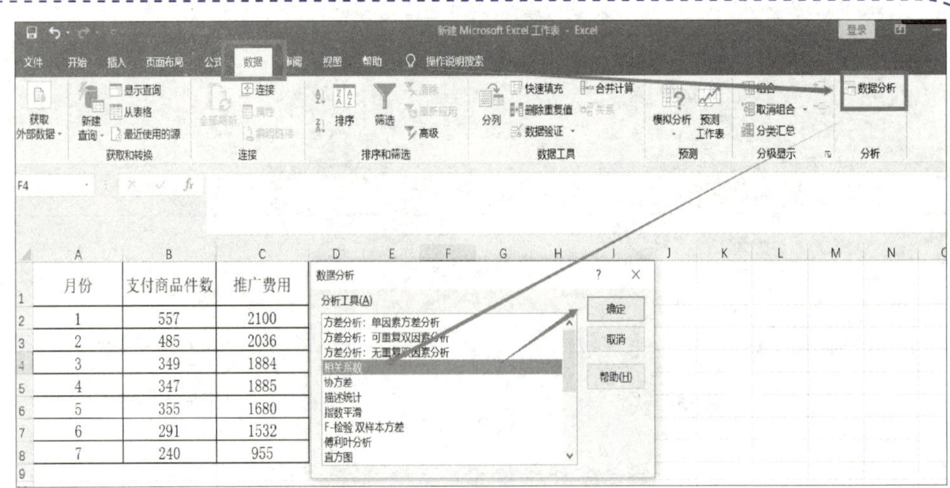

图4–35 选择相关系数

第2步，在弹出的“相关系数”对话框中，单击“输入区域”文本框右侧的按钮，选取B1:C8单元格区域，并设置“分组方式”为“逐列”，勾选“标志位于第一行”复选框，并在“输出选项”下方“输出区域”文本框右侧选中工作表中的任意单元格，然后单击“确定”按钮，如图4-36所示。

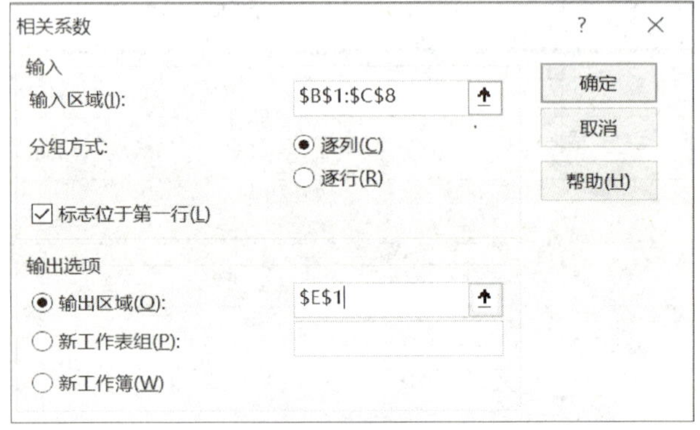

图4–36 设置相关系数

第3步，计算得到的支付产品件数与推广费用的相关系数约为0.833，说明两者属于高度正相关，假设成立，如表4-8所示。因此，对商城而言，想要提升消费额，可适当提升产品的推广费用。

表4–8 相关系数

支付产品件数	推广费用 / 元
1	0.832721206

某公司在天猫、京东、小红书等多家电商平台都开设了专卖店，为了确定产品的销量与平台推广之间的关系，该公司统计了近年来各平台年广告投入费和月平均销售额的数据，如表4-9所示。试分析广告投入与销售额之间呈现何种相关关系、相关程度有多大，并列出给该公司的建议。

表4-9　不同平台年广告费与月平均销售额相关统计数据

年广告费投入 / 万元	12.5	15.3	23.2	26.4	33.5	34.4	39.4	45.2	55.4	60.9
月均销售额 / 万元	21.2	23.9	32.9	34.1	42.5	43.2	49	52.8	59.4	63.5

任务三　销售预测分析

他山之石

商城销售预测分析

以H商城2023年1—7月某化妆品的销售情况为例，其支付产品件数、件单价、推广费用和支付金额情况如表4-10所示。按照该运营情况，预测商城想要完成该化妆品每月200万元的销售额需要投入多少推广费用。

表4-10　H商城某化妆品月销售情况统计

月份	支付产品件数	件单价 / 元	推广费用 / 元	支付金额 / 元
1	557	2884	2100	1169700
2	485	2573	2036	987460
3	349	1680	1884	657516
4	347	2100	1885	654095
5	355	2036	1680	596400
6	291	1884	1532	445812
7	240	1885	955	229200

1. 分析思路

根据相关分析，已经知道支付产品件数和推广费用呈高度正相关关系，支付产品件数乘以件单价可以得出支付金额，所以推广费用和支付金额也应该呈正相关关系。在这里，可以将推广费用作为自变量x，支付金额作为因变量y，并假设它们之间存在线性关系：$y=ax+b+\varepsilon$。其中，a、b均为该线性回归方程的待定系数，称为回归参数，a为回归直线的斜率，b为常数项，是回归直线在纵坐标轴上的截距；ε为随机误差，是随机因素对因变量所产生的影响，可以忽略不计。下面通过回归分析求出该模型的各系数。

2. 分析工具

本案例使用Excel进行回归分析。

3. 分析步骤

第1步，将推广费用作为自变量x、支付金额作为因变量y。

第2步，根据1—7月的数据画出散点图。选中数据区域D2:E8，单击“插入”选项卡中的“散点图”按钮，如图4-37所示。

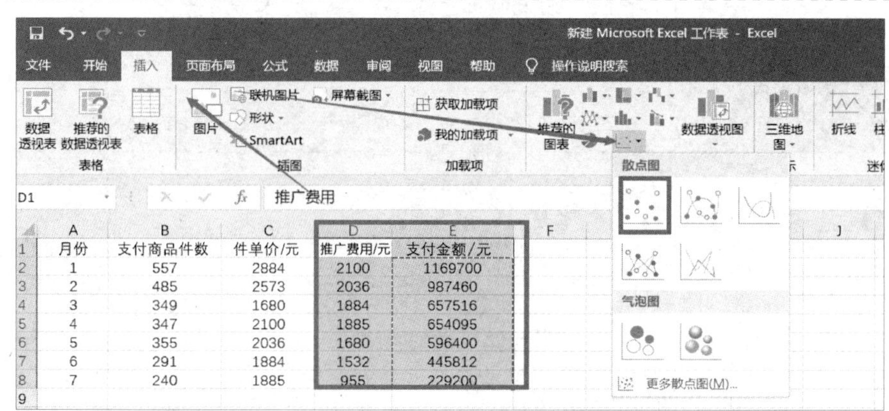

	A	B	C	D	E
1	月份	支付商品件数	件单价/元	推广费用/元	支付金额/元
2	1	557	2884	2100	1169700
3	2	485	2573	2036	987460
4	3	349	1680	1884	657516
5	4	347	2100	1885	654095
6	5	355	2036	1680	596400
7	6	291	1884	1532	445812
8	7	240	1885	955	229200

图4-37　插入散点图

图4-38所示为输出的散点图。由该散点图数据分布情况可看出，支付金额基本根据推广费用呈直线变化趋势，因此满足一元线性回归模型。

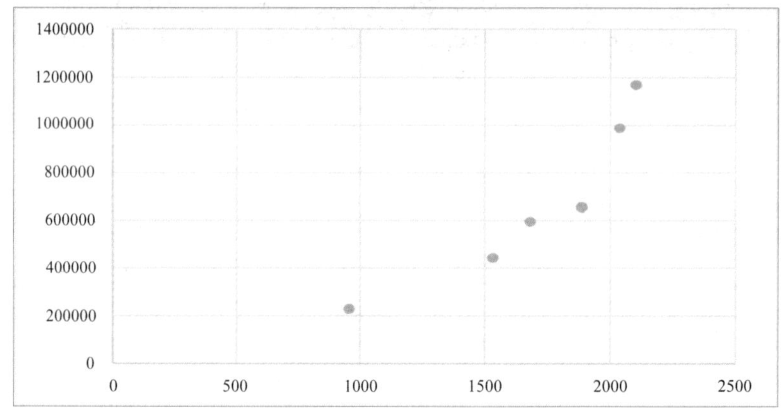

图4-38　支付金额与推广费用散点图

第3步，确定a、b，建立回归方程式。在Excel中，单击“数据”选项卡中的“数据分析”按钮（要求事先安装Excel分析工具库），在弹出的对话框中选择“回归”分析工具，并按图4-39所示设置回归分析相关参数。

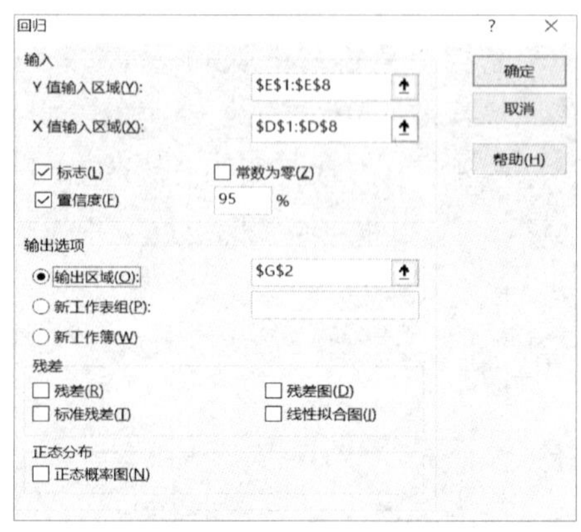

图4-39　设置回归分析参数

图4-40所示为输出的结果，显示线性回归方程的两个系数为a=725.3431、b=−573737。由此建立线性回归方程式：y=725.3431x−573737。

SUMMARY OUTPUT

回归统计	
Multiple R	0.89798883
R Square	0.80638394
Adjusted R Square	0.76766073
标准误差	152491.795
观测值	7

方差分析

	df	SS	MS	F	Significance F
回归分析	1	4.84E+11	4.84E+11	20.8243	0.006038332
残差	5	1.16E+11	2.33E+10		
总计	6	6.01E+11			

	Coefficients	标准误差	t Stat	P-value	Lower 95%	Upper 95%	下限 95.0%	上限 95.0%
Intercept	-573737.01	280113	-2.04823	0.09586	-1293790.383	146316.4	-1293790	146316.4
推广费用	725.343114	158.9492	4.563366	0.00604	316.7512901	1133.935	316.7513	1133.935

图4–40 线性回归相关输出结果

第4步，回归检验。图4-40的输出结果中包括回归统计、方差分析和回归系数：回归统计用于衡量因变量与自变量之间的相关程度，方差分析主要用于通过F检验判断回归模型的回归效果，回归系数主要用于显著性检验。这里主要观察以下几个数据。

（1）R^2，其值越接近1，表示回归模型的拟合效果越好。本例中，$R^2 \approx 0.8064$，回归模型拟合效果好。

（2）F统计量，检验标准：|F统计量|>F临界值。本例中，从方差分析表中可知F=20.8243，而F临界值可通过FINV函数计算，即F临界值=FINV（0.05,1,5）=6.6079。其中0.05为显著性水平，1为分子自由度，5为分母自由度。从结果来看，符合检验标准，因此通过F检验。

（3）t统计量，检验标准：|t统计量|>t临界值。本例中，从回归系数表中可知$t \approx 4.5634$，而t临界值可通过TINV函数计算，即t临界值=TINV（0.05,5）=2.5706。其中，0.05为显著性水平，5为自由度。从结果来看，符合检验标准，因此也通过了t检验。

（4）P值，检验标准：P<显著性水平值（常取0.01或0.05，默认为0.05）。本例中，从回归系数表中可知P=P−value=0.0060，远小于0.05，因此通过P检验。

第5步，回归预测。由于通过了上述回归检验，因此可以使用前面建立的线性回归方程y=725.3431x−573737进行预测，将y=2000000代入公式，求得x=3548.303，即企业要达到月200万元的销售额，需要投入的推广费用为3548.303元。

课中实训

已知某商城的全年高质量产品（指月度达到一定成交额的产品）和成交额的数据（见表4-11），试建立一元线性方程，并按照该年运营情况预测将高质量产品数提高到120000时的成交额是多少。

表4–11 商城高质量产品数与成交额情况

月份	1	2	3	4	5	6
高质量产品数	65704	57605	50292	33831	33946	33270
成交额 / 元	3398511	2730836	2161994	1434395	1332344	1004474

续表

月份	7	8	9	10	11	12
高质量产品数	82143	82405	114775	103663	79849	59619
成交额 / 元	5474840	7484978	12019031	9578624	7062607	5004396

任务四　客服数据分析

他山之石

客服KPI考核模型

客服KPI考核是指企业通过对客服人员进行目标式的量化考核，使企业的总体运营目标可以分解为操作性强、分工明确的个体目标。同时，客服KPI考核明确规定了客服人员的主要任务，明确了每个客服人员的业绩衡量指标。

客服KPI模型主要分为单一模型和复合模型。单一模型主要是根据客服人员的业绩进行考核，单一模型对客服人员能起到一定的激励作用，但是也会导致客服人员只顾个人业绩，忽视团队协作，不利于企业的长期发展。因此，企业对客服的绩效考核需要采取更完善的复合模型。复合模型会根据多方面的数据指标对客服人员进行考核。一般情况下，复合模型的设计需要确定以下3个因素。

1. 考核的指标

企业根据客服人员的工作质量、团队合作能力、工作态度等制订考核的指标，如成交转化率、客单价、响应时间等。

2. 评分的标准

企业分别对不同的考核指标制订相应的评分标准，如针对销售的旺季和淡季制订不同的评分标准。

3. 权重的分配

权重分配是指为考核指标分配相应的权重，某一指标的权重能直接体现出该指标在整个模型中的相对重要程度，全部指标之和为100%。

例如，H商城对客服人员采取KPI复合模型考核制度，图4-41所示为考核指标权重的分配，图4-42所示为各考核关键指标的含义。根据客服人员在各项指标上的权重得分，就可以对客服人员的工作进行绩效考核。

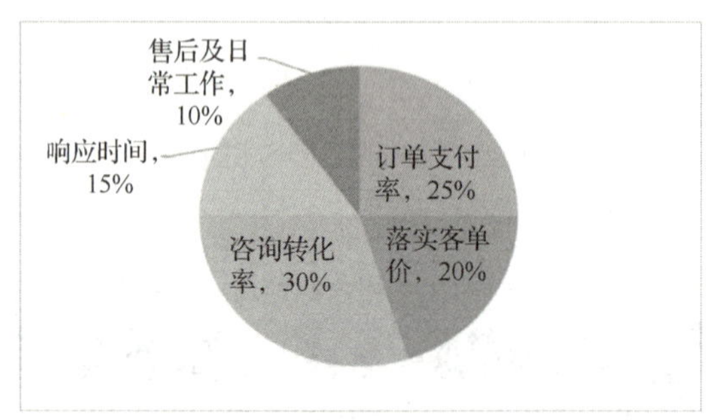

图4-41　H商城客服人员考核权重分配

1. 咨询转化率

- 咨询转化率是指所有咨询客服并产生购买行为的人数与咨询客服总人数的比值。

2. 订单支付率

- 订单支付率是指咨询后成交笔数与下单总笔数的比值。订单支付率直接影响着店铺的利润，在一定程度上也会影响店铺的排名。

3. 落实客单价

- 落实客单价是指在一定的周期内，客服人员个人的客单价与店铺客单价的比值。

4. 响应时间

- 响应时间是指当买家咨询后，客服人员回复买家的时间间隔。响应时间又分为首次响应时间和平均响应时间。

5. 售后及日常工作

- 客服KPI复合模型能够根据不同的指标对客服人员进行全方位的考核。除相关的数据指标之外，还包括对客服人员的售后及日常工作进行考核。

图4-42 客服人员考核关键指标

某公司为了高效管理整个客服团队，决定对客服人员采取KPI复合模型考核制度，表4-12所示为KPI考核指标体系，表4-13至表4-17所示为3名客服人员相关工作统计，请按照KPI考核指标体系，分析A、B、C 3名客服人员的工作情况，完成表4-18，并针对目前存在的问题，提出提高客服人员工作效率的建议。

表4-12 客服人员KPI考核指标体系

KPI考核指标	计算公式	评分标准	分值	权重
咨询转化率（X）	咨询转化率=成交人数/咨询总人数	$X \geqslant 41\%$	100	30%
		[38%，41%)	90	
		[35%，38%)	80	
		[32%，35%)	70	
		[28%，32%)	60	
		[25%，28%)	50	
		$X < 25\%$	0	
订单支付率（F）	订单支付率=咨询后成交笔数/下单总笔数	$F \geqslant 9\%$	100	25%
		[80%，90%)	90	
		[70%，80%)	80	
		[60%，70%)	70	
		[50%，60%)	60	
		$F < 50\%$	0	
落实客单价（Y）/元	落实客单价=客服客单价/店铺客单价	$Y \geqslant 1.23$	100	20%
		[1.21，1.23)	90	
		[1.19，1.21)	80	
		[1.17，1.19)	70	
		[1.15，1.17)	60	
		$Y < 1.15$	0	

续表

KPI 考核指标	计算公式	评分标准	分值	权重
首次响应时间（ST）/ 秒		ST≤10	100	10%
		（10，15]	90	
		（15，20]	80	
		（20，25]	70	
		（25，30]	60	
		ST＞30	0	
平均响应时间（PT）/ 秒		PT≤20	100	5%
		（20，25]	90	
		（25，30]	80	
		（30，35]	70	
		（35，40]	60	
		PT＞40	0	
月退货率（T）	月退货率＝月退货量 / 月成交量	T＜1%	100	10%
		[1%，5%）	80	
		[5%，10%）	60	
		T≥10%	0	

表 4–13　客服人员咨询转化率统计

客服人员	成交人数	咨询总人数	咨询转化率	得分	权重得分
A	88	275			
B	582	1455			
C	232	800			

表 4–14　客服人员订单支付率统计

客服人员	咨询后成交笔数	下单总笔数	订单支付率	得分	权重得分
A	228	240			
B	247	325			
C	198	225			

表 4–15　客服人员落实客单价统计

客服人员	客服客单价 / 元	店铺客单价 / 元	落实客单价 / 元	得分	权重得分
A	78.23	66.3			
B	76.9	66.3			
C	82.8	66.3			

表4-16　客服人员响应时间统计

客服人员	首次响应时间/秒	得分	权重得分	平均响应时间/秒	得分	权重得分
A	13			21		
B	8			19		
C	16			27		

表4-17　客服人员售后统计

客服人员	月退货量	月成交量	月退货率	得分	权重得分
A	6	289			
B	23	423			
C	0	260			

表4-18　客服人员KPI权重得分

项目	A	B	C
咨询转化率			
订单支付率			
落实客单价			
首次响应时间			
平均响应时间			
月退货率			
权重得分			

针对目前客服人员存在的问题，提出改进工作的建议：________________________

____

实训项目评价

学生自评表

序号	技能点自评	佐证	达标	未达标
1	商务数据分析模型	能够根据具体情境，使用数据分析模型		
2	商务数据分析方法	能够选择正确的数据分析方法		
3	商务数据分析应用	能够结合具体业务，根据数据分析结果，提出改进建议，指导经营决策		

序号	素质点自评	佐证	达标	未达标
1	创新意识	能够结合具体业务场景，创造性地使用管理学、营销等理论指导操作		
2	协作精神	能够和团队成员协商，共同完成实训任务		
3	系统构建能力	能够养成系统地发现问题、解决问题的能力		

教师评价表

序号	评价技能点	佐证	达标	未达标
1	商务数据分析模型	能够根据具体情境，使用数据分析模型		
2	商务数据分析方法	能够选择正确的数据分析方法		
3	商务数据分析应用	能够结合具体业务，根据数据分析结果，提出改进建议，指导经营决策		

序号	评价素质点	佐证	达标	未达标
1	创新意识	能够结合具体业务场景，创造性地使用管理学、营销等理论指导操作		
2	协作精神	能够和团队成员协商，共同完成实训任务		
3	系统构建能力	能够养成系统地发现问题、解决问题的能力		

课后提升

案例：身体乳产品升级市场调研数据分析（以市场部数据为例）

根据市场部提供的2021年1月到2023年2月的电商平台身体乳产品的搜索人气、访客数、卖家数、交易指数、客单价等数据，可以得出以下分析结果。

1. 搜索情况分析

由表4-19可知，店铺访客数、搜索人气数据同比呈增长趋势，尤其是2022年9月至2023年2月，同比增幅明显，说明该产品受大众喜爱，整体情况好，消费群体稳定，并占有一定市场份额；而卖家数呈减少趋势，说明行业经过一定的竞争，淘汰了部分卖家，而该家店铺运营状况整体较稳定，并有了一定的市场份额。

表4-19　身体乳搜索指数情况

月份	访客数	搜索人气	卖家数	搜索人气同比增幅	搜索人气环比增幅	访客数同比增幅	访客数环比增幅
2021年1月	8372941	281640	4125053				
2021年2月	5555562	220549	3686810		-22%		-34%
2021年3月	8884641	300582	4020328		36%		60%
2021年4月	8968010	290421	4020637		-3%		1%
2021年5月	7873789	269034	4146479		-7%		-12%
2021年6月	7362723	241127	4032110		-0%		-6%
2021年7月	7186440	242419	4050435		1%		-2%
2021年8月	7845927	254722	4086192		5%		9%
2021年9月	6889027	224305	3951723		-12%		-12%
2021年10月	7565326	238968	4022538		7%		10%
2021年11月	9512526	251941	3873904		5%		26%
2021年12月	7499945	233669	3908103		-7%		-21%
2022年1月	7254018	238199	3848408	-15%	2%	-13%	-3%
2022年2月	7302987	230081	3442125	4%	-3%	31%	1%
2022年3月	9529233	277860	3731017	-8%	21%	7%	30%
2022年4月	7456391	250134	3642305	-14%	-10%	-17%	-22%
2022年5月	7046971	245945	3773195	-9%	-2%	-11%	-5%
2022年6月	7150113	255622	3648459	6%	4%	-3%	1%
2022年7月	6316598	260533	3774480	7%	2%	-12%	-12%
2022年8月	7164127	268313	3673030	5%	3%	-9%	13%
2022年9月	7361264	261669	3247690	17%	-2%	7%	3%
2022年10月	7814593	274126	3311986	15%	5%	3%	6%
2022年11月	10141140	296498	3285563	18%	8%	7%	30%
2022年12月	9553968	294460	3302368	26%	-1%	27%	-6%
2023年1月	7698283	261907	3161486	10%	-11%	106%	-19%
2023年2月	10824791	319611	2811676	39%	22%	148%	41%

2. 交易情况分析

由表4-20可知，在卖家数量明显减少的情况下，交易指数呈增长趋势，可以看出消费群体稳定，身体乳产品市场前景较好。同时，卖家大幅度减少，交易指数增长，说明产品的品牌化趋势明显，人们的消费习惯趋于定势并有了品牌意识。

表4-20 身体乳交易指数情况

月份	交易指数	访客数	卖家数	交易指数淡旺季排序	人均贡献	交易指数同比增幅
2021年1月	1917417	8372941	4125053	3	0.23	
2021年2月	1366230	5555562	3686810	12	0.25	
2021年3月	1924426	8884641	4020328	2	0.22	
2021年4月	1754649	8968010	4020637	5	0.20	
2021年5月	1691004	7873789	4146479	6	0.21	
2021年6月	1668110	7362723	4032110	8	0.23	
2021年7月	1612915	7186440	4050435	11	0.22	
2021年8月	1644969	7845927	4086192	10	0.21	
2021年9月	1677408	6889027	3951723	7	0.24	
2021年10月	1664992	7565326	4022538	9	0.22	
2021年11月	2096760	9512526	3873904	1	0.22	
2021年12月	1813387	7499945	3908103	4	0.24	
2022年1月	1807507	7254018	3848408	7	0.25	−6%
2022年2月	1671660	7302987	3442125	10	0.23	22%
2022年3月	2169590	9529233	3731017	2	0.23	13%
2022年4月	1927281	7456391	3642305	3	0.26	10%
2022年5月	1873217	7046971	3773195	5	0.27	11%
2022年6月	1833466	7150113	3648459	6	0.26	10%
2022年7月	1651707	6316598	3774480	11	0.26	2%
2022年8月	1681960	7164127	3673030	9	0.23	2%
2022年9月	1699991	7361264	3247690	8	0.23	1%
2022年10月	1602716	7814593	3311986	12	0.21	−4%
2022年11月	2181039	10141140	3285563	1	0.22	4%
2022年12月	1925382	9553968	3302368	4	0.20	6%
2023年1月	1686898	7698283	3161486	2	0.22	−7%
2023年2月	2067969	10824791	2811676	1	0.19	24%

3. 客单价分析

由表4-21可以看出，客单价同比增长呈持续下降状态，且2022年5月后，客单价下降到一定程度后基本保持平稳在92元左右。

客单价呈下降趋势，但交易指数呈上升趋势，说明产品销量和热度增加，产品趋于大众化。

表4-21　身体乳客单价情况

月份	客单价/元	客单价同比增长率	客单价环比增长率
2021年1月	100.94		
2021年2月	98.91		-2%
2021年3月	97.28		-2%
2021年4月	100.81		4%
2021年5月	101.36		1%
2021年6月	98.35		-3%
2021年7月	98.55		0%
2021年8月	92.39		-6%
2021年9月	105.34		14%
2021年10月	90.23		-14%
2021年11月	94.68		5%
2021年12月	101.04		7%
2022年1月	108.12	7%	7%
2022年2月	112.24	13%	4%
2022年3月	111.87	15%	0%
2022年4月	118.99	18%	6%
2022年5月	117.5	16%	-1%
2022年6月	99.95	2%	-15%
2022年7月	103.02	5%	3%
2022年8月	95.32	3%	-7%
2022年9月	92.03	-13%	-3%
2022年10月	86.45	-4%	-6%
2022年11月	91.48	-3%	6%
2022年12月	80.4	-20%	-12%
2023年1月	100.11	-7%	25%
2023年2月	92.07	-18%	-8%

4．卖方市场分析

由表4-22可知，身体乳卖家数减少，说明市场经过一定的竞争，淘汰了一些卖家；被支付卖家数较稳定，说明留下的卖家都有了稳定的店铺，同时新进入的卖家已经从中找到自己的市场。

表4-22　身体乳卖方市场情况

月份	卖家数	被支付卖家数	卖家占比
2021年1月	4125053	125324	3%
2021年2月	3686810	69769	2%
2021年3月	4020328	117987	3%
2021年4月	4020637	109417	3%
2021年5月	4146479	102486	2%

续表

月份	卖家数	被支付卖家数	卖家占比
2021年6月	4032110	92198	2%
2021年7月	4050435	92208	2%
2021年8月	4086192	92369	2%
2021年9月	3951723	87831	2%
2021年10月	4022538	93038	2%
2021年11月	3873904	90270	2%
2021年12月	3908103	89737	2%
2022年1月	3848408	90302	2%
2022年2月	3442125	69556	2%
2022年3月	3731017	102478	3%
2022年4月	3642305	90062	2%
2022年5月	3773195	89273	2%
2022年6月	3648459	81888	2%
2022年7月	3774480	82075	2%
2022年8月	3673030	82605	2%
2022年9月	3247690	81727	3%
2022年10月	3311986	81860	2%
2022年11月	3285563	81505	2%
2022年12月	3302368	85383	3%
2023年1月	3161486	65579	2%
2023年2月	2811676	85699	3%

5. 加购情况分析

由表4-23可知，交易指数和加购人数整体呈增长趋势，说明此需求已经有了一定的目标消费者群体，身体乳的市场需求在进一步扩大。卖家应明确消费者的需求，激发消费者的购买欲望，促成交易。

表4-23 身体乳加购情况

月份	交易指数	加购人数	买家数	加购人数同比增幅	加购人数环比增幅	加购人均贡献	加购人均贡献排名
2021年1月	1917417	800233	4758140			2.40	8
2021年2月	1366230	536072	4186468		-33%	2.55	5
2021年3月	1924426	822195	4448871		53%	2.34	9
2021年4月	1754649	676723	4275100		-18%	2.59	2
2021年5月	1691004	654526	4306701		-3%	2.58	3

续表

月份	交易指数	加购人数	买家数	加购人数同比增幅	加购人数环比增幅	加购人均贡献	加购人均贡献排名
2021年6月	1668110	654036	4153751		0%	2.55	4
2021年7月	1612915	607745	4144958		-7%	2.65	1
2021年8月	1644969	681907	4149965		12%	2.41	7
2021年9月	1677408	677548	4000337		-1%	2.48	6
2021年10月	1664992	770324	4156793		14%	2.16	10
2021年11月	2096760	1267728	4134441		65%	1.65	12
2021年12月	1813387	888847	4322117		-30%	2.04	11
2022年1月	1807507	853238	4389678	106.62%	-4%	2.12	3
2022年2月	1671660	867230	4025680	161.77%	2%	1.93	6
2022年3月	2169590	1115818	4513744	135.71%	29%	1.94	5
2022年4月	1927281	862018	4554258	127.38%	-23%	2.24	1
2022年5月	1873217	852029	4826430	130.17%	-1%	2.20	2
2022年6月	1833466	957999	4718690	146.47%	12%	1.91	7
2022年7月	1651707	824359	4881427	135.64%	-14%	2.00	4
2022年8月	1681960	937583	4715361	137.49%	14%	1.79	9
2022年9月	1699991	943230	4165257	139.21%	1%	1.80	8
2022年10月	1602716	991402	4337878	128.70%	5%	1.62	10
2022年11月	2181039	1611964	4401646	127.15%	63%	1.35	12
2022年12月	1925382	1317079	4386523	148.18%	-18%	1.46	11
2023年1月	1686898	986325	4569182	115.60%	-25%	1.71	1
2023年2月	2067969	1401226	4915247	161.57%	42%	1.48	2

6. 市场分布分析

由表4-24可以看出，身体乳市场的支付买家数占比排行前三的是广东省、北京市、江苏省，且这些地方的客单价也普遍较高。这些省、市的经济水平较高，客户购买能力强，应该加大对这些地区的产品宣传和投放力度，同时实行网购包邮等优惠策略，进一步提升销售额。

表4-24 市场分布情况

排名	省/直辖市	支付买家数占比	客单价/元
1	广东省	12.68%	50.55
2	北京市	7.23%	48.46
3	江苏省	6.58%	49.37
4	浙江省	6.29%	49.37

课后提升

续表

排名	省 / 直辖市	支付买家数占比	客单价 / 元
5	河南省	5.91%	41.52
6	山东省	5.76%	43.47
7	河北省	4.18%	44.2
8	四川省	4.13%	46.83
9	湖北省	3.84%	48.67
10	上海市	3.74%	54.04

项目五

商务数据可视化及报告撰写

教学目标

知识目标

1. 掌握商务数据可视化的意义；
2. 掌握商务数据可视化的类型和步骤；
3. 熟悉提升商务数据可视化视觉效果的方法；
4. 理解商务数据分析报告的含义和作用；
5. 熟悉商务数据分析报告的类型和构成。

能力目标

1. 能够根据应用场景选择合适的可视化类型；
2. 能够使用数据可视化软件制作基础的可视化图表；
3. 能够撰写商务数据分析报告，并得出结论、建议和解决方案。

创新素质目标

1. 培养学生系统的数据分析思维；
2. 培养学生数据可视化的美学素养；
3. 培养学生以商务决策为导向的数据分析意识；
4. 培养学生诚信、务实、严谨的职业素养；
5. 培养学生树立正确的价值观和人文素养。

思维导图

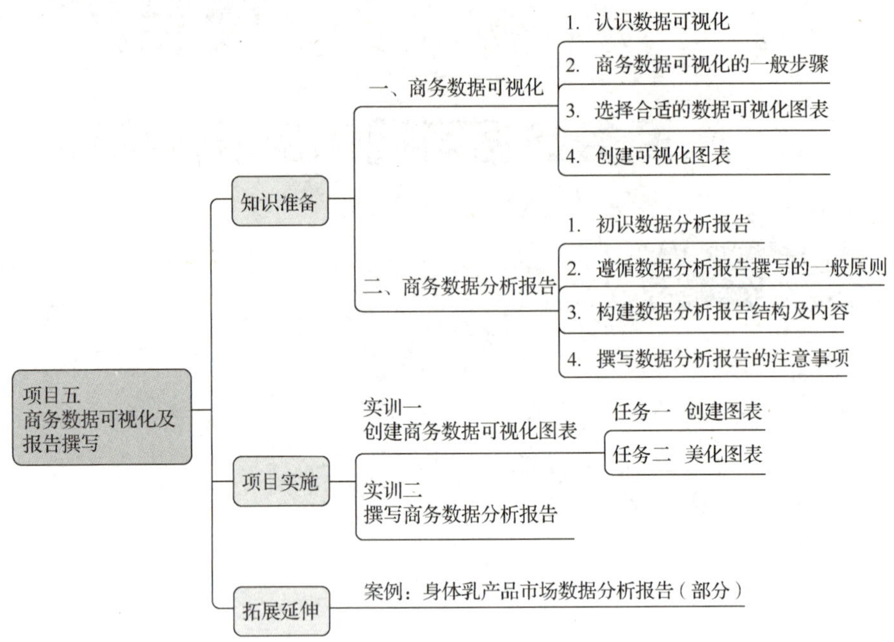

课前自学

根据分析需求，选择正确的数据分析方法之后，就可以得到数据分析结果，接下来数据分析人员要形象、直观地表达数据蕴含的信息，即数据的价值交付。数据的价值交付包括两部分：一是数据分析结果的呈现，即商务数据可视化；二是整个数据分析过程的总结与呈现，即撰写商务数据分析报告。

一、商务数据可视化

1．认识数据可视化

数据可视化的目的是准确而高效、简洁而全面地传递信息和知识。可视化能将不可见的数据现象转化为可见的图形符号，能将错综复杂、难以解释和关联的数据建立起联系和关联，使人发现其特征和规律。

2．商务数据可视化的一般步骤

对商务数据进行可视化处理，一般可以按照以下4个步骤进行。

（1）明确商务数据可视化需求

开始进行商务数据可视化时，首先需要明确数据可视化的需求是什么。可以先试着回答一个问题：这个可视化项目能够怎样帮助观看者？这个问题可以避免数据可视化设计中经常出现的一个问题，即把一些不相干的数据放在一起进行比较。

（2）选择恰当的商务数据可视化类型

在确定了需求之后，就可以为数据选择合适的可视化类型。数据可视化的效率很高，但前提是必须准确运用，并能够精确地传达数据。不同类型的数据适用于不同的图表类型，如果设计人员选用了错误的类型去展现，就很容易给他人造成误解。

（3）确定最关键的数据指标

高效的数据可视化不仅取决于信息可视化的类型，还取决于一种平衡：既要保证总体信息的通俗易懂，又要在某些关键点上有所突出；既能提供深刻的信息解读，又能提供合适的场景进行上下文的联系，从而更加合理地架构数据。所以，在进行数据可视化时，需要选取关键数据指标，对关键信息进行表达，以引导观看者通过可视化得到相应的结论，最大程度彰显数据的价值。

（4）优化展现形式

数据可视化的展现形式除了要有精美的外观，更要根据其功能和用途而设计，而不要为了表面的绚丽多彩把简单的问题复杂化。

3．选择合适的数据可视化图表

数据可视化已经成为一门科学技术，是数据领域一个重要的分支，是关于数据视觉表现形式的科学技术研究，即利用图形、表格、动画等手段，将数据内在的规律直观地进行展现的一种方式，其展现形态、载体等都在不断丰富和发展。本书基于企业经营的一般需求，将重点讨论商务数据可视化的基本形式。

在生活中，几乎每件事都有逻辑，人们也喜欢遵循一定的逻辑理解世间万物。例如，时间先后、因果、总分总等逻辑。数据可视化要表达这种逻辑，基于此，数据可视化的图表也有不同的类型及应用场景。

（1）反映发展趋势的可视化图表

反映发展趋势的可视化图表通过图表来反映事物的发展趋势，让人一眼就能看清趋势或走向，常见的图表类型有柱形图、折线图和面积图等。

① 柱形图又称条形图、直方图，是以宽度相等的条形高度或长度的差异来显示统计指标数值大小的一种图形。柱形图最适合用来展现二维数据集（每个数据点包括X和Y两个值），但只有一个维度需要比较。二维数据集中的一个维度常常是时间维度（如年、月、日等），如图5-1所示，通过该柱形图，可以清晰对比某地区每个月的蒸发量和降水量。

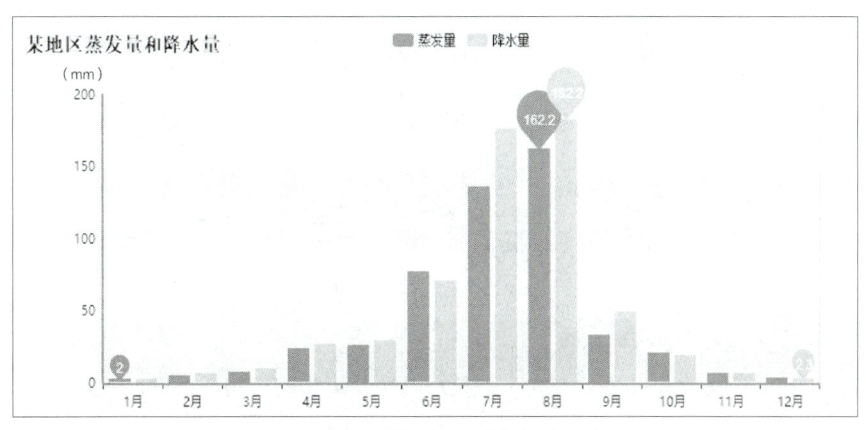

图5-1　柱形图示例（1）

当然。X轴也可以不是时间维度。图5-2所示为某赛季英格兰足球超级联赛中几支球队的赢球数，X轴代表不同球队，Y轴代表赢球数。

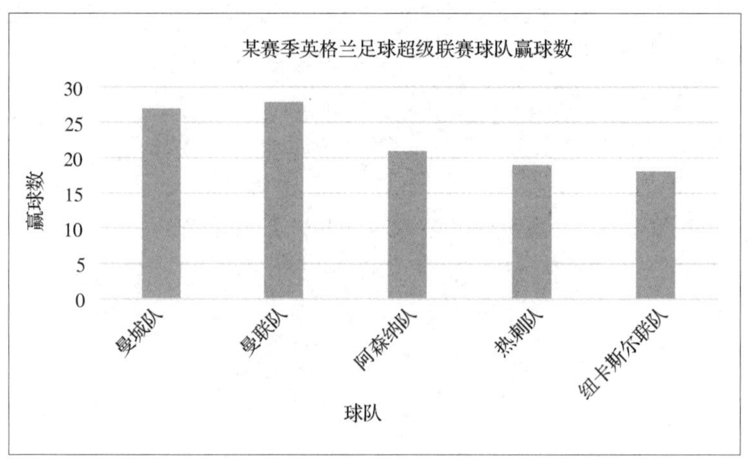

图5-2 柱形图示例（2）

② 折线图是点和线连在一起的图表，同样适合用来展现二维数据，可以反映事物的发展趋势和分布情况。与柱形图相比，折线图更适合展现增幅、增长值，但不适合展现绝对值。折线图还可以将不同的二维数据趋势叠加在一起，达到对比或比较的效果，如图5-3所示。

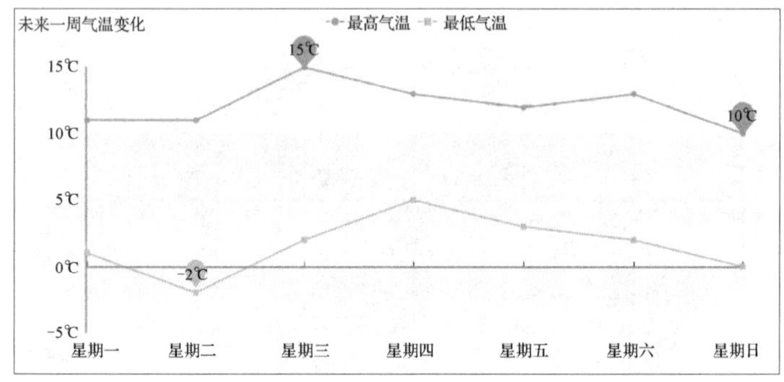

图5-3 折线图示例

③ 面积图就是通过在折线图下加上阴影来反映事物的发展趋势和分布情况，如图5-4所示。

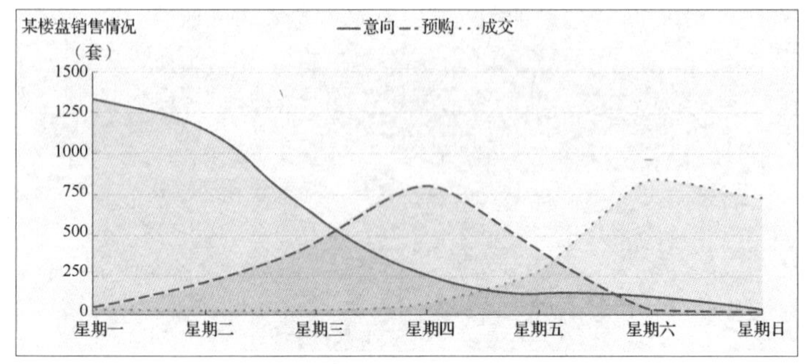

图5-4 面积图示例

（2）反映比例关系的可视化图表

反映比例关系的可视化图表通过大小、长短等反映事物的结构和组成，从而让人知道什么是主要的、什么是次要的。常见的反映比例关系的图表类型有饼图、旭日图、瀑布图等。

① 饼图将一个圆饼分为几份，用于反映事物的构成情况，显示各个项目的大小和比例，如图5-5所示。

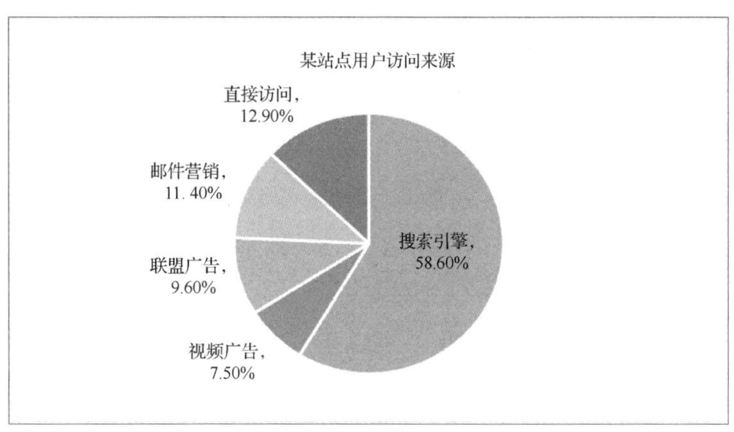

图5-5　饼图示例

② 旭日图有多个圆环，可以直观地展示事物组成部分下一层次的构成情况，如图5-6所示。

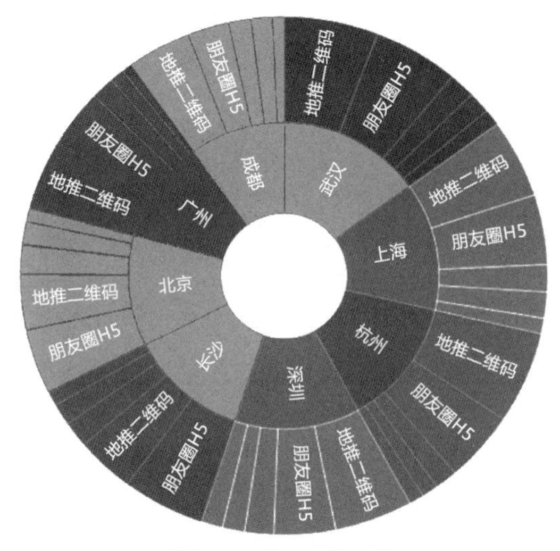

图5-6　旭日图示例

想一想

从图5-6中可以得到的信息是什么？

---

③ 瀑布图采用绝对值与相对值相结合的方式，用于表达特定数值之间的数量变化关系，最终展示一个累计值，如图5-7所示。瀑布图能够反映事物从开始到结束经历了什么过程，用于分解问题的原因或者事物的构成因素。例如，要表现本月收入是怎么在上月收入的基础上变化的，就可以通过瀑布图分解每个收入组成部分所做的贡献，找出哪一组成部分提升了收入、哪一组成部分降低了收入。

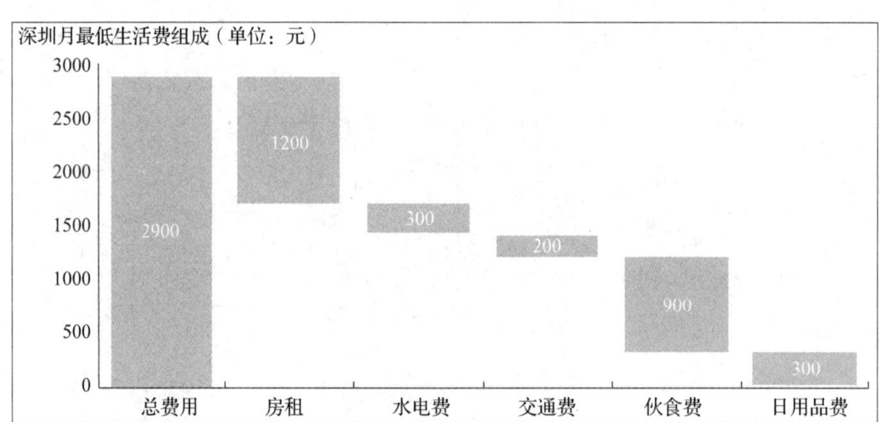

图5-7 瀑布图示例

（3）反映相关性的可视化图表

反映相关性的可视化图表通过图表来反映事物的分布或占比情况，从而展示事物的分布特征、不同维度间的关系等。常见的反映相关性的图表类型有散点图、气泡图、热力图、词云图等。

① 散点图主要显示若干数据系列中各个数值之间的关系，判断两个变量之间是否存在某种关联，如图5-8所示。此外，通过散点图还可以看出极值的分布情况。

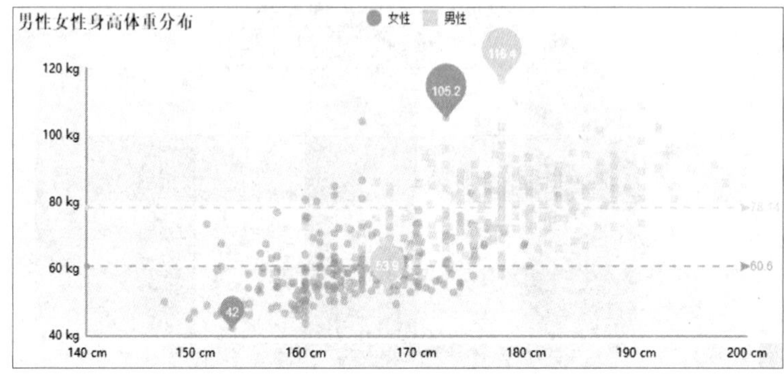

图5-8 散点图示例

② 气泡图与散点图类似，通常用三维数据表达，相对于散点图而言多一个维度，通过气泡面积大小表示数值的大小，如图5-9所示。

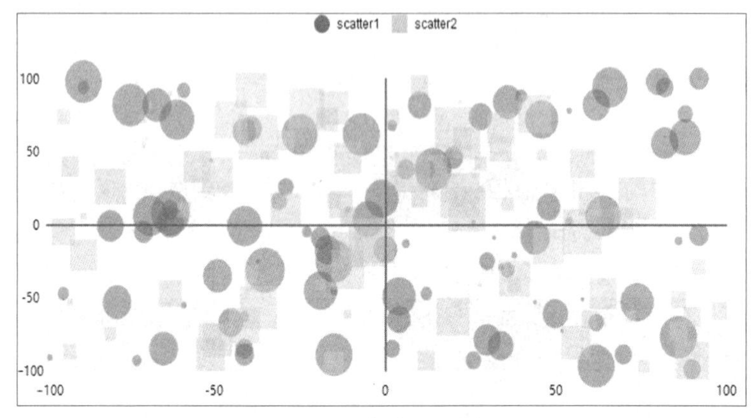

图5-9 气泡图示例

③ 热力图是以特殊高亮的形式显示数据对象（如访客）热衷的区域和所在地理区域的分布，如图5-10所示。

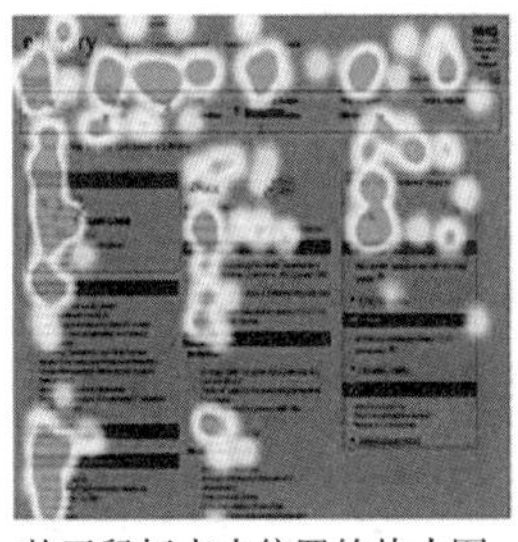

基于鼠标点击位置的热力图

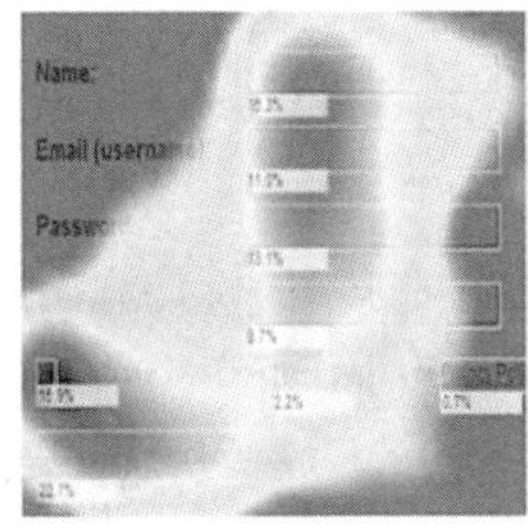

基于鼠标移动轨迹的热力图

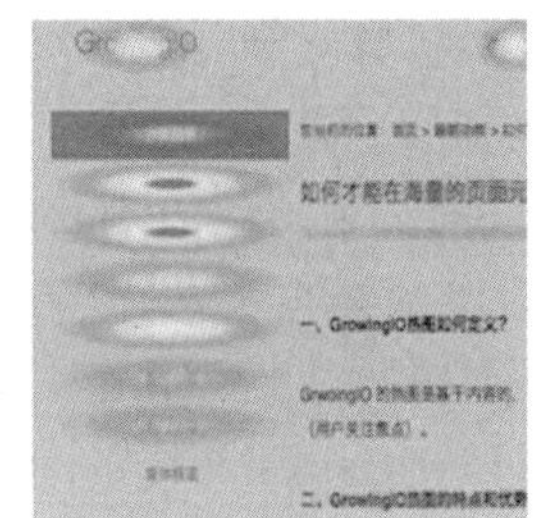

基于内容点击的热力图

图5-10　热力图示例

④ 词云图可描述事物的主要特征，要求能够让人一眼看出一个事物的主要特征，越明显的特征越要突出显示，如图5-11所示。同时，象形的词云图（如轮廓是一个人、一只鸟、一朵云等）用于反映事物的主题，会更形象、更生动。此外，词云图还可以显示词汇出现的频率，可以用于做用户画像、用户标签等。

图5-11　词云图示例

（4）反映差异化的可视化图表

反映差异化的可视化图表是通过对比来发现不同事物间的差异和差距，从而总结出事物的特征。常见的反映差异化的图表类型是雷达图。

雷达图适用于展现多维数据（四维以上）的分布情况，可以反映事物在什么方面强、什么方面弱。例如，运动员各方面能力的得分就可以通过雷达图清晰地表现出来，人们一眼就能看出其哪方面能力强、哪方面能力弱，如图5-12所示。

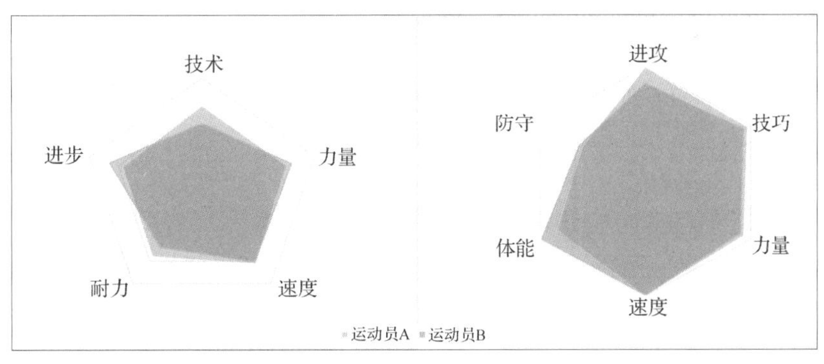

图5-12　雷达图示例

想一想

从图5-12中可以得到的信息是什么？

（5）反映空间关系的可视化图表

反映空间关系的可视化图表通过地图来反映事物的地理分布情况或者用户的出行轨迹。常见的反映空间关系的图表类型有全球地图、国家地图、省市地图、街道地图、地理热力图等。地图可以形象地反映事物在地理上的分布情况及人群迁徙情况，主要包括地理分布图、迁徙图、热力地图等。热力地图主要反映地理、点击热力分布情况，从而显示哪里是人最多的地方、哪里是用户点击最多的地方等，可以反映用户出行习惯、使用习惯等。

（6）反映工作流程的可视化图表

反映工作流程的可视化图表通过图表来反映工作流程各个环节的关系，可以帮助管理者了解实际工作活动，消除工作过程中多余的工作环节，合并同类活动，使工作过程更加经济、合理和简便，从而提高工作效率。比较常见的反映工作流程的图表类型是漏斗图。

漏斗图主要用于反映关键流程各个环节的转化情况。通过分析各个环节的转化情况，人们就能发现问题所在，从而找准改进的方向。

在电商数据分析过程中，漏斗图不仅能够展示用户从进入网站到实现购买的转化过程，还可以展示每个销售环节的转化率，能够帮助卖家直观地发现问题，如图5-13所示。

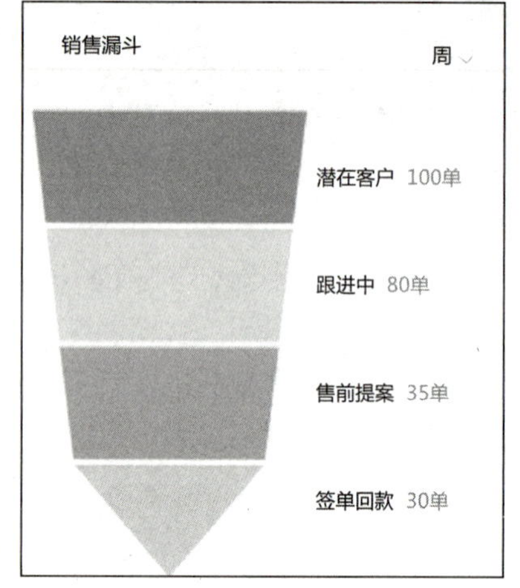

图5-13 漏斗图示例

选择数据可视化图表类型的关键在于准确认识以下内容。

- 数据本身的维度。
- 希望通过图表来突出表达的维度。
- 这些数据背后的趋势和分析者希望传递的观点。

4. 创建可视化图表

了解了各类数据可视化图表的特点和应用场景后，就可以根据数据需求创建可视化图表了。在创建可视化图表时，需要选择有效的可视化工具。

（1）商务数据可视化的工具

可视化的工具很多，尤其是随着技术的进步，商业智能、在线数据平台等使数据可视化的展现形式更加丰富多彩。数据可视化工具根据业务需求可以分为以下几类。

- 入门展示工具：Excel、PPT、WordArt、XMind等。
- 专业可视化工具：Tableau、Qlik、水晶易表等。
- 其他工具：Google Chart等。

（2）商务数据可视化的注意事项

数据可视化的关键在于借助图形化手段清晰、有效地传达数据背后的规律和数据分析的结论。这并不意味着数据可视化就一定要为了实现其功能和用途而生搬硬套，或者为了表面的绚丽多彩而把简单的问题复杂化。为了有效地传达思想、理念，设计者需要兼顾美学与功能，直观地传达关键的内容与特征，从而实现对于稀疏而复杂的数据集的深入洞察。

这里以Excel为例讲解如何根据数据分析目的，创建合适的可视化图表。在使用Excel进行数据可视化时，需要注意以下事项。

- 明确图表展示目的，图表应该为目的服务。
- 选“对”的图表，也就是最能展示数据逻辑的图表，而不是选最好看的图表。
- 和时间序列相关的图表，最好按照受众的读图习惯（由左到右对应的时间及由远到近的逻辑）排列。

- 成分和排序相关的图表务必按照由大到小或由小到大的逻辑排列。
- 简单就是美，不要一张图赋予太多的分析点，否则会干扰主题。
- 要有重点，可以适当地利用颜色进行标记，从而将重点突出出来。
- 尽量不要用立体的图表，立体图表会让受众产生视觉差，从而影响判断。

（3）创建可视化图表的具体方法

下面讲解利用Excel创建商务数据可视化图表的方法。Excel内置的图表类型基本涵盖了常用的柱形图、折线图、饼图、雷达图、散点图等；也有一些比较少见的图表，如股价图、曲面图等；还有一些新增的图表，如树形图、箱形图等，如图5-14所示。

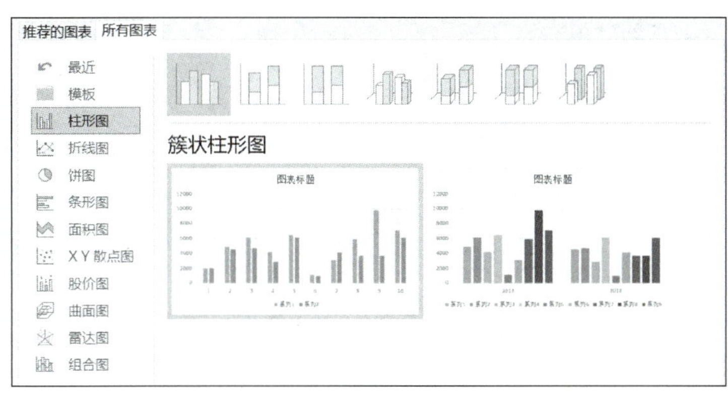

图5-14　Excel内置图表

案例

利用Excel创建可视化图表

表5-1所示为2022年H公司某产品的销售情况。

表5-1　2022年H公司某产品的销售额　　单位：百万元

产品	第一季度	第二季度	第三季度	第四季度
A产品	3.5	6.7	7.2	9.5
B产品	3.4	4.6	2.5	7.8

基于数据可视化的一般步骤，在制作图表时的思路如下。

第一，明确该数据需要表达的信息为H公司A产品和B产品一年的销售情况。随着时间的推移，A产品的销售额是逐步上涨的。但是，B产品第三季度的销售额有大幅度下降，需要查询背后的原因，并进行注释。

第二，基于数据传递的信息，可以选择表达发展趋势的可视化图表——柱形图或折线图，这样既能表达销售额随时间的变动情况，又能体现A、B产品销售额的对比关系。

第三，确定最关键的信息指标——销售额信息的输出，以及异常值信息的说明。

第四，美化图表，精准传递数据信息，吸引受众阅读。

基于以上思路，制作图表的步骤如下。

第1步，选中数据，单击“插入”选项卡“图表”组中的“推荐的图表”按钮，选择合适的图表，这里选择“堆积柱形图”，该图表既能表达时间趋势关系，又能体现A、B产品的总销售额，如图5-15所示。

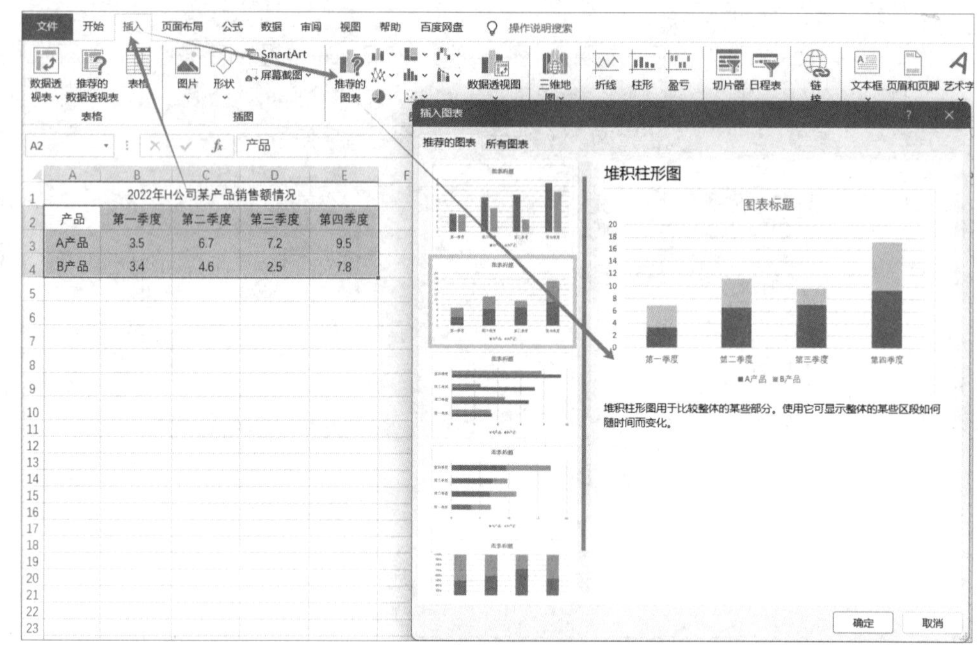

图5-15　插入图表

单击“确定”按钮，输出堆积柱形图的原始图表，如图5-16所示。显然，该图表是一幅残缺不全的图表，一是标题没有写清楚，二是坐标轴数值没有单位。

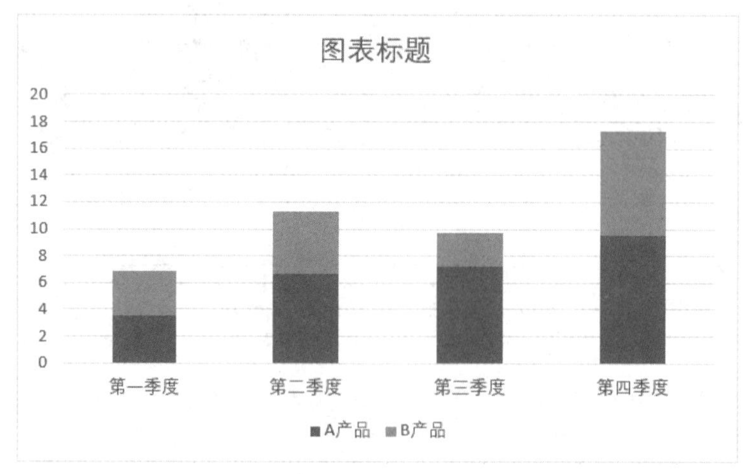

图5-16　输出图表

第2步，添加必要的元素，确保该图表能够准确传递数据信息。首先可以直接单击“图表标题”进行修改，改为“2022年H公司某产品销售额情况”。单击图表右边的“+”按钮，勾选“坐标轴标题”→“主要纵坐标轴”复选框，如图5-17所示。设置纵坐标轴的单位为“百万元”，修改后的图表如图5-18所示。

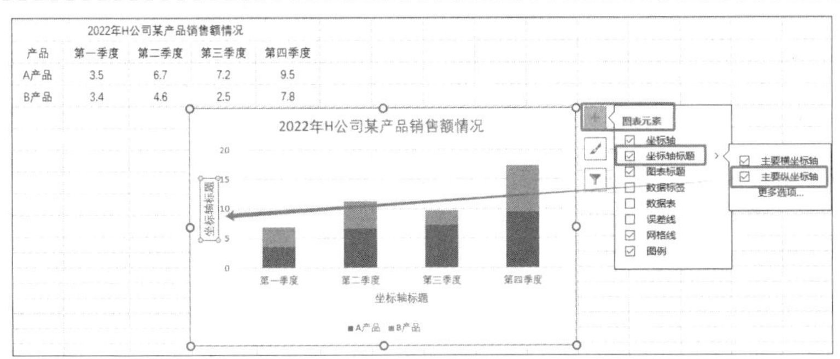

图5-17 添加坐标轴标题

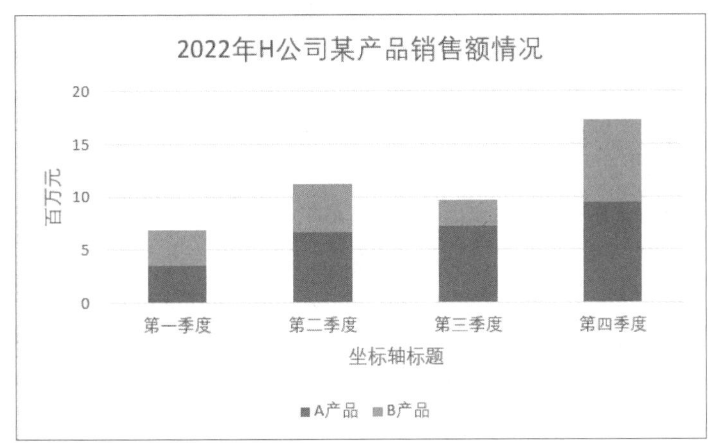

图5-18 修改后的图表

为了方便比较A、B产品的销量，可以在图表上添加数据标签。单击图表右侧的“+”按钮，勾选“数据标签”复选框，修改后的效果如图5-19所示。

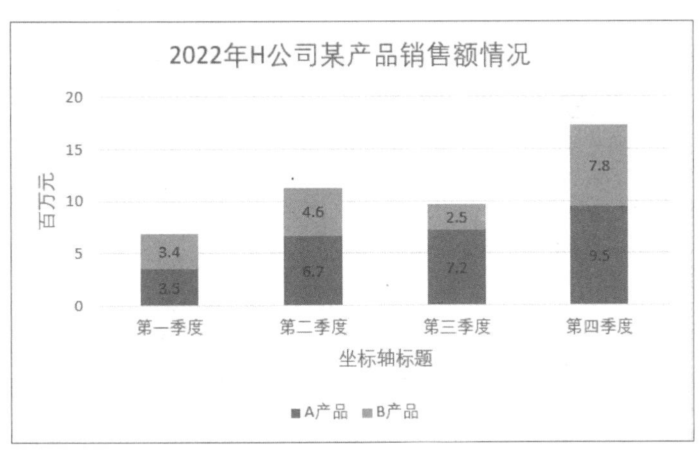

图5-19 添加数据标签后的图表

第3步，在Excel中，堆积柱形图可以比较相交于类别轴上每一个数值占总数值的大小。对于普通的簇状柱形图，可以在每个柱形系列的顶端放置一个数据标志（如数值）来反映各系列数据的大小。而对于堆积柱形图，Excel没有提供直接的方法将数据标志显示在柱形的顶端，即各个模块的总和，但可以用下面的方法来实现该效果，计算出A产品和B产品的合计值。

如果Excel数据区域没有合计值，那么首先需要增加一行合计值，本例中在A5:E5显示，然后单击图表，显示图表的数据区域框，单击区域框的右下角，按住鼠标向下拖曳，就可以选中合计行，相应的图表也改变了，如图5-20所示。

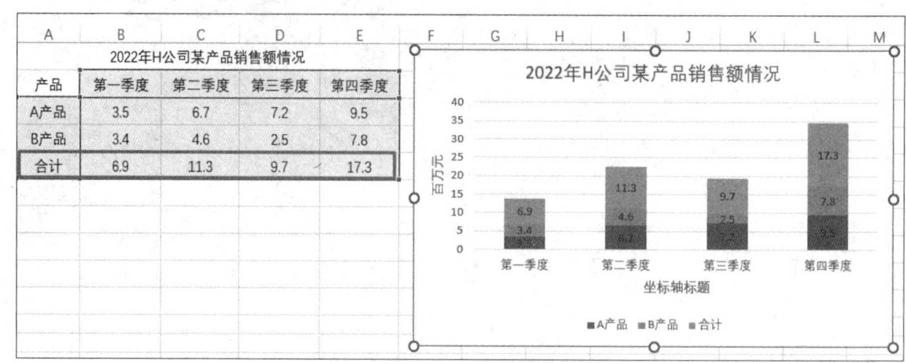

2022年H公司某产品销售额情况

产品	第一季度	第二季度	第三季度	第四季度
A产品	3.5	6.7	7.2	9.5
B产品	3.4	4.6	2.5	7.8
合计	6.9	11.3	9.7	17.3

图5-20　加入合计值之后的图表

第4步，选中图表中最上面的合计值模块，右键单击，选择“设置数据系列格式”选项，在打开的对话框中将“填充”设置为“无填充”。为了柱形图分布更均匀，选中纵坐标轴，右键单击，选择“设置坐标轴格式”选项，将纵坐标的最大值改为35，效果如图5-21所示。

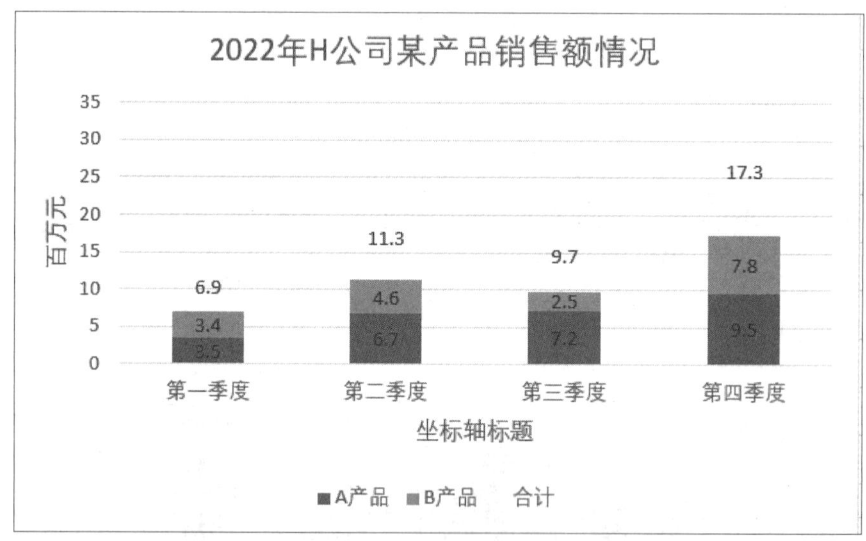

图5-21　合计值模块更改后的图表

这样就能看到A、B产品各自的销售额和总销售额随时间的变动情况，而且不容易混淆。从图表中可以发现，第三季度的产品销售额降低了；不过，A产品销售额是处于正常上升趋势的，但B产品销售额在第三季度发生了锐减，所以才造成第三季度总体销售额降低。进一步分析第三季度的B产品，若发现是由于第三季度B产品的包装出现了问题，导致该季度B产品销售额降低，则可在图表上加上脚注进行说明。还可以加一个资料来源的元素，以增加数据的可信度。

第5步，可以使用注释功能直接在图表下面加注释，也可以直接将“横坐标标题”改为脚注，如图5-22所示。

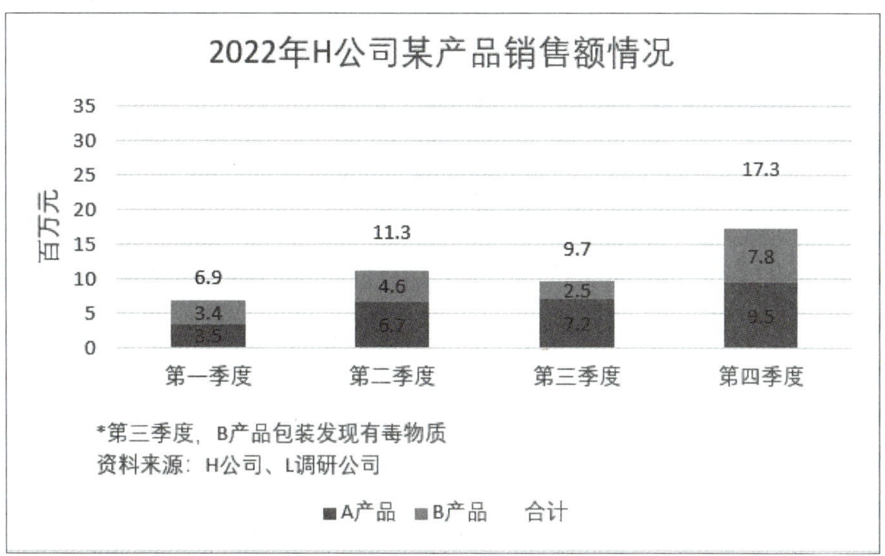

图5-22　2022年H公司某产品销售额情况

图5-22是一张“五脏俱全”的图表，包含以下基本元素，如图5-23所示。

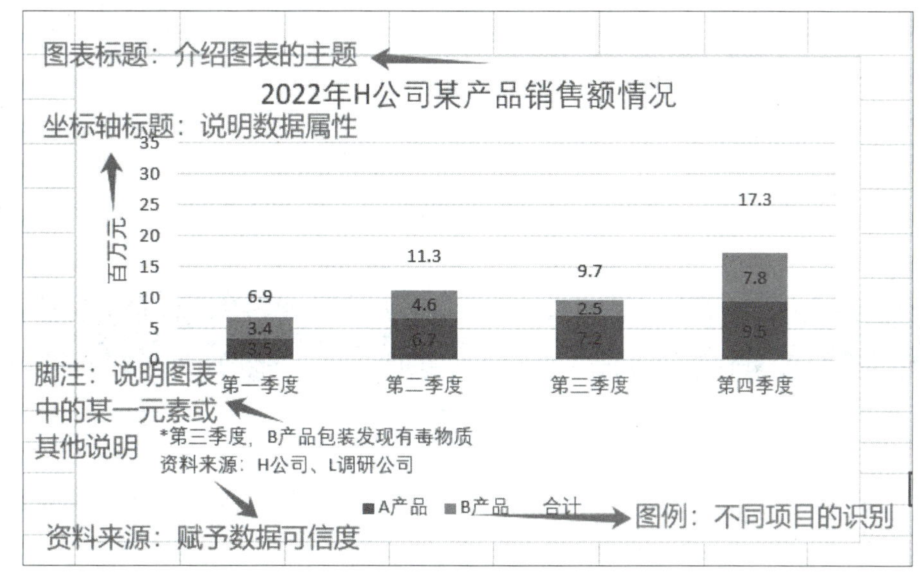

图5-23　图表基本元素示例

以上就是使用Excel制作图表的基本步骤，无论是折线图，还是雷达图、散点图，操作方法和遵循的原则是一样的，只不过需要根据具体的数据和传递的信息进行可视化图表的选择和美化。

二、商务数据分析报告

数据分析项目处理完成后，一般要撰写工作总结和数据分析报告。数据分析报告是项目可行性判断的重要依据，是数据分析过程和思路的最后呈现。报告评估企业运营的质量和效果，承载数据分析的研究成果，提供科学严谨的决策依据，阐述难题的解决之道，同时也体现分析人员的价值和能力。

1．初识数据分析报告

数据分析报告是决策者认识事物、了解事物、掌握信息、搜集相关信息的主要工具之一。数据分析报告通过对数据进行全方位的科学分析来评估其环境及发展情况，为决策者提供科学依据，降低决策风险。从本质上讲，数据分析报告是一种沟通与交流的形式，主要目的在于将分析结果、可行性建议及其他有价值的信息传递给决策者。它需要对数据进行适当的包装，让决策者能对结果做出正确的理解与判断，并做出有针对性、操作性和战略性的决策。

（1）数据分析报告的作用

数据分析报告主要有3个方面的作用，即展示分析结果、验证分析质量，以及为决策者提供参考依据。

① 展示分析结果。数据分析报告以某种特定的形式将数据分析结果清晰地展示给决策者，使他们能够迅速理解、分析、研究问题的基本情况、结论与建议等内容。

② 验证分析质量。从某种角度来讲，数据分析报告也是对整个数据分析项目的一个总结。数据分析报告通过对数据分析方法的描述、对数据结果的处理与分析等几个方面来检验数据分析的质量，并且让决策者能够感受到整个数据分析过程的科学和严谨。

③ 为决策者提供参考依据。大部分数据分析报告是具有时效性的，因此所得到的结论与建议可以作为决策者在决策方面的重要参考依据。

（2）数据分析报告的种类

根据数据分析报告的对象、内容、时间、方法等的不同，数据分析报告可分为专题分析报告、综合分析报告、日常数据通报等，如表5-2所示。

表5-2 数据分析报告的种类

报告类别	含义	特点	示例
专题分析报告	专题分析报告是对社会经济现象的某一方面或某一个问题进行专门研究的一种数据分析报告，主要作用是为决策者制订某项政策、解决某个问题提供参考和依据	1. 单一性：专题分析报告不要求反映事物的全貌，主要针对某一方面或某一问题进行分析。 2. 深入性：专题分析报告集中精力抓住主要问题并进行深入分析，不仅要对问题进行具体描述，还要对引起问题的原因进行分析，并提出切实可行的解决办法	用户流失分析、网络推广效果分析、企业利润率分析等
综合分析报告	综合分析报告是全面评价一个地区、单位、部门业务或其他方面发展情况的一种数据分析报告	1. 全面性：综合分析报告要站在全局的高度，反映总体特征，做出总体评价，得出总体认识。 2. 联系性：综合分析报告要把相关联的一些现象、问题综合起来进行全面系统的分析，不是对全面资料的简单罗列，而是在系统地分析指标体系的基础上，考察现象之间的内部联系和外部联系。这种联系的重点是比例关系和平衡关系，分析研究它们的发展是否协调、适应	某企业的运营分析报告等

续表

报告类别	含义	特点	示例
日常数据通报	日常数据通报以定期数据分析报表为依据，反映计划执行情况，并分析其影响和形成原因，一般是按日、周、月、季、年等时间阶段定期进行，所以也称定期分析报告。日常数据通报可以是专题性的，也可以是综合性的	1. 进度性：日常数据通报主要反映计划的执行情况，因此必须把计划执行的进度与时间的进展结合起来分析，观察、比较两者是否一致，从而判断计划完成的好坏。 2. 规范性：日常数据通报有比较规范的结构形式，一般包括反映计划执行的基本情况、分析完成或未完成的原因、总结计划执行中的成绩和经验、找出存在的问题、提出措施和建议5个部分。其标题也比较规范，一般变化不大，有时为了保持连续性，标题只变动一下时间，如《×月×日业务发展通报》。 3. 时效性：日常数据通报的性质和任务决定它是时效性最强的，只有及时提供业务发展过程中的各种信息，才能帮助决策者掌握企业经营的主动权，否则会丧失良机，贻误工作	某企业某月的运营通报等

（3）数据分析报告的载体

数据分析报告的展现载体也有多种选择，一般企业常用的有Office中的Word、Excel和PPT，这3种软件各有优劣势，在具体应用上也略有区别，如表5-3所示。

表5–3　Office软件制作报告的优劣势对比

项目	Word	Excel	PPT
优势	易于排版； 可打印装订成册	可含有动态图表； 结果可实时更新； 交互性更强	可加入丰富的元素； 适合演示汇报； 增强展示效果
劣势	缺乏交互性； 不适合演示汇报	不适合演示汇报	不适合大篇文字
适用范围	专题分析报告； 综合分析报告； 日常数据通报	日常数据通报	专题分析报告； 综合分析报告

2. 遵循数据分析报告撰写的一般原则

无论是哪种类型的数据分析报告写作时都需要遵循以下原则。

（1）规范性

数据分析报告中使用的名词术语一定要规范，标准统一、前后一致，并与业内公认的术语一致。

（2）重要性

数据分析报告一定要体现数据分析的重点。在各项数据分析中，应该重点选取关键指标，科学专业地进行分析。此外，针对同一类问题，其分析结果也应当按照问题重要性的高低来分级阐述。

（3）谨慎性

数据分析报告的编制过程一定要谨慎，基础数据必须真实、完整，分析过程必须科学、合理、全面，分析结果要可靠，内容要实事求是。

（4）创新性

当今科学技术的发展日新月异，许多科学家提出了各种新的研究模型或者分析方法。数据分析报告需要适时地引入这些内容，一方面可以用实际结果来验证或改进它们，另一方面也可以让更多的人了解到全新的科研成果，使其发扬光大。

总之，一份完整的数据分析报告应当围绕目标确定范围，遵循一定的原则，系统地反映存在的问题及原因，从而进一步找出解决问题的方法。

3．构建数据分析报告结构及内容

数据分析报告有特定的结构，但是这种结构并非一成不变，不同的数据分析师、不同的老板、不同的客户、不同性质的数据分析，其最后的报告可能会有不同的结构。最经典的报告结构是“总—分—总”结构，主要包括开篇、正文和结尾3部分。下面以Word形式的数据分析报告为例介绍其报告结构及表达内容的方法。

一般而言，“总—分—总”结构的开篇部分包括标题页、目录和前言（主要包括分析背景、目的与思路）；正文部分主要包括具体分析过程与结果；结尾部分包括结论、建议及附录。

（1）标题页

标题页需要写明报告的题目。题目要精练，根据版面的要求在一两行内完成。好的标题不仅可以表现数据分析的主题，还能够激发读者的阅读兴趣，因此数据分析人员需要重视标题的制作，以增强其艺术性的表现力。表5-4所示为常用的标题类型。

表5-4 常用的标题类型

标题类型	关键要素	示例
解释基本观点类	该类标题往往用观点句来表示，点明数据分析报告的基本观点	《不可忽视高价值客户的保有》 《语音业务是公司发展的重要支柱》
概括主要内容类	该类标题叙述数据反映的基本事实，概括分析报告的主要内容，让读者能抓住全文的中心	《我公司销售额比去年增长30%》 《2023年部门业务运营情况良好》
交代分析主题类	该类标题反映分析的对象、范围、时间、内容等情况，并不点明看法和主张	《公司发展业务的途径》 《2023年运营分析》 《2023年部门业务对比分析》
提出问题类	该类标题以设问的方式提出报告所要分析的问题，引起读者的注意和思考	《公司收入下降的关键何在》 《客户流失到哪里去了》 《1500万元的利润是怎样获得的》

想一想

结合专业性质及具体业务场景，分别为不同业务起一个标题，涵盖以上4种标题类型。

在具体制作标题时，需要注意以下几点。

① 直接。数据分析报告是一种应用性较强的文体，直接用来为决策者的决策和管理服务，

所以标题必须用毫不含糊的语言，直截了当、开门见山地表达基本观点，让读者一看标题就能明白数据分析报告的基本内容，加快对报告内容的理解。

② 确切。标题的撰写要做到文题相符、宽窄适度，恰如其分地表现分析报告的内容和对象的特点。

③ 简洁。标题要直接反映出数据分析报告的主要内容，就必须具有高度的概括性，用较少的文字集中、准确、简洁地进行表述。

除此之外，标题的撰写还要具有一定的艺术性，力求新鲜活泼、独具特色，从而吸引读者的阅读兴趣。要使标题具有艺术性，就要抓住对象的特征展开联想，适当运用修辞手法给予突出和强调，如《我的市场我做主》《我和客户有个约会》等。有时，报告的作者也要在题目下方出现，或者在报告中给出所在部门的名称。为了将来方便参考，完成报告的日期也应当注明，这样能够体现出报告的时效性，如图5-24所示。

（2）目录

目录可以帮助读者快捷方便地找到所需的内容，因此要在目录中列出报告主要章节的名称。如果是用Word撰写的报告，在章节名称后面还要加上对应的页码；对于比较重要的二级目录，也可以列出来，如图5-25所示。目录相当于数据分析报告的大纲，它可以体现出报告的分析思路，但是目录也不要太过详细，否则会让人觉得冗长并且耗时。

图5-24　标题页示例

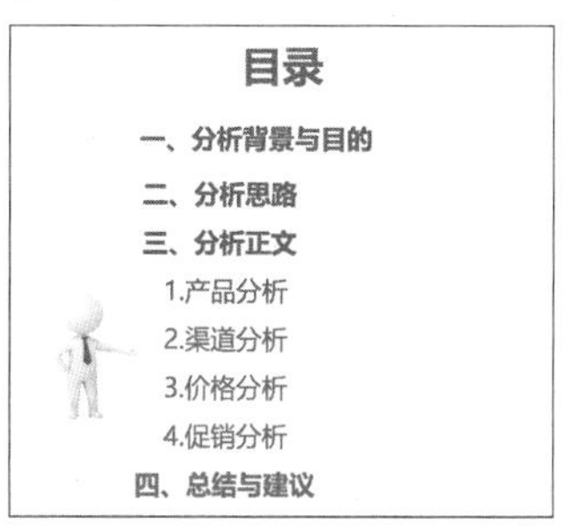

图5-25　目录示例

此外，通常公司或企业的高层管理人员没有时间阅读完整的报告，他们仅会对其中一些以图表展示的分析结论感兴趣，因此当书面报告中有大量图表时，可以考虑将各章图表单独制作成目录，以便日后更有效地使用。

（3）前言

前言的写作一定要经过深思熟虑，前言内容是否正确，对最终报告能否解决业务问题、能否给决策者决策提供有效依据起决定性作用。前言主要包括分析背景、目的及思路3个方面。

① 分析背景。分析背景主要是为了让报告阅读者对整个分析研究的背景有所了解，主要阐述此项分析的原因、分析意义，以及其他相关信息，如行业发展现状等。

② 分析目的。在分析报告中陈述分析目的主要是为了让报告的阅读者了解开展此次分析能解决什么问题。

③ 分析思路。报告中还需要对数据分析思路进行介绍。数据分析思路可以重点介绍需要分析的内容或指标，以及使用的数据分析模型。进行数据分析时，有时会使用到高级的数据分析方法，如回归分析、聚类分析等，此时需要在分析思路中对使用到的高级分析方法略加说明，不需要涉及太过专业的描述，只需将分析原理进行言简意赅的阐述，让报告阅读者对此有所了解即可。

（4）正文

正文是数据分析报告的核心部分，其系统全面地表述数据分析的过程与结果。撰写报告正文时，要根据之前分析思路中确定的每项分析内容，利用各种数据分析方法，一步步地展开分析，通过图表及文字相结合的方式，形成报告正文，方便阅读者理解，如图5-26所示。

正文通过展开论题，对论点进行分析、论证，展示报告撰写者的见解和研究成果的核心部分，因此正文占分析报告的绝大部分篇幅。一份报告只有想法和主张是不行的，必须经过科学严密的论证，只有这样才能确认观点的合理性和真实性，才能使别人信服。因此，报告主体部分的论证是极为重要的。报告正文具有以下几个特点。

- 正文是报告最长的主体部分；
- 正文包含所有数据分析的事实和观点；
- 正文通过数据图表和相关的文字结合进行分析；
- 正文各部分具有逻辑关系。

（5）结论与建议

报告的结尾是对整个报告的综合与总结、深化与提高，是得出结论、提出建议、解决矛盾的关键所在，起着画龙点睛的作用。好的结尾可以帮助读者加深认识，明确主旨，引起思考，如图5-27所示。

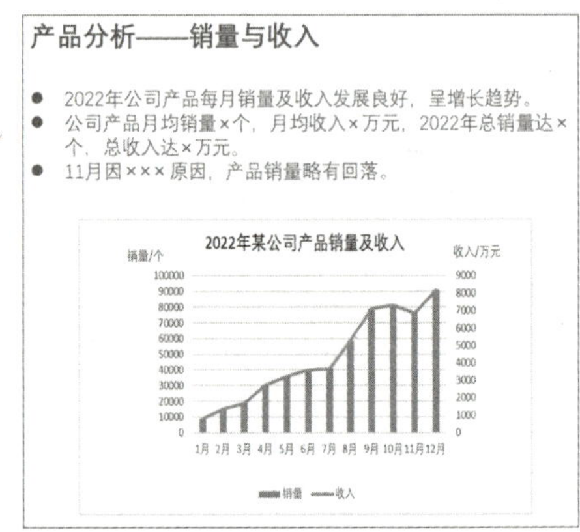

图5-26 正文示例

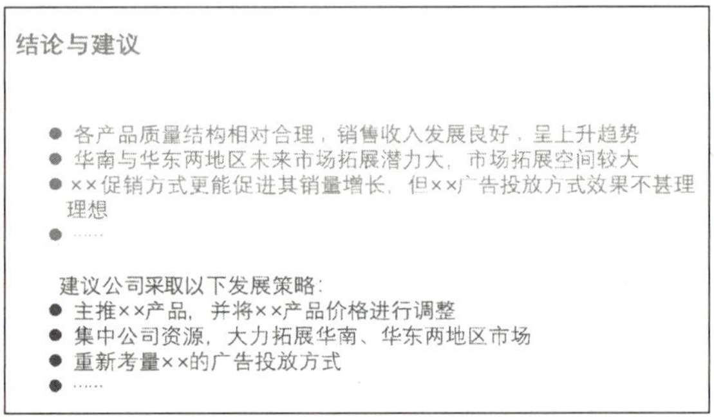

结论与建议

- 各产品质量结构相对合理，销售收入发展良好，呈上升趋势
- 华南与华东两地区未来市场拓展潜力大，市场拓展空间较大
- ××促销方式更能促进其销量增长，但××广告投放方式效果不甚理理想
- ……

建议公司采取以下发展策略：

- 主推××产品，并将××产品价格进行调整
- 集中公司资源，大力拓展华南、华东两地区市场
- 重新考量××的广告投放方式
- ……

图5-27 结论与建议示例

结论是以数据分析结果为依据得出的分析结果，通常以综述性文字来说明。它不是分析结果的简单重复，而是结合公司实际业务，经过综合分析、逻辑推理形成的总体论点。结论是去粗取精、由表及里而抽象出的共同、本质的规律，它与正文紧密衔接，与前言相呼应，使分析报告首尾呼应。结论应该措辞严谨、准确、鲜明。

建议是根据数据分析结论对企业或业务等所面临的问题提出的改进方法，建议主要关注保持优势及改进劣势等方面。由于分析人员所给出的建议主要是基于数据分析结果而得到的，会存在局限性，因此必须结合公司的具体业务才能得出切实可行的建议。

（6）附录

附录也是数据分析报告的一个重要组成部分。一般来说，附录提供正文中涉及而未阐述的有关资料，有时也含有正文中提及的资料，从而向读者提供一条深入了解数据分析报告的途径。它主要包括报告中涉及的很多专业名词的解释、计算方法、重要原始数据、地图等内容。每个内容都需要编号，以备查询。

当然，并不要求每份报告都有附录，附录是数据分析报告的补充，并不是必需的，应该根据各自的情况决定是否需要在报告结尾处添加附录。

4．撰写数据分析报告的注意事项

撰写数据分析报告时，要详略得当，一份报告的价值并不取决于其篇幅的长短，而取决于其内容是否丰富、结构是否清晰、是否有效反映了业务真相、提出的建议是否可行。因此，在撰写报告时，需要特别注意以下几个问题。

（1）结构合理，逻辑清晰

一份合格而优秀的数据分析报告应该有非常明确、清晰的构架，呈现简洁、清晰的数据分析结果。如果报告的分析过程逻辑混乱、各章节界限不清晰、没有按照业务逻辑或内在联系有条理地论证等，那么读者就无法从中得出有用的决策依据。因此，报告的结构是否合理、逻辑条理是否清晰是决定此份报告成败的关键因素。

（2）实事求是，反映真相

数据分析报告最重要的就是必须具备真实性。真实性的含义不仅包括基于分析得到的结论是事实，而且包括数据，不允许有虚假和伪造的现象存在。此外，对事实的分析和说明也必须遵从科学、实事求是的原则，符合客观事物的本来面目；同时一定要保持中立的态度，不要加入自己的主观意见。

（3）用词准确，避免含糊

报告中的用词必须准确，即如实、恰当地反映客观情况。在分析报告中最好的做法就是尽量用数据说话，避免使用“大约”“估计”“更多（或更少）”“超过50%”等模糊的字眼。报告必须明确告知读者：什么情况合理（或好），什么情况不合理（或坏）。

（4）篇幅适宜，简洁有效

报告的价值主要在于给决策者提供他们所需要的信息，并且这些信息能够解决他们的问题。换句话说，就是报告要满足决策者的需求。如果一份关于消费者满意度的数据分析报告中没有回答满意度的驱动因素，没有关于满意度指标的评估等有价值的内容，那么报告写得再长也没有多少参考意义。

（5）结合业务，分析合理

一份优秀的报告不能仅基于数据来分析问题，或简单地看图说话，必须紧密结合公司的具体业务，只有这样才能得出可实行、可操作的建议，否则将是纸上谈兵，脱离实际。因此，分析结果需要与分析目的紧密结合，切忌远离目标的结论和不现实的建议。当然，这就要求数据分析人员对业务有一定的了解，如果对业务不了解或不熟悉，可请业务部门的同事一起参与讨论、分析，以得出正确的结论并提出合理的建议。

自学自测 ↓

一、多选题

1. 以下关于数据可视化的观点正确的是（　　）。

A. 数据可视化是关于数据视觉表现形式的科学技术研究

B. 数据可视化是利用图形、表格、动画等手段将数据内在的规律直观地进行展现的一种方式

C. 数据可视化与信息图形、信息可视化、科学可视化及统计图形密切相关

D. 当前只有研究领域应用了数据可视化

2. 数据分析报告的作用是（　　）。

A. 展示分析结果

B. 展现分析过程

C. 验证分析质量

D. 提供决策参考

3. 数据分析报告的写作需要遵循的原则有（　　）。

A. 规范性　　B. 重要性

C. 谨慎性　　D. 创新性

4. 下列属于撰写数据分析报告时需要注意的事项的是（　　）。

A. 结构合理，逻辑清晰

B. 实事求是，反映真相

C. 篇幅不限，图表丰富

D. 结合业务，分析合理

二、判断题

1. 数据可视化形式就是Excel图表。（　　）

2. 同样一份数据，可以选择使用不同类型的图表实现相同的目标，所以可以根据表现形式的美观度来决定选择哪种图表。（　　）

3. 数据可视化的关键在于借助图形化手段，清晰有效地传达数据背后的规律和数据分析的结论。（　　）

4. 从本质上讲，数据分析报告是一种沟通与交流的形式，主要目的在于将分析结果、可行性建议及其他有价值的信息传递给管理人员。（　　）

5. 数据分析报告中所使用的名词术语不一定要规范，不一定非要使用专业术语，大家能知道什么意思就可以。（　　）

6. 数据分析报告的结构是固定不变的。（　　）

7. 数据分析报告的标题一定要具有艺术性，力求新鲜活泼、独具特色。（　　）

8. 分析思路用来指导如何进行完整的数据分析，即确定需要分析的内容或指标。（　　）

三、简答题

1. 阐述商务数据可视化的意义。

2. 商务数据可视化的一般步骤是什么？

3. 商务数据可视化的种类有哪些？

4. 阐述商务数据分析报告的作用。

课中实训

本实训要求学生明确数据可视化的原则，掌握数据可视化的一般方法，能够根据具体业务及数据所要传递的信息选择合适的可视化形式。在撰写数据分析报告时，能够掌握数据分析报告的结构和写作要求，明确数据分析报告的作用和意义，并结合具体业务场景，通过数据分析提出可行的对策、建议。

实训一　创建商务数据可视化图表

任务一　创建图表

他山之石

制作数据饼状图

在项目四中，我们已对H商城的会员信息进行了初步分析，包括会员重复消费情况、会员消费能力情况等。其中，通过分析发现会员的消费结构如表5-5所示。

表5-5　H商城会员消费结构

平均消费金额分组 / 元	会员数
[0，100)	10
[100，300)	11
[300，500)	3
[500，1000)	5
1000及以上	1

表5-5传递的信息可以采用饼状图进行呈现。下面使用Excel为该数据添加饼状图。

第1步，选中单元格内的任意数据，单击“插入”选项卡“图表”中的“推荐的图表”按钮，在弹出的“插入图表”对话框中选择“饼图”选项，如图5-28所示。单击“确定”按钮，输出的饼图如图5-29所示。

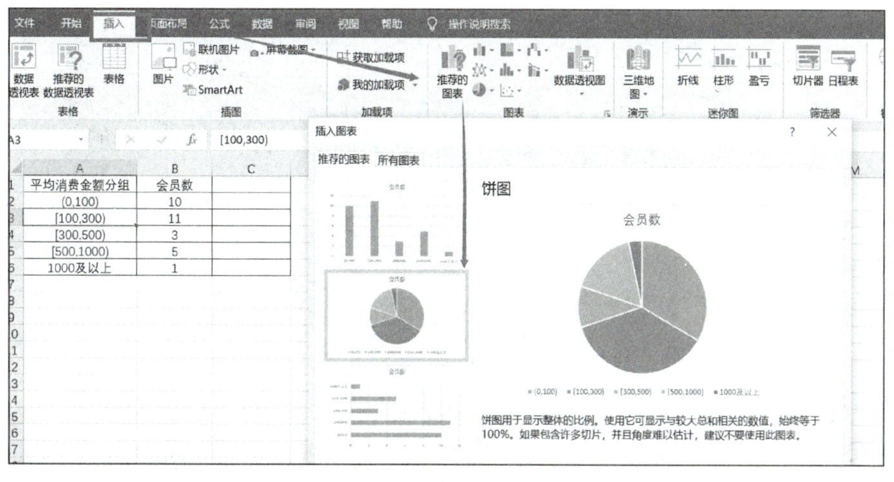

图5-28　插入饼图

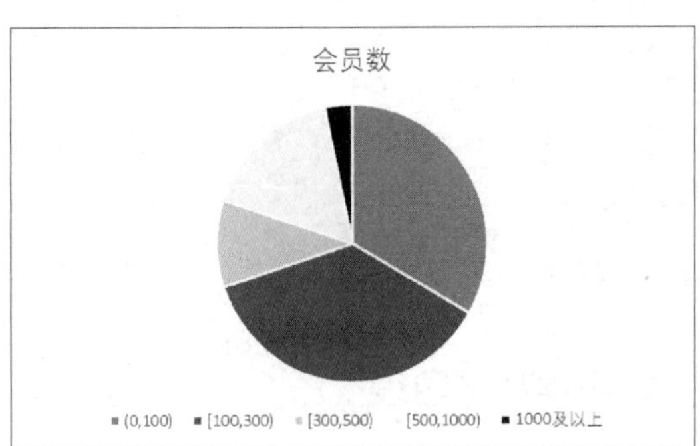

图5-29 饼图

第2步，将图表标题修改为“H商城会员消费结构”，然后单击任一扇形，在图表的右上角会出现一个“+”按钮，单击“+”按钮，出现“图表元素”列表。将鼠标放在“数据标签”选项上，选择下一级菜单中的“数据标注”选项，各扇形上就会出现消费结构的图例及占比。因为在饼图上已经出现了图例，所以可以将饼图下面的图例去掉，将图表元素中的“图例”取消即可，如图5-30所示。

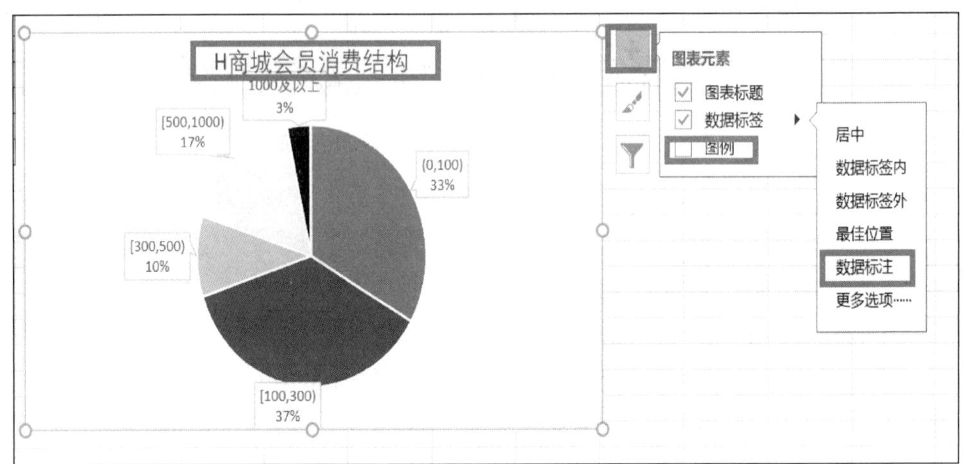

图5-30 美化图表

美化之后的图表如图5-31所示。

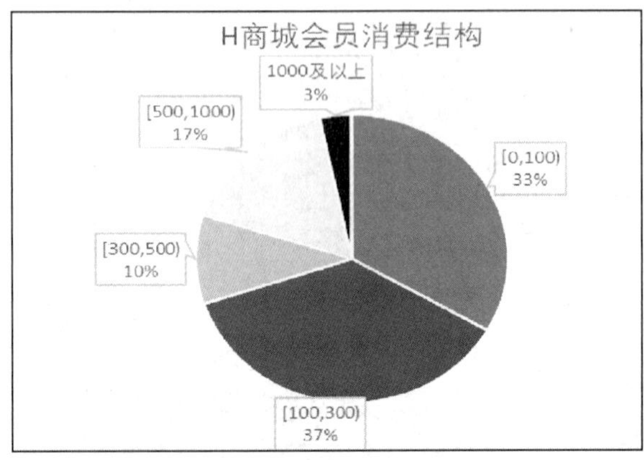

图5-31 美化之后的图表

课中实训

从图5-31可以清晰地看到H商城会员的消费结构，其中平均消费在[0，100）区间的占33%，在[100，300）区间的占37%，即平均消费金额在300元以下的占比70%，说明该商城会员的消费水平普遍偏低。

表5-6所示为某公司2023年10月不同原材料的采购信息，试用柱形图或折线图画出订单金额与预付款的对比图，并解读信息。

表5-6　某公司采购信息　　单位：元

订单编号	供应商	所在城市	订单金额	其他费用	预付款
MM07001	张豪	上海	9108.00	82.96	4554.00
MM07002	杨晴	成都	3096.00	101.49	1548.00
MM07003	胡宏明	杭州	7102.10	172.20	3551.05
MM07004	贺开琪	北京	5917.50	162.60	2958.75
MM07005	孙红平	重庆	5752.80	141.01	2876.40
MM07006	袁吉	广州	3692.00	154.72	1846.00
MM07007	田云飞	昆明	3129.60	116.55	1564.80
MM07008	刘甜	长沙	3808.00	37.87	1904.00
MM07009	冯浩	武汉	1601.60	120.93	800.80
MM07010	古铭峰	郑州	4896.00	13.81	2448.00
MM07011	蒲炎	济南	5400.00	68.86	2700.00
MM07012	项静	南京	1856.00	77.2	928.00

根据可视化图表，可以看出：____

____

表5-7所示为某公司2023年10月的各项费用支出情况，试用饼图表示各项费用支出占总支出的比例，并将比例显示在饼图中。

表5-7　2023年10月各项费用支出情况　　单位：元

办公费用	广告费	员工工资	市场开发	人员培训	其他
19627.77	45473.60	47054.62	12117.3	34994.99	35114.12

根据可视化图表，可以看出：____

____

表5-8所示为某公司面膜部门在2023年第三季度的销售业绩，试用柱形图或折线图画出一分部、二分部、三分部在2023年7月、8月、9月的销售业绩，并对数据进行解读。

表5-8　某公司2023年第三季度面膜部门销售业绩　　单位：元

姓名	部门	7月	8月	9月	汇总
王朝阳	三分部	189560	153890	135520	478970
杨怡	二分部	163530	124600	178030	466160
周海涛	一分部	175620	114300	155730	445650
张茗	三分部	128360	145720	158760	432840
陈岚	一分部	153450	114620	156250	424320
黄芸飞	三分部	156820	132300	111020	400140
柳成荫	一分部	104230	157620	136780	398630
林丽	二分部	145050	96200	155280	396530
林聪	二分部	139390	108960	124690	373040
聂彬	二分部	125650	136010	75610	337270

根据可视化图表，可以看出：____

____

任务二　美化图表

他山之石

美化数据图表

一般而言，数据图表的制作应遵循“表达真实、风格简约、重点突出”的原则。图5-32和图5-33所示的这两张图表在数据表达逻辑上存在一些错误，会误导受众。

图5-32的错误是将不同数量级的数据放到一个坐标轴上展示，建议将“2023年合计”的数据去掉。

图5-33的错误有3处：一是没有“增长比率”，这是数量级的问题，建议将增长比率放到第二坐标；二是9个店铺的先后顺序看不到逻辑，如“店铺A”为什么会放在第一位，店铺M为什么会放在第二位；三是初看这张图表，得到的信息是这些店铺的新开会员卡数据是下降的，再仔细观察，会发现2023年的数据在前面，2022年的数据在后面，这样的图表不符合大多数人的思维习惯，容易误导受众。

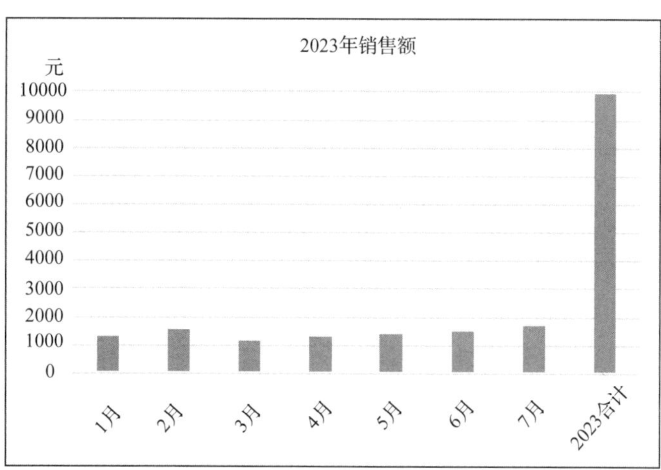

图5-32　2023年销售额

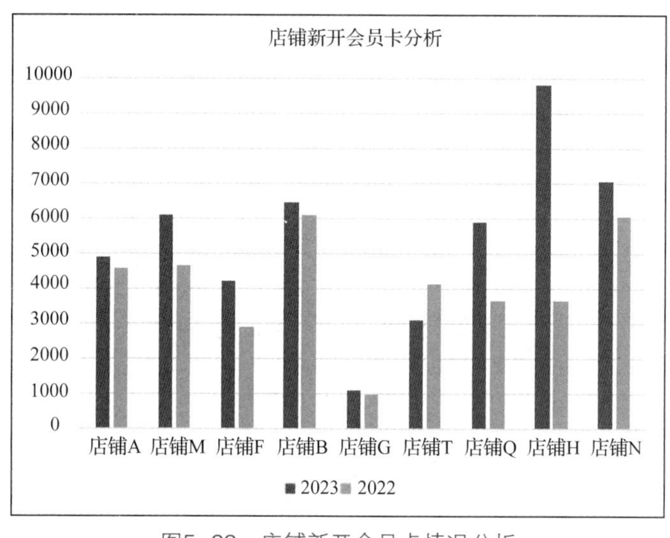

图5-33　店铺新开会员卡情况分析

根据图表制作原则，观察图5-34和图5-35，说明图表主要存在的问题，并对其进行适当修改，使之更加简约、美观，能够有效传递数据信息。

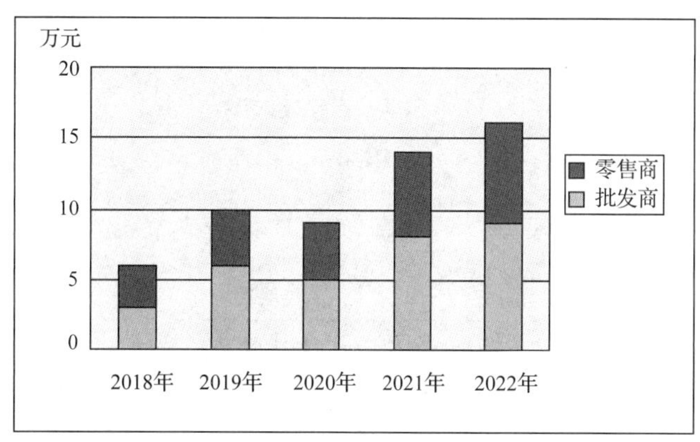

图5-34　B化妆品公司产品零售、批发销售情况

存在的问题：____

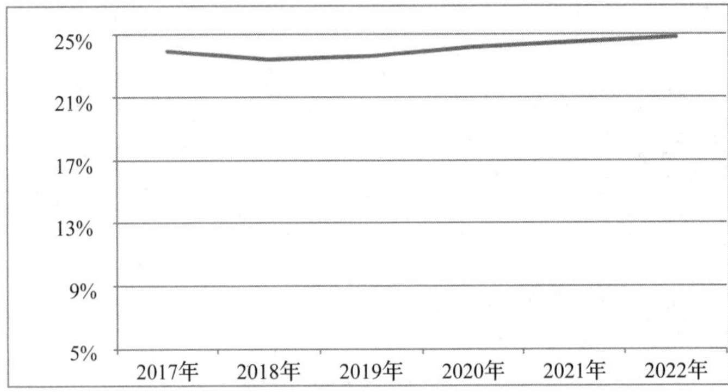

图5-35　B化妆品公司产品市场占有率情况

存在的问题：____

观察图5-36、图5-37和图5-38，说明这些图表存在的问题，并对其进行适当修改。

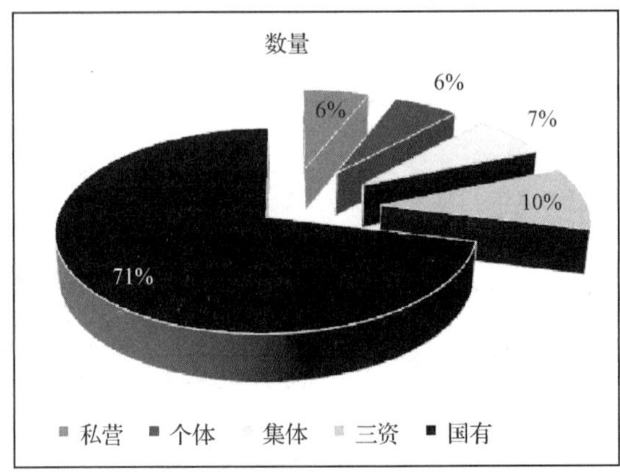

图5-36　饼图原图

存在的问题：____

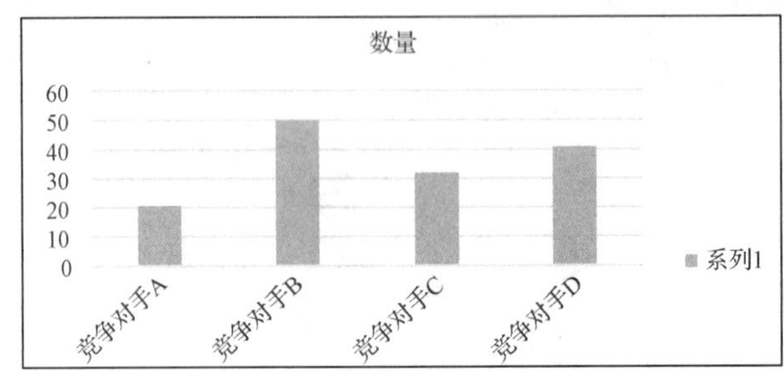

图5-37　柱形图原图

存在的问题：____

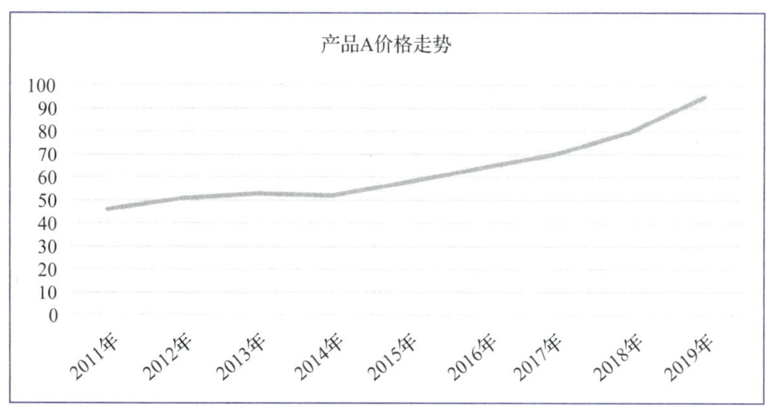

图5-38　折线图原图

存在的问题：____

____

实训二　撰写商务数据分析报告

下面的素材为浙江省2016年第一季度电子商务相关交易数据及图表。认真阅读以下图表，将部分图表分析结果补全，完成2016年第一季度浙江省电子商务大数据分析报告，并提出总结建议。

案例

2016年第一季度浙江省电子商务数据分析报告

一、总体概况

2016年第一季度浙江省电子商务保持平稳增长态势，电子商务总体发展水平全国领先。其中，全省网络零售稳步增长，累计实现网络零售1618.37亿元，同比增长31.93%；全省居民网络消费813.49亿元，同比增长24.27%；全省在重点监测第三方电子商务平台上活跃网络零售店铺超过75.97万家；全省创新创业氛围浓厚，直接解决就业岗位195.22万～203.62万个，如图5-39所示。

图5-39　2016年第一季度浙江省电子商务发展基本情况

二、专项数据分析

1. 网络零售数据分析

（1）分周期数据分析

2016年第一季度浙江省网络零售基本情况如图5-40所示。

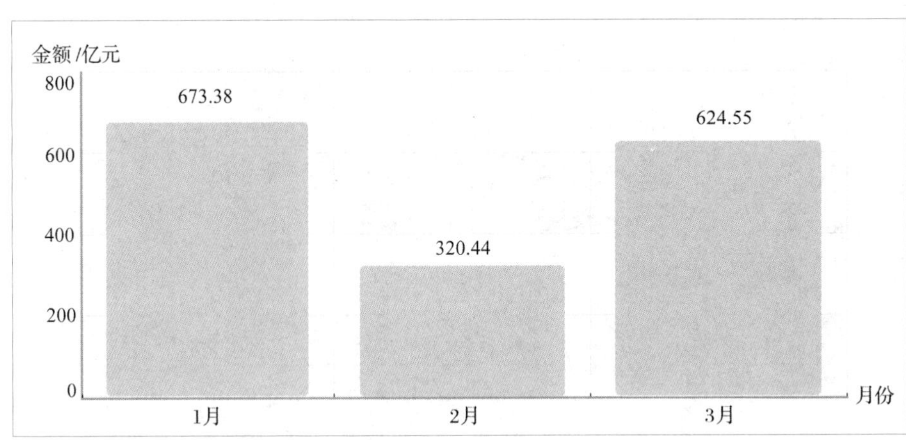

图5-40　2016年第一季度浙江省网络零售基本情况

图表解读：从图5-40中可以看出2016年第一季度浙江省网络零售基本情况是怎样的？

____

____

（2）分地区数据分析

2016年第一季度浙江省各地市网络零售基本情况如图5-41所示。

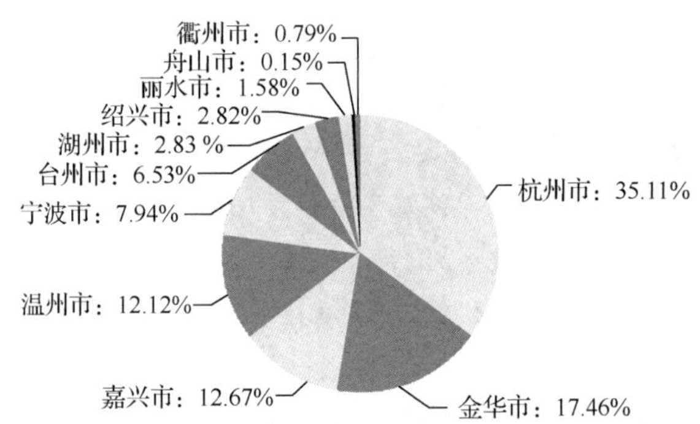

图5-41　2016年第一季度浙江省各地市网络零售基本情况

图表解读：从图5-41中可以看出2016年第一季度浙江省各地市网络零售基本情况是怎样的？

____

____

（3）分行业数据分析

2016年第一季度浙江省分行业网络零售基本情况如图5-42所示。

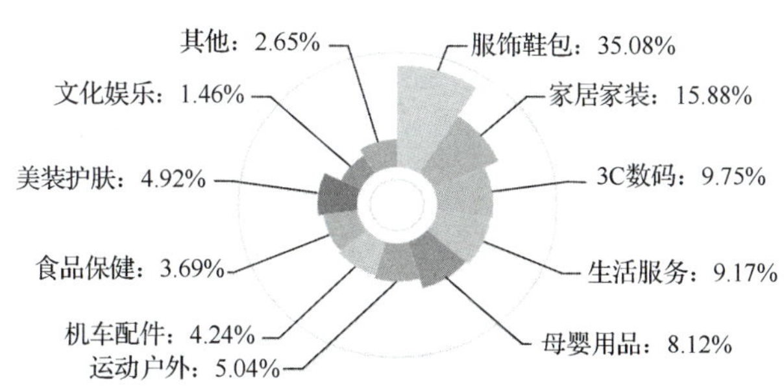

图5-42 2016年第一季度浙江省分行业网络零售基本情况

图表解读：从图5-42中可以看出2016年第一季度浙江省分行业网络零售基本情况是怎样的？

（4）分领域数据分析

2016年第一季度浙江省三大电商领域基本情况如表5-9所示。

表5-9 2016年第一季度浙江省三大电商领域基本情况

全省	涉农网店	跨境电商	服务业网店
	15500家	702家	35586家

图表解读：从表5-9中可以看出2016年第一季度浙江省三大电商领域基本情况是怎样的？

（5）分平台数据分析

2016年第一季度浙江省分平台网络零售基本情况如图5-43所示。

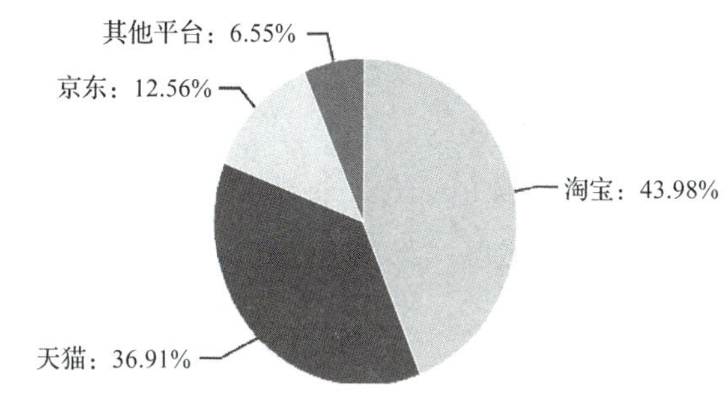

图5-43 2016年第一季度浙江省分平台网络零售基本情况

图表解读：从图5-43中可以看出2016年第一季度浙江省分平台网络零售基本情况是怎样的？

（6）分销量数据分析

2016年第一季度浙江省天猫网店零售基本情况如表5-10所示。

表5-10　2016年第一季度浙江省天猫网店零售基本情况

零售额区间	300万～1500万元	1500万～3000万元	≥3000万元
网店数量	1463家	91家	61家

图表解读：从表5-10中可以看出2016年第一季度浙江省天猫网店零售基本情况是怎样的？

2. 居民网络消费数据分析

2016年第一季度，全省居民网络消费持续增长，累计实现居民网络消费813.49亿元，同比增长24.27%。

（1）分周期数据分析

2016年第一季度浙江省居民网络消费基本情况如图5-44所示。

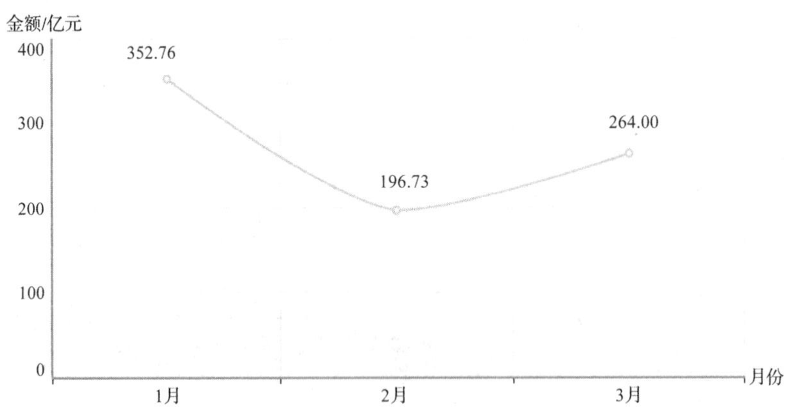

图5-44　2016年第一季度浙江省居民网络消费基本情况

图表解读：从图5-44中可以看出2016年第一季度浙江省居民网络消费基本情况是怎样的？

（2）分地区数据分析

2016年第一季度浙江省各地市居民网络消费基本情况如图5-45所示。

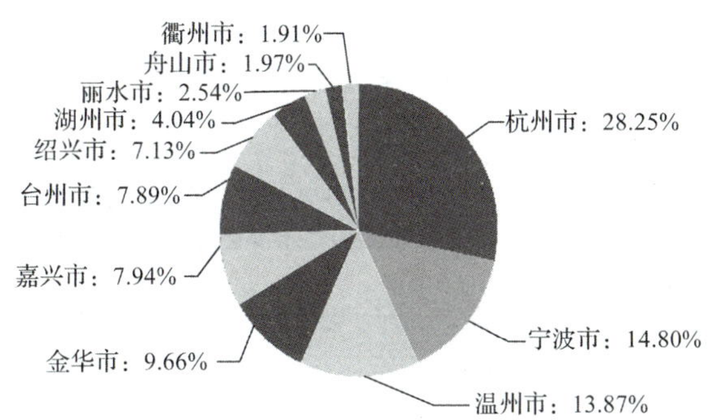

图5-45　2016年第一季度浙江省各地市居民网络消费基本情况

图表解读：从图5-45中可以看出2016年第一季度浙江省各地市居民网络消费基本情况是怎样的？

____

____

3. 网络零售网店数据分析

（1）分网店数据分析

2016年第一季度浙江省各地市天猫网店数量基本情况如表5-11所示。

表5-11　2016年第一季度浙江省各地市天猫网店数量基本情况

地市	活跃天猫网店数量	活跃天猫网店占比	全省排名
杭州市	7426家	74.07%	1
金华市	5473家	78.10%	2
温州市	2837家	77.22%	3
台州市	1913家	78.08%	4
嘉兴市	1814家	70.50%	5
宁波市	2138家	69.60%	6
湖州市	701家	76.95%	7
绍兴市	873家	71.91%	8
丽水市	450家	77.05%	9
衢州市	229家	77.36%	10
舟山市	46家	55.42%	11

图表解读：从表5-11中可以看出2016年第一季度浙江省各地市天猫网店数量基本情况是怎样的？按照下列描述补充完善。

全省网店数量平稳增加，网店数量，尤其是活跃网店数量和质量走在全国前列。

____

（2）分产品数据分析

2016年第一季度浙江省各地市天猫网店上架产品基本情况如表5-12所示。

表5-12 2016年第一季度浙江省各地市天猫网店上架产品基本情况

地市	天猫网店上架产品数量	全省排名
杭州市	550.63万件	1
台州市	100.86万件	2
宁波市	64.66万件	3
丽水市	59.77万件	4
金华市	58.58万件	5
温州市	52.09万件	6
嘉兴市	25.12万件	7
绍兴市	9.45万件	8
湖州市	7.77万件	9
衢州市	3.07万件	10
舟山市	0.37万件	11

图表解读：从表5-12中可以看出2016年第一季度浙江省各地市天猫网店上架产品基本情况是怎样的？按照下列描述补充完善。

全省网店零售产品类型和数量不断丰富，以天猫为例：________________

____

4. 电商从业人员分析

2016年第一季度浙江省各地市电商从业人员基本情况如图5-46所示。

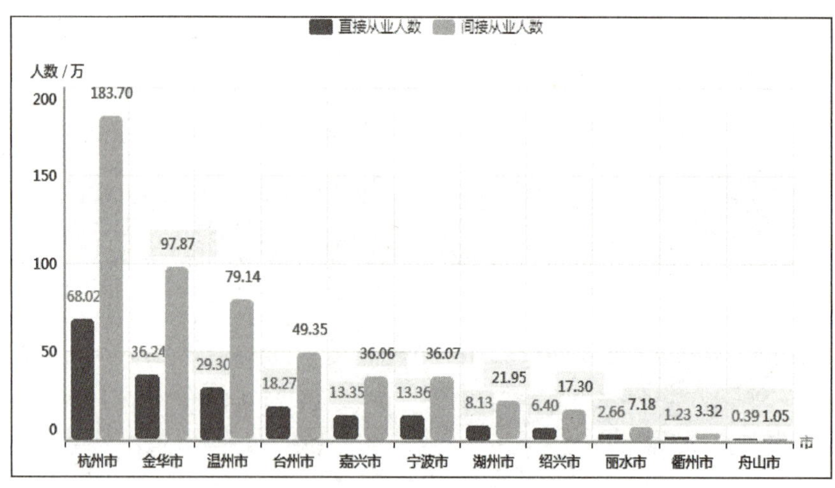

图5-46 2016年第一季度浙江省各地市电商从业人员基本情况

图表解读：从图5-46中可以看出2016年第一季度浙江省各地市电商从业人员基本情况是怎样的？按照下列描述补充完善。

全省电子商务迅猛发展，为“大众创业、万众创新”提供了新空间，成为促进全省经济转型升级的新引擎。

三、总结与建议

通过以上数据分析，总结浙江省2016年第一季度的电子商务发展的基本情况，并提出未来发展建议。

实训项目评价

序号	技能点自评	佐证	达标	未达标
1	商务数据可视化步骤	能够掌握数据可视化的一般步骤		
2	商务数据可视化形式	能够根据分析目的选择合适的可视化图表		
3	商务数据可视化创建	能够使用Excel制作各类可视化图表		
4	商务数据分析报告	能够撰写结构合理、内容翔实的数据分析报告，进行数据分析结果的价值输出		

序号	素质点自评	佐证	达标	未达标
1	美学素养	能够在制作图表时具备一定的美学素养，兼顾功能与艺术		
2	协作精神	能够和团队成员协商，共同完成实训任务		
3	系统构建能力	能够养成系统地发现问题、解决问题的能力		

教师评价表

序号	评价技能点	佐证	达标	未达标
1	商务数据可视化步骤	能够掌握数据可视化的一般步骤		
2	商务数据可视化形式	能够根据分析目的选择合适的可视化图表		
3	商务数据可视化创建	能够使用Excel制作各类可视化图表		
4	商务数据分析报告	能够撰写结构合理、内容翔实的数据分析报告，进行数据分析结果的价值输出		

序号	评价素质点	佐证	达标	未达标
1	美学素养	能够在制作图表时具备一定的美学素养，兼顾功能与艺术		
2	协作精神	能够和团队成员协商，共同完成实训任务		
3	系统构建能力	能够养成系统地发现问题、解决问题的能力		

课后提升

案例：身体乳产品市场数据分析报告（部分）

1. 背景介绍

电子商务的竞争在很大程度上就是大数据的竞争，客户洞察、营销规划、物流管理、流程规划、风险控制等，都将受益于大数据相关技术。由于电商平台所产生的巨大信息量及其所收集到的客户信息具有真实性、确定性和对应性，电子商务具有了利用大数据的天然优势，其应用将贯穿整个电商的业务流程，成为公司的核心竞争力。以数据化思维分析问题、解决问题并预测可能会出现的问题成为电商运营数据化决策的重要依据，越来越受到相关企业、行业的重视。

2. 需求分析

本报告以身体乳产品为例，以2021年1月到2023年2月身体乳产品的市场销售额为分析对象，按照数据可视化分析的工作路径，对访客数、搜索人气、交易指数、客单价、加购人数等进行交叉分析，以发现店铺运营中存在的问题，并提出市场应对策略。

3. 数据处理运用

（1）数据来源

本报告数据来源于BM公司天猫店铺身体乳产品2021年1月到2023年2月的销售额，包括访客数、搜索人气、卖家数、交易指数、客单价、被支付卖家数、加购人数和支付金额等方面。通过对各省支付买家数占比、加购数据、近90天支付金额、品牌数据等方面进行多维分析，为店铺运营提供数据化决策依据。

（2）数据处理思路

本报告主要使用了多维数据分析思路，对各地区品牌销售情况、搜索人气、访客数、卖家数、交易指数、客单价等多个字段进行交叉分析，以发现该店铺的实际运营状况，为下一步店铺的运营决策提供依据。

4. 应用成果

（1）搜索情况分析

身体乳搜索指数趋势如图5-47所示，可以看出：

① 该店铺访客数、搜索人气数据同比增长明显，说明该产品受大众喜爱，整体情况好，消费群体稳定，并占有一定市场份额；

② 卖家数呈减少趋势，说明行业经过一定的竞争，淘汰了部分卖家，而该家店铺运营状况整体较稳定，并有了一定的市场份额。

（2）交易情况分析

身体乳交易指数和访客数趋势如图5-48所示，在卖家数量明显减少的情况下，交易指数呈增长趋势，可以看出消费群体稳定，身体乳产品市场前景较好。同时，卖家大幅度减少，交易指数增长，说明产品的品牌化趋势明显，人们的消费习惯趋于定势并有了品牌意识。而且该店铺的访客数一直比较稳定，说明该身体乳产品在市场中已经有一定的品牌知名度，市场可接受程度较高。所以，身体乳卖家应注重提升产品的质量，提高品牌忠诚度，进一步扩大市场份额。

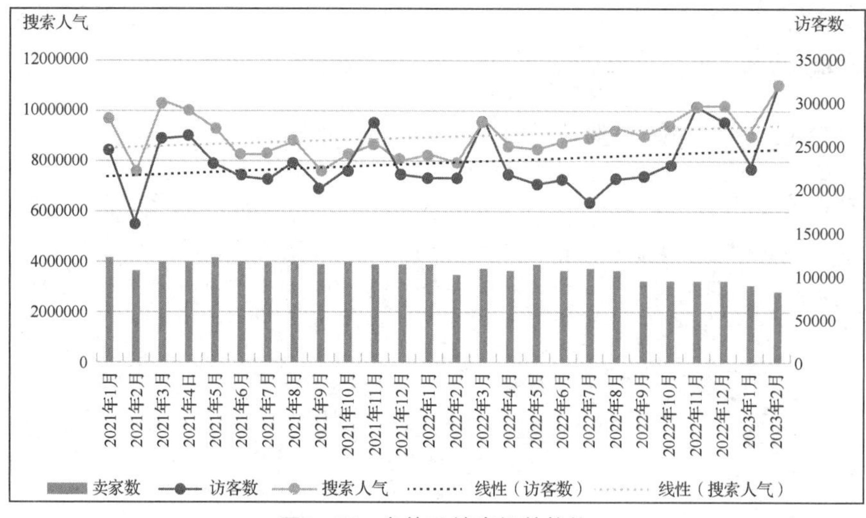

图5-47　身体乳搜索指数趋势

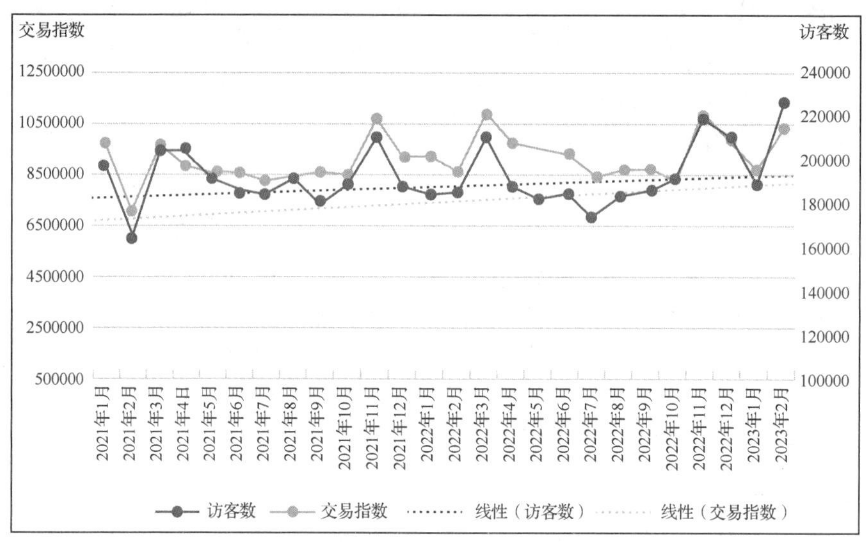

图5-48　身体乳交易指数和访客数趋势

（3）客单价分析

身体乳客单价趋势如图5-49所示。客单价在2022年5月呈下降状态，在下降到一定程度后基本保持平稳在92元左右。客单价呈下降趋势说明产品趋于大众化。同时，2022年比2021年销量好，说明该身体乳市场需求在增大，品牌知名度进一步提升。

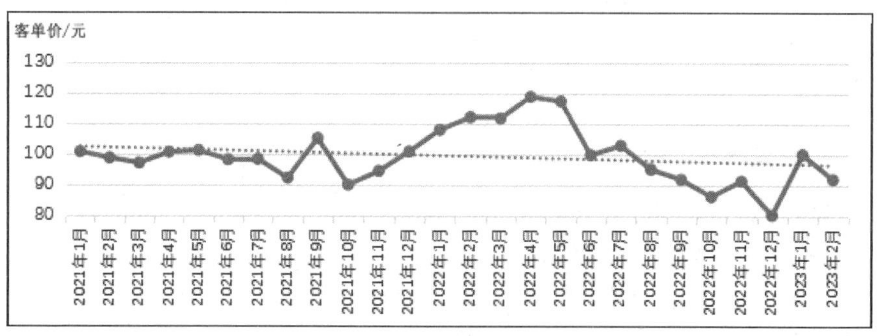

图5-49　身体乳客单价趋势

（4）卖方市场分析

卖家数趋势如图5-50所示。身体乳卖家数减少，说明市场经过一定的竞争，淘汰了一些卖家；被支付卖家数较稳定，说明留下的卖家都有了稳定的店铺，同时新进入的卖家已经从中竞争到自己的市场。

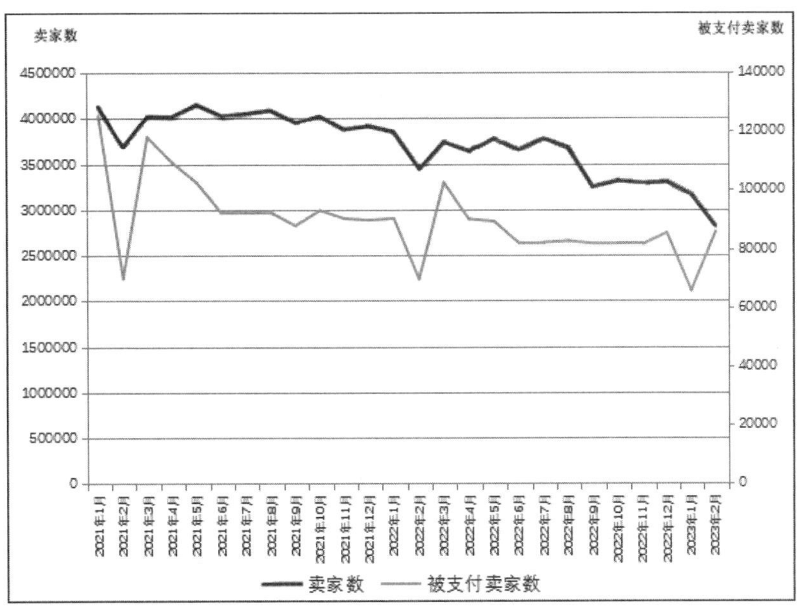

图5-50　卖家数趋势

（5）加购情况分析

身体乳加购人数与交易指数趋势如图5-51所示。交易指数和加购人数增幅较明显，说明此需求已经有了一定的目标消费者群体，身体乳的市场需求在进一步扩大。卖家应明确消费者的需求，激发消费者的购买欲望，促成交易。身体乳在“双十一”时交易指数和加购人数达到峰值，产品受“双十一”影响较大，应在9—10月宣传和备货，以免缺货和断货，在“双十一”期间做好优惠狂欢等活动。身体乳在3月交易指数和加购人数有一个小高峰，此时处于春季，皮肤较容易干裂，而且有“妇女节”活动，卖家应做好宣传和备货。身体乳在同年1—2月交易指数和加购人数处于低谷期，此时应该加大促销和打折力度，清理库存，降低成本。

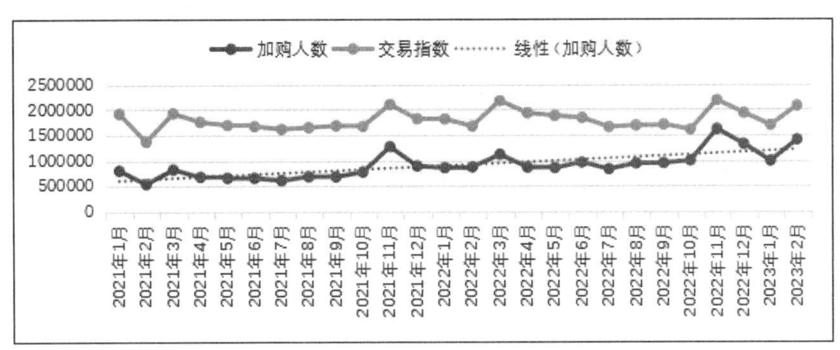

图5-51　身体乳加购人数与交易指数趋势

（6）市场的区域分布

身体乳市场区域分布如图5-52所示。这些省、市的经济比较发达，客户购买能力强，应该加大该地区的产品宣传和投放力度，同时实行网购包邮等优惠策略，进一步提升销售额。

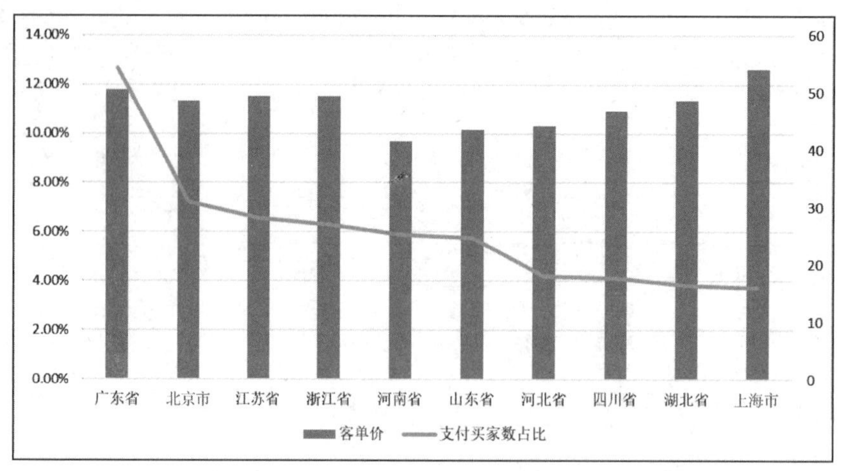

图5-52　身体乳市场区域分布

5．价值导向

身体乳作为一种受众广泛的产品，市场覆盖面广，需求量大，企业合理的经营策略优化可以有效提高公司的利润。通过上述综合分析，针对市场现状，公司可以从以下几个方面进行决策优化。

（1）针对不同地区采取差异化营销策略

从收入、利润、订单量3个指标综合来看，江浙沪地区的综合绩效排名是最高的；上海地区的客单价是排在第一名的，其次是广东地区。对于综合绩效高的地区，可采取网购包邮策略，进一步提升订单总额；对于客单价较高的上海、广东地区，可以采取多买多降、满减优惠等策略，进一步提高客单价。

（2）节假日加大优惠促销力度

2021年11月、2022年11月，受“双十一”影响，交易指数剧增，同时收入和利润也随之增长。2022年11月比2021年11月销量好，说明该身体乳市场需求在增大，有稳定的消费群体，市场前景广阔。

可在“双十一”即将到来时进行产品预售、产品预热、现货预热。“双十一”期间参加全民狂欢活动，如定金膨胀加码、分期免息、购物津贴等，同时做好备货，尽快发货。“双十一”过后做好售后退换货服务。同时，在“双十一”期间，商家核心工作可以在会员、内容、视觉、流量、货品这5个方面展开，通过对会员客户的定位分析将人群进行标签式划分，这既有利于商家更好地投放广告和实施客户关系管理计划，又可以与达人合作，通过淘宝头条和淘宝直播的方式吸引访客量，提升品牌知名度。

（3）明确消费者需求，激发购买欲望

加购人数和交易指数不断增长，说明此产品已经有了一定的目标消费者群体，身体乳的市场需求在进一步扩大。卖家应明确消费者需求，激发消费者购买欲望，促成交易。

（4）利用明星效应，提升品牌知名度

从各个品牌占比分析可以看出国产品牌占有最大的市场份额，同时明星效应有利于提高品牌的知名度，巩固品牌在消费者心目中的地位。此外，中低价的产品定位可以激发消费者的购买欲望，更快地促成交易。